List Journalistische Praxis
Herausgeber der Reihe: Walther von La Roche

Syd Field
Andreas Meyer, Gunther Witte,
Gebhard Henke u. a.

Drehbuchschreiben für Fernsehen und Film

Ein Handbuch für Ausbildung und Praxis

7., völlig neu bearbeitete Auflage

List Verlag München

Herausgeber: Andreas Meyer, Gunther Witte, Gebhard Henke
Lektorat: Birgit Kugler und Walther von La Roche
Umschlaggestaltung: Jorge Schmidt, München

Der List Verlag ist ein Unternehmen
der Econ Ullstein List Verlag GmbH & Co. KG, München

List Verlag
Paul-Heyse-Straße 26
80336 München

7. Auflage 2000

ISBN-3-471-77540-4

Übersetzung und deutsche Bearbeitung: Carl-Ludwig Reichert
Fotosatz: Leingärtner, Nabburg
Druck und Bindung: J. Ebner Ulm

Inhaltsverzeichnis

Vorwort zur 7. Auflage

Kann man Drehbuchschreiben lernen? Wie haben sich erfolgreiche Autoren für den Markt qualifiziert?

Unser Handbuch »Drehbuchschreiben für Fernsehen und Film« erschien erstmals 1987. Es trug nichts zur Küchenphilosophie bei, sondern gab als handfestes Kochbuch den allzu luftigen Diskursen endlich eine Wendung ins Praktische. Das Drehbuchschreiben, lautete die Botschaft, ist ein kreativer Medienberuf, der neben Begabung vor allem die Kenntnis und Anwendung handwerklicher Regeln erfordert. Zum Filmautor wird man nicht durch genialische Begnadung, sondern über den methodischen Erwerb fachlicher Kompetenzen, möglichst im Rahmen einer professionellen, erfolgskontrollierten Ausbildung.

Sechs vergriffene Auflagen haben den Band zum führenden Longseller gemacht und sein schlüssiges Konzept nachdrücklich bestätigt. Die nach 13 Jahren noch unvermindert anhaltende Nachfrage ermutigt die Herausgeber zu einer siebten Auflage. Um die Fernseh- und Kinolandschaft zeitgerecht und realitätsnah abzuspiegeln, haben sie die Syd Field ergänzenden Teile des Bandes völlig neu konzipiert.

Wenngleich Syd Field mittlerweile einige neuere Werke zum Thema vorgelegt hat und der Buchmarkt ein wachsendes Sortiment konkurrierender Arbeiten bereithält, bleibt »Screenplay« doch *die* Anfängerbibel schlechthin und eröffnet daher unverändert den Band.

Im neugestalteten Teil 2 finden sich Originalbeiträge namhafter Medienpraktiker, großenteils aus der jüngeren Generation. Sie gewähren praxisnahe Einblicke in unterschiedliche Tätigkeitsbereiche und reflektieren die aktuellen Rahmenbedingungen eines sich dynamisch entwickelnden Berufsfeldes, auf dem sich der Drehbuchschreiber immer wieder neu orientieren und positionieren muß.

Die »Tips für Anfänger« (Sytze van der Laan) vermitteln eine erste Orientierung und machen mit den Gepflogenheiten der Branche vertraut. Für das Selbststudium erprobt sind die Übungsvorschläge von Wolfgang Längsfeld. Neben den »Fernsehserien«

(Werner Kließ) haben »Daily Soaps« den Bildschirm erobert, deren drehbuchspezifische Besonderheiten ebenfalls in einem Beitrag (Michael Esser) vertieft werden.

Kino oder Fernsehen? Leinwand oder Bildschirm? Welche Stoffe haben Kinoqualität? Mit der Rolle des Drehbuchautors bei deutschen Kinoproduktionen befaßt sich Gunther Witte. Fernsehfilme machen jedoch den größeren Teil der einheimischen Filmproduktion aus und bieten gerade auch Anfängern realistische Einstiegschancen. Nach dem Fall des öffentlich-rechtlichen Rundfunkmonopols haben die Sender unterschiedliche Profile entwickelt. Die Beiträge »Schreiben für die Öffentlich-Rechtlichen« (Gebhard Henke) und »Schreiben für die Privaten« (Alicia Remirez) stellen dar, was wo besser ankommt.

An professionellen Lesern, den »Lektoren« (Andrea Hanke) müssen alle Drehbuchentwürfe vorbei. Danach gilt es, sich über Vertragsbedingungen und Honorarvereinbarungen zu orientieren; Auskunft gibt Rechtsanwältin Margarethe Deiseroth-Gores in ihrem Beitrag »Geld und Recht«. Wie vielseitig sich der PC beim Drehbuchschreiben einsetzen läßt, vermittelt Andreas Meyer in »Der Autor am Computer«.

Der traditionelle »Anhang«, wiederum ein Informationspaket von höchstem Gebrauchswert, wurde aktualisiert und, vor allem im Ausbildungskapitel, erheblich erweitert.

Zu Beginn des Jahres 2000 werden hierzulande mehr Scripts und Filme denn je fertiggestellt. Mit der wachsenden Zahl potentieller Auftraggeber sind auch die Berufschancen für (junge) Autoren gestiegen. Neu entstandene Arbeitsfelder bieten hochattraktive Jobs für Filmautoren, zum Beispiel Headwriter, Step-Outliner, Storyliner, Dialogautor, Storyeditor, Scripteditor usw. Auch um die Ausbildungsmöglichkeiten ist es erheblich besser bestellt als im vergangenen Jahrzehnt (vgl. Anhang). Dutzende von lokalen, regionalen und länderübergreifenden Institutionen bieten ein breit gefächertes Lehrangebot mit qualifizierten Abschlüssen an. Und natürlich findet der vernetzte Drehbuchautor im Internet weitaus mehr fachspezifische Informationen, als er verarbeiten und mehr Antworten, als er erfragen kann.

Die Bedingungen, unter denen Drehbücher entstehen, haben sich in der letzten Zeit erheblich gewandelt. Es zeichnet sich nicht nur ein Trend zum Schreiben im Team ab, sondern auch ein Trend zur kleinteiligen Auflösung der kreativen Arbeit, zu einer Aufspaltung der Funktionen, die die berufliche Identität des Autors umdefiniert. Die Zwiespältigkeit solcher Entwicklungen zeigt sich am Beispiel der »Daily Soap«: Generalstabsmäßige Planung, fabrikmäßige Durchführung und knallharte Verwertungslogik dieses seriellen Erfolgsformats verwandeln den ehedem ganzheitlichen Werkschöpfer zum kleinteilig zuarbeitenden, entfremdeten Textgenerator.

Noch immer kommen die an- und aufregendsten Fernsehfilme bzw. Kino-Coproduktionen aus den Redaktionen der öffentlich-rechtlichen Anstalten. Darunter auch so überragende Einzelleistungen wie »Lola rennt«, »Das Leben ist eine Baustelle« oder »Jenseits der Stille«. Generell jedoch muß redlicherweise eine fortschreitende Anspruchsnivellierung im Bereich fiktionaler Programme konstatiert werden; die Erosion qualitativer Standards ist ebenso erkennbar wie der Verlust thematischer, erzählerischer und formaler Vielfalt. Kleinmütige Risikoscheu und Innovationsfeindlichkeit manifestieren sich vor allem bei den Privaten in einer Konzentration auf wenige Erfolgsformate und standardisierte Erzählmuster. Immer häufiger berichten entnervte Kollegen von starkem Konformitätsdruck, willkürlichen Eingriffen und rücksichtslosen Verstümmelungen ihrer Arbeiten. Wer den gesichtslosen Mainstream nicht klaglos reproduziert, gilt offenbar schnell als potentieller Stör- und Risikofaktor.

Solche Tendenzen sind besorgniserregend, aber keinesfalls unumkehrbar. In jüngster Zeit mehren sich die Hinweise auf eine mögliche Trendumkehr. Mediaplaner haben nämlich festgestellt, daß die Akzeptanz seriöser Produktwerbung sich im Umfeld von Trashprogrammen bereits meßbar verringert hat. Wenn so illustre Namen wie Telekom, Porsche, Siemens oder Lufthansa immer häufiger im Zusammenhang mit Sex & Crime, Fäkalsprache und zynischem Seelenexhibitionismus erinnert werden, wird Fernsehwerbung zur Rufschädigung. Nicht moralisierende Kulturkritik also, sondern nüchternes Marktkalkül könnte womöglich zum Treibsatz einer Niveauanhebung werden.

Das Fernsehen aber wird sich in den nächsten zehn Jahren schneller und tiefgreifender verändern als in den fünfzig Jahren zuvor. Dazu nur einige Stichworte:

Die digital ermöglichte Kanalinflation (500 + x!) verwandelt das ehedem integrative Massenmedium endgültig zur individualisierten Spartenveranstaltung. Je mehr Kanäle aber geöffnet sind, desto atomisierter ist das Publikum. Konkret: Ein reines Sparten-TV besitzt viel zu geringe Reichweiten, um kostenträchtige fiktionale Formate (TV-Movies, Serien) produzieren zu können.

Alles, was digitalisierbar ist, wird zum integralen Bestandteil eines künftigen Zentralmediums; in ihm wachsen zusammen: Telefon, Fax, e- und voicemail, kabelgestütztes Internet, CD, DVD, digitale Massenspeicher, TV in allen denkbaren Varianten, Videotext, Teletext, Hörfunk, sprach- oder blickgesteuerte Software mit biometrischen Funktionen, KI-Avatare, 3D-Videogames, sämtliche Text-, Sprach-, Bild-, Ton-, Film- und Multimedia-Applikationen u.v.a.

Der Trend geht weg vom Free-TV hin zum digitalen Pay-TV bzw. Video On Demand über das Internet.

Dies bedeutet nicht automatisch, daß auch weniger Abnehmer für Drehbücher vorhanden sein werden, da mit neuen Produktions- und Vertriebsformen wie dem WEB-TV auch wieder mehr Auftraggeber ins Spiel kommen. Eines nämlich wird sich ganz gewiß nicht ändern: die ewige Lust auf gut erzählte Geschichten!

ARD und ZDF, die alten Flaggschiffe, könnten langfristig zu den großen Profiteuren der prognostizierten Entwicklungen werden, wenn sie die Bevölkerungsentwicklung zu einer verstärkten Hinwendung auf die Altersgruppe der 45-75jährigen nutzen würden, deren Mediensozialisation noch in die klassische Periode des Fernsehens (1963-83) fällt. Als Zeitzeugen der besten Traditionen ihres Leitmediums sind diese mobilen, hellwachen und konsumstarken Generationen die verläßlichsten Anhänger der öffentlich-rechtlichen Anstalten. Deren bestmögliche Zukunft sehen manche Beobachter ohnedies in ihrer konsequenten Rückbesinnung auf die eigene (bessere) Vergangenheit. Die für alle Beteiligten konsensfähige Strategie läge somit in einer mutigen »Renaissance der Qualität«. Die Neuauflage dieses Buches steht auch im Zeichen solcher Hoffnungen.

München, Köln im Februar 2000

Andreas Meyer, Gunther Witte, Gebhard Henke

Teil 1

Syd Field

Das Drehbuch

Das Grundmuster der dramatischen Struktur

Was ist ein Drehbuch?
Anleitung oder Entwurf für einen Film? Plan? Diagramm? Eine
Reihe von Szenen mit Dialogen und Beschreibungen? Bilderfol-
gen auf Papier? Eine Ideensammlung? Eine Traumlandschaft?
Was ist ein Drehbuch?

Ein Drehbuch ist eine in Bildern erzählte Geschichte. Es geht
um eine *Person* – oder Personen – an einem *Ort* – oder mehreren
Orten –, die »*ihre Sache durchziehen*«. Alle Drehbücher erfüllen
diese notwendige Voraussetzung.
Ein Film ist ein visuelles Medium, das eine zugrundeliegende
Handlung dramatisiert. Und wie bei allen Geschichten gibt es
einen eindeutigen *Anfang*, eine präzise *Mitte* und ein definitives
Ende. Wenn wir ein Drehbuch wie ein Bild an die Wand hängen
und seine Struktur untersuchen würden, sähe es aus wie das
Diagramm auf der folgenden Seite.
Alle Drehbücher haben diese grundlegende, geradlinige Struk-
tur. Ein solches Modell eines Drehbuchs bezeichnen wir als
Paradigma (Grundmuster). Es ist Vorbild, Vorlage und begriffli-
ches Schema zugleich.
Das Paradigma eines Tisches zum Beispiel ist eine Platte mit
(üblicherweise) vier Beinen. Innerhalb dieses Paradigmas sind
quadratische, lange, runde, hohe, niedrige, rechteckige oder
verstellbare Tische möglich. Innerhalb des Paradigmas ist ein
Tisch alles, was man will – eine Platte mit (überlicherweise) vier
Beinen. Das Paradigma stimmt.
Das Paradigma eines Drehbuchs ist im folgenden Diagramm
dargestellt:

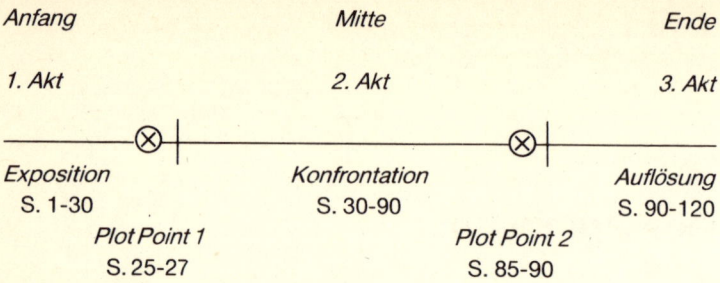

Ein Standard-Drehbuch hat etwa 120 Seiten, das sind etwa 2 Stunden Film. Man rechnet *eine Seite Drehbuch pro Minute Film.* Es tut nichts zur Sache, ob das Buch nur aus Dialog, nur aus Handlung oder aus beidem besteht. Eine Seite* Drehbuch entspricht einer Minute im Film – so lautet die Regel.

1. Akt: die Exposition. Der Anfang ist der 1. Akt, die Exposition (setup), die ersten 30 Seiten. Auf diesen 30 Seiten wird die Geschichte etabliert. Jeder Kinobesucher trifft üblicherweise seine Entscheidung – bewußt oder unbewußt –, ob er den Film »mag« oder nicht. (Testen Sie beim nächsten Kinobesuch, wie lange Sie brauchen, um zu entscheiden, ob Sie den Film mögen oder nicht.) Es dauert ungefähr zehn Minuten. Das entspricht zehn Seiten Drehbuch. Der Leser sollte sofort gefesselt sein.

Bereits auf den ersten zehn Seiten muß der Leser wissen: *Wer* ist die *Hauptfigur, wovon* handelt die *Geschichte, wie* ist die *Situation* beschaffen? In »Chinatown« zum Beispiel erfahren wir auf Seite 1, daß Jake Gittes (Jack Nicholson) ein schäbiger Privatdetektiv ist, der sich auf »diskrete Nachforschungen« spezialisiert hat.
Auf Seite 5 lernen wir eine gewisse Mrs. Mulwray (Diane Ladd) kennen, die Jake Gittes anheuern möchte, um herauszufinden »mit wem mein Gatte eine Affäre hat«. Das ist das Grundproblem dieses Drehbuchs. Es liefert den dramatischen Anstoß, der die Geschichte bis zum Schluß in Fahrt hält.

Am Ende des ersten Aktes gibt es einen Plot Point: Ein Plot Point ist ein Vorfall oder ein Ereignis, das in die Geschichte ein-

---

* Das amerikanische Format von 216 x 287 mm ist etwas kürzer und breiter als DIN A4 (210 x 297). Das tut der Faustregel keinen Abbruch. Es geht um die Proportionen.

greift und sie in eine andere Richtung lenkt. Dieses Ereignis tritt üblicherweise zwischen Seite 25 und Seite 27 ein. In »China-town« taucht – nach dem Erscheinen des Zeitungsartikels, in dem behauptet wird, Mr. Mulwray sei in einem »Liebesnest« ertappt worden – die echte Mrs. Mulwray (Faye Dunaway) mit ihrem Rechtsanwalt auf und droht mit einer Klage vor Gericht. Wenn aber sie die echte Mrs. Mulwray ist, wer hat dann Jake Git-tes engagiert? Und wer verpflichtete die falsche Mrs. Mulwray und warum? Dieses Ereignis gibt der Geschichte eine neue Richtung; Gittes, will er überleben, muß herausfinden, wer ihn reingelegt hat. Und warum.

2. Akt: die Konfrontation. Der 2. Akt umfaßt den Großteil der Story. Er spielt sich zwischen Seite 30 und Seite 90 ab. Man bezeichnet diesen Abschnitt des Drehbuchs mit dem Terminus *Konfrontation*. Denn die Basis jeder dramatischen Handlung ist der *Konflikt*. Es gilt also, das Grundbedürfnis der Hauptfigur zu definieren, das heißt, herauszufinden, was sie im Verlauf der Drehbuchhandlung erreichen will, was ihr Ziel ist. Dann erst kann man *Hindernisse* erfinden, die überwunden werden müssen. So entsteht Konflikt. In »Chinatown«, einer Detektivgeschichte, handelt der 2. Akt davon, wie Jake Gittes mit jenen Mächten in Konflikt gerät, die verhindern wollen, daß er die Verantwortlichen für den Mord an Mulwray findet und den Wasserskandal auf-deckt. Die Hindernisse, die Gittes überwindet, bestimmen den *dramatischen Ablauf* der Story. Der Plot Point am Ende des 2. Aktes stellt sich üblicherweise zwischen Seite 85 und Seite 90 ein. In»Chinatown« kommt der Plot Point am Ende des 2. Akts, wenn Gittes die Brille in dem Pool findet, wo Mulwray ermordet wurde und weiß, daß sie Mulwray gehört oder dessen Mörder. Das führt zur Auflösung der Geschichte.

3. Akt: die Auflösung. Der 3. Akt dauert normalerweise von Seite 90 bis Seite 120. Er bringt die Auflösung der Story. Wie wird sie enden? Was passiert mit der Hauptfigur? Überlebt oder stirbt sie? Gewinnt oder verliert sie? Ein starker Schluß löst eine Geschichte auf und macht sie dadurch begreiflich und vollstän-dig. Die Zeiten der verschwommenen Schlüsse sind vorbei.

Alle Drehbücher folgen dieser geradlinigen Grundstruktur.

Man könnte dramatische Struktur definieren als eine lineare Anordnung aufeinander bezogener Vorfälle, Episoden oder Ereignisse, die zu einer dramatischen Auflösung hinführen.

Wie man über diese strukturellen Bestandteile verfügt, bestimmt die Form eines Films. »Annie Hall« zum Beispiel wird durch Rückblenden erzählt, hat aber klar Anfang, Mitte und Schluß. »Letztes Jahr in Marienbad« auch. Genauso »Citizen Kane«, »Hiroshima, mon amour« und »Midnight Cowboy«.

Das Paradigma funktioniert. Das Schema

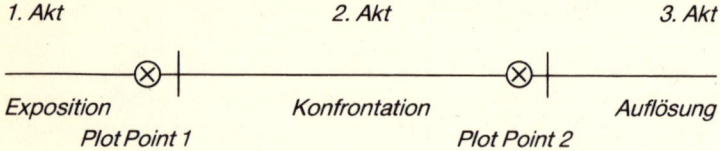

ist ein Modell, ein Muster oder begriffliches Schema, wie ein gut ausgeführtes Drehbuch aufgebaut ist. Es gibt einen *Überblick über die Struktur* des Drehbuchs. Wer sie kennt, kann seine Geschichte einfach in das Paradigma einbauen.

Erfüllen alle guten Drehbücher das Paradigma? Ja.

Glauben Sie mir aber nicht aufs Wort. Benutzen Sie das Paradigma als Werkzeug; bezweifeln Sie es, prüfen Sie es, denken Sie darüber nach.

Drehbücher haben einen Anfang, eine Mitte und einen Schluß. Das ist die Grundlage der dramatischen Struktur.

Wenn Sie nicht an das Paradigma glauben, testen Sie es. Beweisen Sie das Gegenteil. Schauen Sie sich einen , schauen Sie sich viele Filme an. Passen Sie auf, ob das Paradigma erfüllt wird oder nicht.

Wenn Sie vorhaben, Drehbücher zu schreiben, sollten Sie das ständig tun. Jeder Film wird dann zum Lernprozeß, erweitert Ihre Wahrnehmung und Ihr Verständnis dafür, was ein Film ist und was nicht. Sie sollten außerdem soviele Drehbücher lesen wie möglich, um Form und Struktur genauer zu erkennen. Je mehr, desto besser. Das Paradigma funktioniert.

Es ist die Grundlage eines guten Drehbuchs.

Zur Übung: Gehen Sie ins Kino. Wenn es dunkel wird und der Vorspann beginnt, fragen Sie sich, wie lange es dauert, bis Sie sich entscheiden, ob Sie den Film »mögen« oder »nicht mögen«. Machen Sie sich Ihre Entscheidung bewußt und schauen Sie dann auf die Uhr.

Haben Sie einen Film gefunden, der Ihnen wirklich gut gefällt, gehen Sie nochmal hinein. Stellen Sie fest, ob er das Paradigma erfüllt. Finden Sie Anfang, Mitte und Ende. Achten Sie darauf, wie die Story eingefädelt ist, wie lange Sie brauchen, um herauszufinden, worum es geht, ob der Film Sie fesselt oder nicht, ob Sie hineingezogen werden. Stellen Sie die Plot Points gegen Ende des 1. und 2. Akts fest und, wie sie zur Auflösung hinführen.

Der Stoff

Was für einen Stoff behandelt Ihr Drehbuch? Worum geht es? Zur Erinnerung: Ein Drehbuch verfährt personenbezogen – eine Person an einem Ort »zieht ihre Sache durch«. Die Person ist die *Hauptfigur*, die »Sache«, die sie durchzieht, ist die *Aktion*.

Handlung und Figuren. Wenn wir vom Stoff eines Drehbuchs sprechen, sprechen wir von Handlung und Figuren. *Handlung* meint, *was* geschieht, *Figur, mit wem* es geschieht.

Jedes Drehbuch dramatisiert Aktionen und Figuren. Sie müssen wissen, von wem Ihr Film handelt und was Ihren Personen zustößt. Es ist eine Grundvoraussetzung beim Schreiben.

Wenn Sie einen Einfall haben wie »Drei Typen überfallen die Chase Manhattan Bank«, dann müssen Sie ihn dramatisch ausdrücken. Das bedeutet Konzentration auf die Figuren, die drei Typen, und auf die Aktion, den Überfall auf die Chase Manhattan Bank.

Jedes Drehbuch hat einen Stoff, ein Thema. »Bonnie and Clyde« ist die Geschichte der Clyde Barrow Gang, die während der Wirtschaftskrise Banken im Mittelwesten ausraubte und schließlich dabei draufging. Aktionen und Figuren.

Es ist unbedingt nötig, vage Vorstellungen von einem Stoff zu einer präzisen dramatischen *Voraussetzung* zu verdichten. Und diese wird dann zum Ausgangspunkt für ein Drehbuch werden.

Jede Story hat einen eindeutigen Anfang, eine präzise Mitte und ein definitives Ende. In »Bonnie and Clyde« dramatisiert der Anfang die Begegnungen zwischen Bonnie und Clyde und die

Gründung ihrer Bande. In der Mitte rauben sie mehrere Banken aus und werden von den Gesetzeshütern verfolgt. Am Ende werden sie von den Vertretern der Staatsgewalt geschnappt und getötet. Exposition, Konfrontation und Auflösung.

Die Idee der Geschichte: Wenn man erst einmal seinen Stoff in einigen wenigen Sätzen darstellen kann, wenn Handlung und Figuren feststehen, dann kann man anfangen, die formalen und strukturellen Elemente zu erweitern. Vielleicht müßten Sie erst einige Seiten über Ihre Geschichte schreiben, bevor Sie aufs Wesentliche kommen und fähig sind, eine vielschichtige Story in ein oder zwei simple Sätze zu fassen. Kümmern Sie sich nicht darum. Machen Sie einfach weiter und Sie werden in die Lage kommen, die Idee Ihrer Geschichte klar und prägnant zu formulieren.

Das ist auch Ihre Pflicht. Wenn *Sie* nicht wissen, worum es in Ihrer Geschichte geht, wer denn dann? Der Leser? Der Zuschauer? Wer selbst nicht weiß, worüber er schreibt, kann nicht erwarten, daß jemand anderer etwas begreift.

Der Autor trifft die Auswahl und trägt die Verantwortung, indem er den dramatischen Ablauf der Story bestimmt. Auswahl und Verantwortung – zwei Begriffe, die in diesem Buch immer wieder auftauchen werden. Jede kreative Entscheidung muß durch *Auswahl* erfolgen, nicht aufgrund einer Verlegenheit. Wenn eine Figur aus einem Bankgebäude *schlendert*, ist das eine Geschichte; wenn sie *rennt*, eine andere.

Viele Leute haben bereits Ideen, aus denen sie ein Drehbuch machen wollen, andere nicht. Wie findet man einen Stoff?

Stoffe – wie man sie sucht und findet: Eine Idee bei der Zeitungslektüre oder bei den Fernsehnachrichten, Erlebnisse von Freunden oder Verwandten können Stoffe für einen Film sein. »Dog Day Afternoon« war ein Zeitungsartikel, der verfilmt wurde. Wenn Sie nach einem Stoff suchen, sucht ein Stoff nach Ihnen. Sie finden ihn irgendwo, irgendwann, vermutlich dann, wenn Sie am wenigsten damit rechnen. Es hängt ganz von Ihnen ab, ob Sie ihn verwenden. »Chinatown« entstand aus einem alten Zeitungsartikel über einen Wasserskandal in Los Angeles. »Shampoo« entwickelte sich aus einer Reihe von Vorfällen, die einem berühmten Hollywood-Friseur zustießen. »Taxi Driver« beschreibt die Einsamkeit eines Taxifahrers in New York City. »Bonnie and Clyde«, »Butch Cassidy and the Sundance Kid«, »All the President's Men«: Alle handeln von realen Menschen in realen Situationen.

Ihr Stoff wird auf Sie zukommen. Geben Sie sich nur Gelegenheit, ihn zu finden. Es ist sehr einfach. Haben Sie Selbstvertrauen. Sehen Sie sich nach Aktionen und Figuren um.

Wenn Sie Ihre Idee knapp umreißen können, wenn Sie sagen können: »Meine Story handelt von dieser Person, spielt an jenem Ort, und die Sache, die meine Person durchzieht, ist . . .« – dann fangen Sie gerade an, Ihr Drehbuch vorzubereiten.

Der nächste Schritt heißt: den Stoff entfalten. Ausbau der Handlung und Charakterstudien erweitern die Grundstory und setzen Akzente in den Details.

Sammeln Sie Material, wo Sie nur können. Sie werden lauter Vorteile davon haben. Viele Leute stellen den Wert oder die Notwendigkeit von *Recherchen* infrage. Recherche ist aber absolut unentbehrlich. Schreiben bedeutet Recherchieren, und Recherchieren bedeutet Sammeln von Informationen. Nochmal: Das Schwierigste am Schreiben ist zu wissen, worüber man schreibt. Durch Recherche verschafft man sich Informationen, sei es aus schriftlichen Quellen wie Büchern, Zeitschriften oder Zeitungen oder durch eigene Interviews. Die angesammelten Informationen ermöglichen es, eine verantwortliche Auswahl zu treffen. Man kann sich entscheiden, einiges von dem Material zu verwenden, oder alles oder gar nichts. Diese Entscheidung trifft man entsprechend den Bedingungen der Story. Nichts zu verwenden, *weil man nichts hat*, läßt keine Entscheidungsmöglichkeit offen und wird sich immer gegen Sie und Ihre Story richten. Zuviele Leute fangen an zu schreiben und haben bloß eine unausgegorene, halbfertige Idee im Kopf. Das funktioniert vielleicht 30 Seiten lang, dann fällt alles auseinander. Sie wissen nicht, wie es weitergehen soll, werden zornig, verwirrt und frustriert und geben ganz auf.

Eigene Interviews zeigen überraschenderweise, daß die meisten Angesprochenen hilfsbereit sind und nicht selten erhebliche Mühen auf sich nehmen, um bei der Beschaffung genauer Informationen dienlich zu sein. Eigene Interviews haben einen weiteren Vorteil: Sie verschaffen einen unmittelbaren und spontaneren Einblick als jeder Artikel in Büchern oder Zeitschriften. Nach dem eigenen Erlebnis ist ein selbstgeführtes Interview die zweitbeste Möglichkeit der Information.

Die Anfangsrecherchen. Sobald man sich für einen Stoff entschieden hat und diesen in ein, zwei Sätzen umreißen kann, beginnt man mit den vorbereitenden Recherchen. Zuerst muß man bestimmen, wo und wie man sein Wissen über den Stoff erweitern kann.

Paul Schrader, der Autor von »Taxi Driver«, wollte einen Film schreiben, der in einem Zug spielt. Also fuhr er mit der Eisenbahn von Los Angeles nach New York und als er ankam, mußte er feststellen, daß er keine Story hatte. Er hatte sie nicht gefunden. Okay. Also ein anderer Stoff. Schrader dachte sich »Obsession« aus, und Colin Higgins, der Autor von »Harold and Maude« schrieb die Eisenbahngeschichte »Silver Streak«. Richard Brooks recherchierte acht Monate lang für »Bite the Bullet«, bevor er das erste Wort zu Papier brachte. Genauso verfuhr er mit »The Professionals« und »In Cold Blood«, obwohl dieser Film auf einem sehr sorgfältig recherchierten Roman von Truman Capote basiert. Waldo Salt, der Autor von »Midnight Cowboy«, arbeitete an einem Drehbuch für Jane Fonda, »Coming Home«. Bei seinen Recherchen führte er Gespräche mit 26 gelähmten Vietnam-Veteranen, das ergab Tonbandmaterial von gut 200 Stunden Länge.

Fragen zur Story. Wenn Sie zum Beispiel die Geschichte eines Radrennfahrers schreiben möchten, stellen sich u. a. folgende Fragen: Was für Rennen fährt er? Sprint oder Langstrecken? Wo finden Radrennen statt? Wo soll die Geschichte spielen? In welcher Stadt? Gibt es unterschiedliche Arten von Rennen oder Rennbahnen? Welche Vereine und Clubs gibt es? Wieviele Rennen werden pro Jahr veranstaltet? Internationale Wettbewerbe? Würde das die Story beeinflussen? Die Hauptfigur? Was für Rennräder werden gefahren? Wie wird man Radrennfahrer? Lauter Fragen, die beantwortet sein müssen, bevor das erste Wort zu Papier gebracht wird. Recherchieren bringt Ideen, Sinn für Leute, Situationen und Schauplätze. Es verhilft zu Selbstver-

trauen. Man steht über seinem Stoff, man hat die Wahl, man unterliegt weder Zwang noch der eigenen Unwissenheit.
Am Anfang steht der Stoff. Stoff bedeutet: Handlung und Figuren.

Es gibt zwei Arten von Handlung – physische und emotionale Aktion.
Physische Aktion ist ein Banküberfall wie in »Dog Day Afternoon«; eine Autojagd wie in »Bullitt« oder »The French Connection«; ein Rennen, ein Wettbewerb, ein Spiel, wie in »Rollerball«.
Emotionale Aktion ist das, was in den Personen im Lauf der Geschichte vorgeht. Emotionale Aktion steht im Mittelpunkt des Dramas von »Love Story«, »Alice Doesn't Live Here Anymore«, und »La Notte«, Antonionis Meisterwerk über eine zerfallende Ehe. In den meisten Filmen kommen beide Arten von Aktion vor.
»Chinatown« schafft eine feine Balance zwischen physischer und emotionaler Aktion. Was Jake Gittes widerfährt, als er den Wasserskandal aufdeckt, steht in Beziehung zu seinen Gefühlen für Evelyn Mulwray.
In »Taxi Driver« wollte Paul Schrader die Erfahrung der Einsamkeit dramatisieren. Als Sinnbild dafür wählte er einen Taxifahrer. Ein Taxi bewegt sich wie ein Schiff auf See, von Hafen zu Hafen, von Fahrgast zu Fahrgast. Der Taxifahrer in Schraders Drehbuch fährt kreuz und quer durch die Stadt, als dramatische Metapher, ohne emotionale Bindung, entwurzelt, ohne Anschluß, eine einsame, vereinzelte Existenz.

Welche Geschichte schreiben Sie? Einen aktionsgeladenen Abenteuerfilm oder die Story einer Beziehung, eine Geschichte voller Gefühle? Sobald Sie festgelegt haben, um welche Art von *Aktion* es gehen soll, können sie sich den *Charakteren* zuwenden.

Was will die Hauptfigur? Was ist ihr Bedürfnis? Was treibt sie zur Auflösung der Geschichte an? Das muß als erstes definiert werden. In »Chinatown« ist es das Grundbedürfnis von Jack Nicholson herauszufinden, *wer* ihn verschaukelt hat und *warum*. In »Three Days of the Condor« muß Robert Redford wissen, *wer* ihn umbringen will und *warum*. Der Antrieb der Figur muß definiert sein. Was will sie? Das Grundbedürfnis Ihrer Figur gibt

19

Ihnen ein Ziel, eine Bestimmung und einen Schluß für Ihre Geschichte. Wie Ihre Figur dieses Ziel erreicht oder nicht, das wird die Handlung Ihrer Geschichte.

Drama ist Konflikt. Wenn man das Grundbedürfnis seiner Figur kennt, kann man sich Hindernisse ausdenken, die sie überwinden soll. Wie sie das bewerkstelligt, ist die Geschichte. Konflikte, Kampf, das Überwinden von Hindernissen – das sind die ursprünglichen Bestandteile jedes Dramas. Auch der Komödie, versteht sich. Es liegt ganz in der Verantwortung des Autors, sich ausreichend Konfliktstoff einfallen zu lassen, um das Publikum oder den Leser bei Laune zu halten. Die Geschichte muß sich immer nach vorn bewegen, auf die Lösung zu.

Man muß seinen Stoff beherrschen, darauf läuft es letztlich hinaus. Wer die *Aktionen* und die *Charaktere* seines Drehbuchs genau kennt, ist in der Lage, die *Bedürfnisse* einer Figur festzulegen und dann *Hindernisse* zu erfinden, die diesen Bedürfnissen entgegenstehen.

Hindernisse. Der dramatische Antrieb von drei Typen, die die Chase Manhattan Bank ausrauben, ist direkt verknüpft mit der Aktion »Bankraub«. Die *Hindernisse* dabei schaffen den Konflikt – die diversen Alarmsysteme, der Tresorraum, die Sperrvorrichtungen, die Sicherheitsmaßnahmen, die sie überwinden müssen, um zu entkommen. (Niemand beraubt eine Bank, um sich erwischen zu lassen!) Die Figuren müssen planen. Das bedeutet ausgedehnte Observation und Recherche sowie die vorzüglich koordinierte Planung der Aktion, bevor der Raub überhaupt versucht werden kann. Die Tage von Bonnie und Clyde, als man »einfach mal bei einer Bank vorbeischaute«, sind lang vorbei.
In »Midnight Cowboy« kommt Jon Voight nach New York, um Frauen aufzureißen. Das ist sein Grundbedürfnis. Es ist zugleich sein Wunschtraum. Seiner Vorstellung nach wird er einen Haufen Kohle machen und Legionen von Frauen beglücken. Die Hindernisse, die sich ihm unverzüglich entgegenstellen, sind: Dustin Hoffmann macht ihn an; er verliert sein Geld, hat weder Freunde noch einen Job und die Frauen New Yorks nehmen seine Existenz nicht einmal zur Kenntnis. Ein Traumtänzer! Seine Wünsche kollidieren frontal mit der rauhen Wirklichkeit von New York City. Das ist Konflikt!

Ohne Konflikt kein Drama. Ohne Bedürfnisse kein Charakter. Ohne Charakter keine Aktion. »Aktion ist Charakter,« schrieb F. Scott Fitzgerald in »The Last Tycoon«. Was eine Person *tut*, zeigt, was sie *ist*, nicht was sie sagt!

Wenn Sie anfangen, Ihren Stoff zu erkunden, werden Sie bemerken, daß alles mit allem in Verbindung steht. Nichts gerät aus Zufall in das Drehbuch, oder weil es hübsch oder clever ist. »Auf jede Aktion folgt eine gleichwertige und entgegengesetzte Reaktion«, lautet ein Naturgesetz im Universum. Dieses Prinzip gilt auch für Ihre Geschichte. Es ist der Stoff, aus dem auch Ihr Drehbuch gemacht wird. *Lernen Sie Ihren Stoff kennen!*

Zur Übung: Finden Sie einen Stoff, den Sie in Form eines Drehbuchs behandeln möchten. Reduzieren Sie ihn auf ein paar Sätze hinsichtlich Handlung und Figuren und schreiben Sie ihn nieder.

Die Figuren

Was ist eine Figur? Wie entscheidet man, ob eine Figur mit dem Auto oder auf dem Fahrrad fährt? Wie konstruiert man die Beziehung zwischen einer Figur, ihren Aktionen und der Geschichte, die erzählt wird? Charakterisierung ist der unentbehrliche Unterbau des Drehbuchs. Sie ist Herz, Seele und Nervensystem der Story. Bevor man überhaupt ein Wort zu Papier bringt, muß man seine Figuren kennen.

Lernen Sie Ihre Figuren kennen. Wer ist die Hauptfigur? Über wen wird die Geschichte erzählt? Wenn es die Geschichte von drei Typen ist, die die Chase Manhattan Bank ausrauben, welcher von den dreien ist dann die Hauptfigur? Sie müssen sich für *einen* von ihnen entscheiden. Wer ist die Hauptfigur in »Butch Cassidy and the Sundance Kid«? Butch natürlich. Er ist der Mann, der die Entscheidungen trifft. Butch hat einen großartigen Dialog, wo er einen seiner üblichen wildverwegenen Pläne vor Sundance ausspinnt. Robert Redford aber wirft nur einen Blick auf Paul Newman, sagt gar nichts und dreht sich um. Darauf murmelt Newman leise vor sich hin: »Ich habe Visionen und der Rest der Welt trägt Zweistärkenbrillen.« In der Tat ist Butch Cassidy im Kontext des Drehbuchs die Hauptfigur. Er *plant*, er *agiert*. Butch übernimmt die Führung, und Sundance läuft mit. Butch hat die Idee, nach Südamerika zu verschwinden; er weiß, daß die Tage ihres Daseins als Gesetzlose gezählt sind und daß sie, um dem Gesetz, dem Tod oder beiden ein Schnippchen zu schlagen, außer Landes müssen. Er überredet Sundance und Etta Place mitzukommen. Sundance hat *eine der Hauptrollen*, ist aber nicht die *Hauptfigur*.

Charakterisierung. Ist die Hauptfigur bestimmt, kann man mit dem Erstellen eines rundum lebensechten Charakterporträts anfangen. Es gibt mehrere Wege, zu einer Charakterisierung seiner Figuren zu kommen, jeder muß den besten für sich finden. Die vorgeschlagene Methode läßt eine subjektive Auswahl zu, welche Charakterzüge man letztlich verwenden will.
Man hat jetzt also die Hauptfigur. Zunächst trennt man die Komponenten ihres Lebens in zwei Grundkategorien:

Inneres und Äußeres. Das *innere* Leben einer Figur dauert von der Geburt bis zu dem Augenblick, wo der Film anfängt. Es ist ein Prozeß, der den Charakter *formt*. Das *äußere* Leben der Figur *dauert von Filmanfang bis Filmende*. Es ist ein Prozeß, der den Charakter der Figur *enthüllt*. Film ist ein visuelles Medium. Man muß also Wege finden, die Konflikte, die sich im Charakter der Figur abspielen, in Bildern zu enthüllen. Man kann freilich nicht enthüllen, was man nicht weiß. Deshalb die Unterscheidung zwischen dem Kennenlernen einer Figur und ihrer bloßen Darstellung im Manuskript.

Die Biographie einer Figur. Ist sie männlich oder weiblich? Falls männlich, wie alt ist er am Anfang der Geschichte? Wo wohnt er? In welcher Stadt, welchem Land? Geburtsort? War er ein Einzelkind? Hatte er Brüder oder Schwestern? Wie verlief seine Kindheit? Glücklich? Traurig? Sein Verhältnis zu den Eltern? Was für ein Kind war er? Mitteilsam und extrovertiert oder ein introvertierter kleiner Gelehrter?
Wer einmal angefangen hat, seine Figur von Geburt an aufzubauen, wird sehen, wie sie Gestalt und Format gewinnt. Die Schulzeit hindurch, dann das College. Ist er verheiratet, ledig, verwitwet, geschieden oder lebt er getrennt von seiner Frau?

Falls verheiratet, wie lange und mit wem? Jugendfreundin, Zufallsbekanntschaft? Langes Liebeswerben oder keines? Schreiben ist die Fähigkeit, sich selber Fragen zu stellen und Antworten darauf zu erhalten. Die Charakterisierung einer Figur ist kreative Recherche. Man stellt Fragen und bekommt Antworten.

Nachdem man so die Biographie einer Figur erstellt hat, folgt der äußere Teil der Geschichte.

Das äußere Leben einer Figur dauert vom Anfang des Drehbuchs bis zur letzten Blende. Es ist wichtig, die Beziehungen zu überprüfen, die das Leben der Charaktere beherrschen. Wer sind sie und was machen sie? Sind sie unglücklich oder glücklich mit ihrem Leben, ihrem Lebensstil? Wünschen sie sich, ihr Leben verliefe anders? Hätten sie gern einen anderen Beruf, eine andere Frau oder möchten sie überhaupt jemand anders sein?

Wie kann man das in einem Drehbuch darstellen? Zuerst isoliert man die Einzelelemente oder Komponenten der Lebensumstände seiner Figuren. Man setzt sie in Beziehung zu anderen Personen oder Sachen.

Dramatische Figuren interagieren auf drei Arten: 1. Sie geraten *in Konfliktsituationen,* da sie ihre dramatischen Bedürfnisse befriedigen müssen. Sie brauchen zum Beispiel Geld, um die notwendige Ausrüstung für den Bankraub in der Chase Manhattan Bank zu kaufen. Wie kriegen sie es? Diebstahl? Raubüberfall? Einbruch?

2. Sie interagieren *mit anderen Figuren,* entweder feindlich, freundlich oder indifferent. Drama ist Konflikt! Jean Renoir, der berühmte französische Filmregisseur erzählte einmal, es sei dramaturgisch effektiver, einen Hundesohn zu porträtieren als einen netten jungen Mann.

3. Sie interagieren *mit sich selbst.* Unsere Hauptfigur muß vielleicht ihre Angst vor dem Gefängnis überwinden, um den Raub erfolgreich durchziehen zu können. Angst ist ein Gefühlsmoment. Man muß sich ihr stellen und sie sich bewußt machen, damit man sie überwinden kann. Jeder, der einmal »Opfer« gewesen ist, weiß das.

Die drei Grundkomponenten jeder Figur. Wie machen Sie aus

Ihren Figuren wirkliche, vieldimensionale Personen? Man zerlegt die Lebensumstände der Figur in drei Grundkomponenten – Beruf, Beziehungen und Privatleben.

Beruf: Was ist die Figur von Beruf? Wo arbeitet sie? Ist der Mann Vizepräsident einer Bank? Bauarbeiter? Ein Rumtreiber? Ein Wissenschaftler? Zuhälter?

Falls er im Büro arbeitet: Welche Position hat er? Wie steht er zu seinen Kollegen? Kommen sie miteinander aus? Hilft man sich gegenseitig? Vertrauen sie einander? Verkehren sie außerhalb der Bürozeiten miteinander? Wie kommt er mit dem Chef zurecht? Gut, oder gibt es Schwierigkeiten oder schlechte Bezahlung?

Hat man erst die Beziehungen seiner Hauptfigur zu den anderen Personen in deren Leben erforscht und definiert, kann man darauf eine Persönlichkeit und ihren Standpunkt aufbauen. Das ist der Ausgangspunkt einer Charakterisierung.

Beziehungen: Ist die Hauptfigur ledig, verwitwet, verheiratet, getrenntlebend oder geschieden? Falls verheiratet, mit wem? Seit wann? Wie lebt das Paar? Gesellig oder isoliert? Viele Freunde, soziale Kontakte, oder nur wenige Freunde? Ist die Ehe intakt oder denkt die Hauptfigur an Seitensprünge oder hat sie ein außereheliches Verhältnis? Lebt der Held allein, wie läuft das? Ist er geschieden? Geschiedene Personen liefern allerhand dramatische Möglichkeiten. Wer über die Umstände seiner Figur in Zweifel gerät, suche in seinem eigenen Leben nach. Er frage sich einfach: Was würde ich tun, wenn ich in derselben Lage wäre wie meine Figur?

Privatleben: Was macht die Figur, wenn sie allein ist? Fernsehen? Sport treiben – joggen, radfahren? Hat sie Haustiere? Welche? Sammelt sie Briefmarken? Hat sie andere Hobbies, die von Interesse sind? Kurz, diese Kategorie befaßt sich mit dem, was eine Figur in ihrem Leben macht, sobald sie mit sich allein ist.

Was ist das Bedürfnis Ihrer Figur? Was will er oder sie im Verlauf des Drehbuchs erreichen? *Definieren Sie das Bedürfnis Ihrer Figur.*

Falls die Geschichte von einem Rennfahrer handelt, der am Ren-

nen in Indianapolis teilnimmt, dann will er gewinnen. Das ist sein
Bedürfnis. Warren Beattys Wunsch in »Shampoo« ist es, einen
eigenen Laden aufzumachen. Dieses Bedürfnis wirbelt ihn durch
die Handlung des Drehbuchs. In »Rocky« ist es Rockys Aufgabe,
am Ende der 15 Runden gegen Apollo Creed noch auf den Beinen zu stehen.

Sobald das *Bedürfnis* der Figur präzisiert ist, kann man *Hindernisse* erfinden, die diesem Bedürfnis entgegenstehen. Drama ist
Konflikt. Das gibt der Story den dramatischen Spannungsbogen,
den Drehbücher von Anfängern oft vermissen lassen.

Hier das Konzept der Charakterisierung im Diagramm:

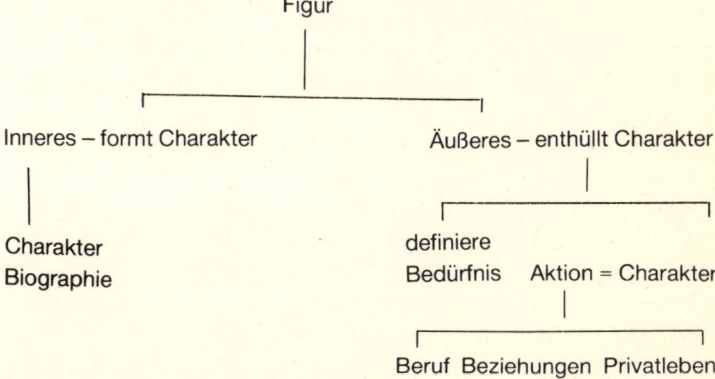

Das Wesen der Figur ist Aktion. Eine Figur ist, was sie *tut*. Film
ist ein visuelles Medium, und es liegt in der Verantwortung des
Autors, Bilder zu wählen, die seine Figur filmisch dramatisieren.
Man kann eine Dialogszene in ein enges, vollgestopftes Hotelzimmer legen oder am Strand spielen lassen. Die eine ist visuell
eng, die andere offen und dynamisch.

Es ist Ihre Geschichte, Sie haben die Wahl.

Ein Drehbuch ist eine in Bildern erzählte Geschichte. »Every pic-
ture tells a story«, singt Rod Stewart. Bilder oder Metaphern enthüllen Charakterzüge. In Robert Rossens klassischem Film »The
Hustler« symbolisiert eine körperliche Behinderung einen Cha-
rakterzug. Das Mädchen, gespielt von Piper Laurie, ist verkrüp-
pelt, sie hinkt. Sie ist auch emotional ein Krüppel; sie trinkt zuviel
und führt ein sinn- und zweckloses Leben. Der körperliche
Defekt unterstreicht ihre Gefühlslage – visuell.

25

Sam Peckinpah macht das in »The Wild Bunch« auch. Die Figur, die William Holden darstellt, hinkt als Ergebnis eines fehlgeschlagenen Überfalls, der einige Jahre zurückliegt. Dieses Hinken stellt einen Aspekt von Holdens Charakter dar, zeigt ihn als »unveränderten Mann in einem sich verändernden Land«, eines von Peckinpahs liebsten Themen; ein Mann, der zehn Jahre zu spät geboren wurde, ein Unzeitgemäßer. In »Chinatown« wird Gittes in die Nase geschnitten – als Schnüffler ist er »nosy«.

Figuren entwickelt man, indem man ihre Biographie erfindet, sie durch ihre Taten sowie eventuelle körperliche Merkmale kenntlich macht.

Dialog ist eine Funktion der Figur. Wenn man seine Figuren durch und durch kennt, sollte der Dialog wie von selbst in die sich entfaltende Geschichte einfließen. Viele Leute machen sich Sorgen wegen des Dialogs, daß er unbeholfen und gestelzt wird. Das wird er vermutlich auch. Na und? Dialogschreiben ist ein Lernprozeß, ein Akt der Koordination.

Je mehr Dialoge man schreibt, desto leichter fällt es. Es ist völlig in Ordnung, wenn die ersten sechzig Seiten eines ersten Entwurfs nur schauderhafte Dialoge enthalten. Keine Bange. Die letzten sechzig Seiten werden bereits glatt und funktional sein. Je mehr man schreibt, desto einfacher läuft es. Dann geht man zurück zum Anfang und feilt die Dialoge der ersten Hälfte des Drehbuchs aus.

Welche Funktion hat der Dialog? Dialog steht in Beziehung zum Bedürfnis der Figur, zu ihren Hoffnungen und Träumen.

Was sollte der Dialog leisten? Der Dialog liefert Information oder die Fakten einer Geschichte an das Publikum. Er muß die Story vorantreiben. Er muß Aufschluß über Charactere geben. Der Dialog enthüllt Konflikte zwischen Figuren und solche, die sich in ihrem Inneren abspielen. Der Dialog vermittelt emotionale Zustände und seltsame Angewohnheiten, Charakterschrullen: *Der Dialog entsteht aus den Charakteren der Figuren.* Lernen Sie Ihre Figuren kennen!

Zur Übung: Entwickeln Sie Ihre Stoffidee aus Handlung und Figuren. Bestimmen Sie Ihre Hauptfigur und zwei oder drei wichtige Nebenfiguren. Schreiben Sie zu den Personen Biographien zwischen drei und zehn Seiten, notfalls länger. Beginnen Sie bei der Geburt und führen Sie sie aus bis in die Gegenwart, bis zum Anfang der Story. Isolieren Sie die drei Komponenten: Beruf, Beziehungen und Privatleben. Schaffen Sie daraus das Beziehungsgeflecht für die Hauptfigur Ihres Drehbuchs. Denken Sie über Ihre Personen nach.

Wie man eine Figur entwickelt

Wir haben im vorigen Kapitel die Grundlagen der Charakterisierung einer Figur umrissen. Die Mittel dazu waren die Biographie und die Isolierung der Beziehungsstrukturen.
Was nun?
Wie wird aus der *Idee* einer Figur, die bisher nur in Bruchstücken existiert, eine lebendige Person aus Fleisch und Blut? Eine Person also, an deren Schicksal man Anteil nimmt, mit der man sich identifiziert. Wie bringt man Leben in seine Figur? Wie entwickelt man eine Figur? Diese Frage hat Dichter, Philosophen, Schriftsteller, Künstler, Wissenschaftler und die Kirche seit Urzeiten bewegt. Es gibt keine eindeutige Antwort darauf – sie ist Teil des mysteriösen und magischen Vorgangs künstlerischer Kreativität. Es gibt aber einen Weg dorthin. Das Schlüsselwort heißt *Prozeß*.

Kontext und Inhalt: Zuerst denkt man sich das *Umfeld*, den Kontext einer Figur aus. Dann füllt man dieses Umfeld mit *Inhalt*. Kontext und Inhalt sind abstrakte Prinzipien, die ein unschätzbares Werkzeug für den kreativen Prozeß darstellen.

Was bedeutet Kontext? Man stelle sich eine leere Kaffeetasse vor. Wenn man hineinschaut, sieht man einen Hohlraum. Dieser Hohlraum hält Kaffee, Tee, Milch, Wasser, heiße Schokolade, Bier, jedwede Flüssigkeit also, die den Inhalt der Tasse bildet. Die Tasse hält den Kaffee. Der Raum in der Tasse, der den Kaffee hält, ist der Kontext. Prägen Sie sich dieses Bild ein, und das Konzept von Kontext und Inhalt wird deutlich werden, je mehr wir vorankommen. Erkunden wir den Prozeß des Aufbaus einer Figur hinsichtlich des Kontexts.
Erstens – definieren Sie das Bedürfnis Ihrer Figur. Was will Ihre Figur im Verlauf Ihres Drehbuchs erreichen oder bekommen?

Eine Million Dollar? Die Chase Manhattan Bank ausrauben? Einen Geschwindigkeitsrekord brechen? Nach New York gehen und ein »midnight cowboy« werden, wie Jon Voight? Die Beziehung mit »Annie Hall« erhalten? Einen lebenslangen Traum realisieren und Sängerin im kalifornischen Monterey werden wie Alice in »Alice Doesn't Live Here Anymore«? Herausfinden »was los ist«, wie Richard Dreyfuss in »Close Encounters of the Third Kind«? Das sind alles Bedürfnisse von Figuren. Fragen Sie sich: Was ist das Bedürfnis meiner Figur? Erstellen Sie zweitens die Biographie Ihrer Figur. Schreiben Sie, wie vorgeschlagen, zwischen drei und zehn Seiten oder mehr, wenn Sie mögen. Finden Sie heraus, wer Ihre Figur ist. Vielleicht wollen Sie mit den Großeltern Ihrer Figur anfangen, um ein klares Bild für sich zu erhalten. Kümmern Sie sich nicht darum, wieviele Seiten Sie schreiben. Sie leiten einen Prozeß ein, der während der kreativen Vorbereitung Ihres Drehbuchs ständig wachsen und sich ausdehnen wird. Die Biographie ist für Sie, und muß überhaupt nicht im Drehbuch vorkommen. Sie ist nur ein Werkzeug, das Sie benutzen, um Ihre Figur zu entwickeln.

Wenn Ihre Biographie fertig ist, wenden Sie sich dem äußeren Teil Ihrer Figuren zu. Isolieren Sie die Elemente Beruf, Beziehungen und Privatleben im Leben Ihrer Figur. Das ist der Ausgangspunkt. Kontext.

Gehen wir nun der Frage nach: Was ist Charakter? Was haben alle Leute gemeinsam? Wir alle sind Menschen; wir haben dieselben Bedürfnisse, dieselben Wünsche, dieselben Ängste und Unsicherheiten; wir wollen geliebt werden, möchten sympathisch wirken, glücklich und gesund sein. Umstände, die uns alle verbinden. Was trennt uns? Was uns trennt, ist unser jeweiliger Standpunkt – unsere Weltanschauung.

Charakter ist ein Standpunkt, die Art und Weise, wie wir die Welt anschauen. Standpunkt ist ein *Kontext*. Gesetzt den Fall, eine Figur des Drehbuchs ist Vater oder Mutter. Dann wird er oder sie einen Eltern-Standpunkt vertreten. Ein Student hingegen wird die Welt aus einem studentischen Blickwinkel betrachten. Vanessa Redgrave nimmt in »Julia« den Standpunkt einer politischen Aktivistin ein und opfert ihr Leben dafür. Eine Hausfrau sieht die Dinge aus einem speziellen Blickwinkel. Ein Krimineller, ein Terrorist, ein Polizist, ein Arzt, ein Rechtsanwalt, ein

Reicher, ein Armer, Frauen, emanzipierte und andere – sie alle vertreten individuelle und unterschiedliche Standpunkte. Welchen Standpunkt vertritt Ihre Figur? Ist sie liberal oder konservativ? Umweltschützer? Humanist? Rassist? Glaubt sie an Schicksalsmächte, an Vorbestimmung oder an Astrologie? Vertraut sie Quacksalbern, Rechtsanwälten, dem »Handelsblatt« und der »Süddeutschen Zeitung«? Liest sie die »Welt«, die »Bunte« oder den »Spiegel«? Wie steht Ihre Figur zur Arbeit? Zur Ehe? Mag sie Musik? Wenn ja, welche? Alles Elemente, die integrale Bestandteile des Charakterbilds Ihrer Figur werden können. Gönnen Sie Ihren Charakteren eigenwillige und individuelle Standpunkte. Geben Sie ihnen *Kontext*, der Inhalt wird sich einstellen.

Charakter ist auch eine Haltung, eine Art zu handeln oder zu fühlen, die die Einstellung einer Person offenbart. Zeigt die Figur eine überlegene oder eine unterlegene Haltung? Ist sie positiv oder negativ eingestellt? Optimistisch oder pessimistisch? Lebensfroh, arbeitslustig oder unglücklich? Haltung ist ein *Kontext*.

Charakter ist Persönlichkeit. Jede Figur stellt eine Persönlichkeit visuell dar. Ist eine Figur vergnügt? Glücklich, gescheit, witzig oder extrovertiert? Ernst? Scheu? Bescheiden? Charmant oder ungehobelt, schlampig, griesgrämig, witz- und humorlos? Ist Ihre Heldin nonchalant, teuflisch oder schelmisch? Alle diese Persönlichkeitszüge reflektieren den Charakter.

Charakter ist auch Verhalten. Das Wesen des Charakters ist Aktion. Eine Person *ist*, was sie *tut*. Sich verhalten heißt agieren: Ein Mann steigt aus seinem Rolls-Royce, schließt ihn ab. Er überquert die Straße. Er sieht eine Münze im Rinnstein – was macht er? Wenn er sich umschaut, ob ihn jemand beobachtet, niemanden sieht, sich bückt und die Münze einsteckt, dann verrät das etwas über seinen Charakter. Wenn er sich umschaut, bemerkt, daß man ihn beobachtet und die Münze *nicht* aufhebt, dann sagt das ebenfalls etwas über seinen Charakter aus. Verhaltensweisen verraten eine Menge. Ist Ihre Figur jähzornig und wirft mit Gegenständen wie Marlon Brando in »A Streetcar Named Desire«? Oder erzürnt sie heftig, wie Marlon Brando in

»The Godfather«, und lächelt ingrimmig und zeigt es nicht? Kommt Ihre Figur zu spät, zu früh oder genau pünktlich zur Verabredung? Reagiert sie auf Autorität, so wie Woody Allen in »Annie Hall«, der seinen Führerschein vor den Augen eines Verkehrspolizisten in Stücke reißt? Jede Aktion und jede Äußerung, die auf individuellen Charakterzügen beruhen, erweitern unser Wissen und unsere Auffassung von den Figuren.

Wie würden Sie selbst handeln? Sollten Sie in Ihrem Drehbuch einen Punkt erreichen, an dem Sie nicht mehr wissen, wie sich Ihre Figuren in einer bestimmten Situation verhalten, stellen Sie sich am besten vor, wie Sie selbst in einer ähnlichen Situation handeln würden. Sie selbst sind das beste Quellenmaterial, das Sie haben. Nützen Sie es aus. Wenn Sie das Problem erfunden haben, können Sie es auch lösen. Charakter enthüllt etwas von einer Person. Im Lauf der Geschichte erfährt man etwas über die Figur.
Robert Redford in »Three Days of the Condor« zum Beispiel bestellt im Restaurant sein Mittagessen. Wir erfahren bereits bei dieser Gelegenheit, daß er intelligent ist, ein Schriftsteller »mit der hochkarätigsten Sammlung von Ablehnungsschreiben auf der ganzen Welt«, und deshalb akzeptieren wir später den dramatischen Vorgang, wie er sich auf eine neuartige Situation einstellt – jemand will ihn töten und er weiß weder *wer* noch *warum*. Das straff geschriebene Drehbuch von Lorenzo Semple Jr. und David Rayfiel enthüllt uns rechtzeitig einen Teil des Charakters von Robert Redfords Rolle.
Es ist die Aufgabe des Drehbuchautors, dem Leser und dem Publikum charakterliche Aspekte mitzuteilen. Wir müssen etwas über den Charakter der Figuren erfahren. Im Fortgang des Drehbuchs erfährt die Figur üblicherweise genau gleichzeitig mit dem Publikum etwas über ihre Lage. Darum teilen Figur und Publikum miteinander auch die Erfahrung jener dramatischen Wendepunkte (Plot Points), die die Handlung des Dramas in Gang halten.

Identifikation ist ein weiterer Aspekt der Figur. Der Wiedererkennungseffekt »Ich *kenne* doch jemand, der ist genau so« ist das größte Kompliment, das ein Autor erhalten kann. Alle erwähnten Charakterzüge – Standpunkt, Persönlichkeit, Haltung und Verhaltensweisen – sind untereinander verbunden und werden sich im Prozeß des Aufbaus einer Figur überschneiden.

Das läßt dem Autor die Wahl. Er kann einige, alle oder keiner dieser Charakterzüge verwenden. Sie zu kennen, erweitert aber auf jeden Fall seine Kompetenz beim Entwickeln einer Figur. Alle Charakterzüge entspringen der Biographie; aus der Vergangenheit einer Figur entstehen ihr Standpunkt, ihre Persönlichkeit, ihre Haltung, ihr Verhalten, ihr Bedürfnis und ihr Ziel.

Die Figuren machen sich selbstständig. Beim Schreiben Ihres Drehbuchs werden Sie merken, daß irgendwo zwischen Seite 20 und Seite 50 die Figuren anfangen werden, mit Ihnen zu reden. Sie werden Ihnen sagen, was *sie tun* und *sagen* wollen. Lassen Sie ihnen freien Lauf. Vertrauen Sie auf Ihre Fähigkeit, den Überblick zu behalten. Es kann sein, daß Ihre Figuren die Grundgeschichte ändern und daß Sie sich nicht im klaren darüber sind, ob Sie das zulassen sollen. Lassen Sie es ruhig zu. Beobachten Sie. Das Schlimmste, was passieren kann, ist, daß Sie ein paar Tage verlieren, weil Sie merken, es war doch falsch. Es ist wichtig, Fehler zu machen. Aus Pannen und Mißgeschick entspringt kreative Spontaneität. Wenn Sie etwas falsch gemacht haben, schreiben Sie den Abschnitt einfach nochmal, und alles wird seine Richtigkeit haben.
Schreiben ist immer ein Abenteuer. Man weiß nie genau, was wirklich dabei herauskommt. Im schlimmsten Fall werden Sie, wie gesagt, ein paar Tage damit verbringen, eine Neufassung zu schreiben. Erwarten Sie auch nicht, daß die Figuren ab Seite 1 anfangen, mit Ihnen zu reden. So läuft das nicht. Auch wenn Sie die kreative Recherche geleistet haben, wenn Sie Ihre Figuren kennen, werden Sie trotzdem auf einigen Widerstand stoßen, bevor sie den Durchbruch schaffen und Kontakt mit den Figuren herstellen können. Das Endergebnis aller Arbeit, aller Recherche, aller Vorbereitung und allen Nachdenkens werden Charaktere sein, die echt, lebendig und glaubwürdig sind, wirkliche Menschen in wirklichen Situationen.

Zur Übung: Vertiefen Sie sich in Ihre Biographien und konstruieren Sie einen speziellen Standpunkt für Ihre Hauptfigur und drei wichtige Nebenrollen. Erfinden Sie deren Haltung, und denken Sie über Verhaltensweisen und Persönlichkeitszüge nach, die Eigenschaften Ihrer Figuren deutlich machen. Denken Sie auch an Kontext und Inhalt.

Wie aus einer Figur eine Story wird

Es gibt zwei Arten, an ein Drehbuch heranzugehen:

Erst die Story-Idee, dann die Figuren. Die eine Art ist, eine Idee zu haben und dann die dazu passenden Figuren zu erfinden. »Drei Typen überfallen die Chase Manhattan Bank« ist dafür ein Beispiel. Man »modelliert« Charaktere einer Idee entsprechend: ein ausgebrannter Boxer, wie in »Rocky«, der die Chance kriegt, gegen den Weltmeister im Schwergewicht zu kämpfen, oder ein Mann, der eine Bank überfällt, um Geld für eine Geschlechtsumwandlung zu besorgen, wie in »Dog Day Afternoon«. Sie erfinden die Figuren so, daß sie zur Idee passen.

Erst eine Figur, dann die Story. Die andere Art, ein Drehbuch anzufangen, besteht darin, zuerst eine Figur zu finden. Aus diesem Charakter entwickeln sich dann ein Bedürfnis, eine Handlung und eine Story. Alice, die Hauptfigur in »Alice Doesn't Live Here Anymore«, ist ein Beispiel dafür. Auch »Coming Home« entstand so: Jane Fonda hatte die Idee für eine Figur in einer bestimmten Situation und vermittelte sie ihren Partnern. Erfinden Sie eine Figur und Sie erfinden eine Geschichte.

Einer meiner Lieblingskurse am Sherwood Oaks Experimental College heißt: »Eine Figur erfinden«. Wir denken uns eine Figur aus, männlich oder weiblich, und entwickeln daraus die Idee für ein Drehbuch. Jeder trägt Ideen und Vorschläge dazu bei, ganz allmählich beginnt eine Figur Gestalt anzunehmen, und wir fangen an, eine Geschichte zu formulieren. Es dauert ein paar Stunden, doch meistens haben wir am Schluß einen gestandenen Charakter und manchmal eine tolle Idee für einen Film.
Wie erfindet man eine Figur? Wir fangen ganz am Anfang an. Ich stelle eine Reihe von Fragen und die Klasse gibt Antworten. Ich nehme die Antworten und forme eine Figur daraus. Und aus dieser Figur entsteht dann eine Story.
Manchmal funktioniert das sehr gut. Wir erhalten einen interessanten Charakter und einen guten dramatischen Entwurf für einen Film. Manchmal geht es auch daneben. Doch gemessen an der Zeit und den sonstigen Gegebenheiten läuft es durchaus zufriedenstellend.

Das Protokoll einer Übung, die gut lief. Es ist redigiert und gekürzt. Die Fragen gehen vom Allgemeinen zum Besonderen, vom *Kontext* zum *Inhalt*. Vielleicht wollen Sie Ihre eigenen Antworten an die Stelle der gegebenen setzen und so zu Ihrer eigenen Version der Geschichte kommen.

»Wir werden nun als gemeinsame Übung eine Figur erfinden«, erkläre ich der Klasse. »Ich stelle Fragen, und Sie liefern die Antworten dazu.«

Sie sind einverstanden. Manche lachen.

»Gut«, sage ich. »Wie fangen wir an?«

»Boston«, dröhnt Joes Stimme von hinten durch den Raum.

»Boston?« »Ja«, sagt er. »Er ist aus Boston!«

»Nein«, rufen einige Frauen. »Sie ist aus Boston!«

»Einverstanden.« Ich frage, ob es allen so recht ist. Zustimmung.

»Gut.« Unsere Person ist eine Frau aus Boston. Das ist unser Ausgangspunkt.

»Wie alt?« frage ich.

»Vierundzwanzig.« Einige stimmen zu.

»Nein, sage ich.« Wenn Sie ein Drehbuch schreiben, dann *für* jemand, für einen *Star*, für jemand, der »im Geschäft« ist. Faye Dunaway, Jane Fonda, Diane Keaton, Raquel Welch, Candice Bergen, Mia Farrow, Shirley MacLaine, Jill Clayburgh.

Wir einigen uns schließlich darauf, daß sie Ende zwanzig ist – siebenundzwanzig, achtundzwanzig. Wir wollen nicht *zu* präzis werden. Wenn wir für Jane Fonda schreiben, wird es Diane Keaton nicht mögen.

Weiter. »Wie heißt sie?«

Mir kommt der Name »Sarah« in den Sinn. Kein Einwand.

»Sarah wie?«

Sarah Townsend, entscheide ich. Ein Name ist ein Name.

Unser Ausgangspunkt ist jetzt Sarah Townsend, eine siebenundzwanzigjährige Frau aus Boston. Sie ist unser Thema.

Jetzt zum *Kontext*.

Wir suchen ihre persönliche Geschichte. Der Einfachheit halber gebe ich nur eine Antwort pro Frage wieder. In der Klasse kommen verschiedene, und ich wähle eine davon aus. Wenn Ihnen unsere Antworten nicht gefallen, geben Sie sich ruhig andere. Erfinden Sie Ihre eigene Figur, Ihre eigene Geschichte.

»Die Eltern?« frage ich. »Wer ist der Vater?«

Wir entscheiden uns für Arzt.
Die Mutter?
Hausfrau.
Name des Vaters?
Lionel Townsend.
Seine Vorgeschichte?
Wir spielen mit allerhand Einfällen herum und halten schließlich
fest: Lionel Townsend gehörte zur Oberschicht der Bostoner
Gesellschaft. Reich, smart und konservativ, unterbrach er sein
Medizinstudium an der Universität von Boston, um zwei Jahre
lang während des Zweiten Weltkriegs Militärdienst zu leisten.
Nach dem Krieg kam er zurück, heiratete und beendete seine
medizinische Ausbildung.
Jetzt zu Sarahs Mutter. Was war sie, bevor sie Frau eines Dok-
tors wurde?
Lehrerin. »Sie heißt Elizabeth«, wirft jemand ein. Gut. Kann sein,
Elizabeth war Lehrerin, als sie Lionel kennenlernte, und sie übte
den Lehrerinnenberuf auch noch aus, als er studierte. Als er aber
seine Praxis eröffnete, gab sie ihren Beruf auf und wurde Haus-
frau.
»Wann haben Sarahs Eltern geheiratet?« frage ich.
Wenn Sarah Ende zwanzig ist, müssen ihre Eltern nach dem
Krieg geheiratet haben, in den späten vierziger Jahren. Sie sind
fast dreißig Jahre verheiratet. »Wie kommen Sie darauf?« fragt
jemand.
»Durch Subtraktion«, antworte ich.
Wie ist das Verhältnis zwischen Mutter und Vater?
»Beständig, vermutlich Routine. Sie ist Steinbock, er Waage«,
gebe ich drauf.
Wann wurde Sarah geboren?
1954. April. Widder. Hat sie Geschwister? Nein, sie ist ein Einzel-
kind.
Denken Sie daran, dies ist ein Prozeß: Auf jede Frage gibt es viele
Antworten. Falls Sie ihnen nicht zustimmen, ändern Sie sie, erfin-
den Sie Ihre eigene Figur.
Wie war ihre Kindheit?
Einsam. Sie wünschte sich Brüder und Schwestern. Meistens
war sie allein. Sie hatte vermutlich ein gutes Verhältnis zu ihrer
Mutter, bis zur Pubertät. Danach krachte es, wie üblich, ziemlich
zwischen Tochter und Mutter.

Wie ist die Beziehung zwischen Sarah und ihrem Vater?
Gut, aber angespannt. Vermutlich hätte er lieber einen Sohn gehabt. Ihrem Vater zuliebe wurde Sarah zu einem Wildfang.
Das bringt sie natürlich mit ihrer Mutter über Kreuz. Wahrscheinlich versucht Sarah ständig, ihrem Vater zu gefallen, um seine Liebe und Zuneigung zu erhalten. Als Wildfang löst sie dieses Problem, schafft dadurch aber ein anderes im Verhältnis zu ihrer Mutter. Diese Spannung wird sich später auf ihr Verhalten Männern gegenüber auswirken.
Sarahs Familie ist wie alle Familien, doch wir entwerfen aus dramaturgischen Gründen möglichst viele detaillierte Konfliktsituationen.
Wir fangen an, die Dynamik der Familie Townsend zu erfassen.
Wir sind uns bis hierher weitgehend einig und erforschen den *Kontext* von Sarah Townsend weiter.
Ich werfe ein, daß viele junge Frauen ihr ganzes Leben lang nach dem Vater oder nach Vaterfiguren suchen. Als Grundlage einer Charakterisierung ist das interessant. Es suchen ja auch viele Männer in Begegnungen mit Frauen ihre Mütter. Nicht, daß es immer so sein müßte. Aber manchmal *ist* es so. Wenn wir darauf achten, kann es möglicherweise vorteilhaft für uns sein.
Große Diskussion. Ich erkläre, daß man beim Erfinden einer Figur solche Nuancen sammeln muß, damit man nachher entscheiden kann, ob man sie verwendet oder nicht. Ich sage der Klasse, daß das eine Übung auf der Basis von Versuch und Irrtum darstellt. Wir werden nur benutzen, was funktioniert. Sarah wird von ihrer Mutter vermutlich »lebensnah« erzogen und beizeiten vor »den Männern« gewarnt. »Trau keinem. Sie wollen alle nur dasselbe. Und vor allem mögen sie keine Intellektuelle.« Und so weiter. Die Ansichten von Sarahs Mutter mögen Ihnen entsprechen oder nicht. Bringen Sie Ihre eigenen Erfahrungen ein, wenn Sie eine Figur entwerfen.
In ihrer Jugend äußerte Sarah vielleicht den Wunsch, Medizin zu studieren wie ihr Vater, und ihre Mutter riet ihr davon ab: »Junge Mädchen, vor allem solche aus Boston, studieren nicht Medizin. Sie werden Sozialarbeiterinnen, Lehrerinnen, Krankenschwestern, Sekretärinnen oder Hausfrauen.« Die 50-er, die frühen 60er-Jahre, klar?
Weiter. Wie ging es Sarah auf der High School?
Sie war aktiv, sozial engagiert, ausgelassen. Sie hatte gute

Noten, ohne sich sehr dafür anstrengen zu müssen. Sie hatte viele Freunde und führte so manche Rebellion gegen die restriktiven Verhältnisse in der Schule an.

Die meisten jungen Leute sind rebellisch, und Sarah ist keine Ausnahme. Sie besteht die Abschlußprüfungen und geht nach Radcliffe. Das gefällt ihrer Mutter. Als Hauptfach wählt sie Politik. Das wiederum ärgert ihre Mutter. Sie ist sozial aktiv, hat eine Affäre mit einem Politikwissenschaftler und beteiligt sich an sit-ins und den Protesten der 60er-Jahre. Ihre Aktionen, die in ihrer rebellischen Natur begründet sind, werden Teil ihres Charakters – ein Standpunkt, eine Haltung. Sie macht einen Abschluß in Politikwissenschaft und geht von Radcliffe ab.

Was nun?

Sie geht nach New York, um einen Job zu finden. Ihr Vater unterstützt sie und befürwortet den Umzug. Ihre Mutter ist dagegen, ärgert sich. Sarah verhält sich nicht so, wie sie es möchte – heiraten, seßhaft werden, wie es sich für eine »anständige junge Frau aus Boston« gehört.

Denken Sie daran, Drama ist Konflikt, setze ich hinzu. Ich erkläre, daß das Verhältnis von Mutter und Tochter im Drehbuch verwendet werden kann, aber nicht muß. Bevor wir das entscheiden, werden wir prüfen, ob es funktioniert. Der Autor trifft immer die Auswahl und trägt die Verantwortung dafür.

Sarahs Umzug nach New York ist ein markanter Punkt innerhalb unseres Vorhabens, eine Figur zu erfinden. Bis jetzt haben wir uns auf den *Kontext* von Sarah Townsend konzentriert. Jetzt fangen wir an, *Inhalt* zu geben. Definieren wir einmal die *äußeren* Einflüsse auf Sarah. Hier das Diagramm:

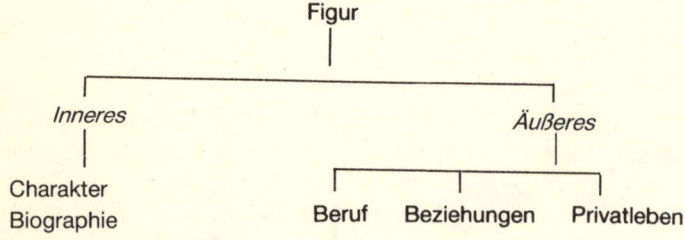

Sarah kommt im Frühjahr 1972 in New York an. Was macht sie? Sie mietet ein Appartement. Ihr Vater schickt ihr jeden Monat Geld und verheimlicht das ihrer Mutter. Sarah lebt allein und ist zufrieden damit. Was weiter? Sie bekommt einen Job. Was für einen?

Diesen Punkt wollen wir diskutieren. Wir wissen im Prinzip, was für eine *Art* von Person Sarah ist: obere Mittelschicht, unabhängig, aufgeklärt, rebellisch, zum erstenmal selbständig lebend und begeistert davon, beschäftigt mit sich selbst und ihrem Leben.

Erkunden wir also die *äußeren* Verhältnisse, die Sarah beeinflussen.

New York, 1972.

Nixon im Weißen Haus. Der Vietnamkrieg tobt immer noch. Das Land ist in einem Zustand nervöser Erschöpfung. Nixon fährt nach China. McGovern gewinnt die Präsidentschaftsvorwahlen, und es kommt Hoffnung auf, er sei »der richtige.« George Wallace wird in einem Einkaufscenter niedergeschossen. »The Godfather« läuft an.

Welcher Job würde dramaturgisch gesehen zu Sarah passen? Einer im Hauptquartier von McGovern in New York. Das ist ein Diskussionspunkt. Wir reden darüber. Schließlich erkläre ich, daß für mich dieser Job Sarahs rebellischer Natur entspricht. Er bedeutet ihren ersten unabhängigen Schritt weg vom Elternhaus. Er befriedigt ihren politischen Aktivismus, paßt zu ihrem Hintergrund als Politikwissenschaftlerin und gibt ihren Eltern Grund zur Mißbilligung. Und zwar beiden. Wir wollen doch Konfliktstoff, oder?

Von hier an suchen wir durch ständiges Ausprobieren nach einem Thema, einer dramatischen Voraussetzung, nach *etwas*, das Sarah auf einen bestimmten Weg bringt, das dramatische Handlung auslöst. Der Stoff eines Drehbuchs, wir erinnern uns, besteht aus *Handlung* und *Figuren*. Wir haben die Figur, jetzt müssen wir die Handlung finden.

Das ist ein Spiel mit Treffern und Nieten. Es kommen Vorschläge. Sie werden geändert, umgruppiert, Fehler werden gemacht. Ich widerspreche mir von einem Satz zum andern selbst. Kein Problem. Wir sind auf ein bestimmtes Resultat aus – die Story: Wir müssen es uns erlauben, sie zu »finden.«

New York. 1972. Ein Wahljahr. Sarah Townsend arbeitet für die McGovern-Kampagne als feste Angestellte. Wen wählen ihre Eltern? Was lernt Sarah aus ihren Erfahrungen während der Kampagne über Politik? Daß Politik nicht notwendig sauber oder idealistisch ist. Vielleicht entdeckt sie illegale Praktiken – würde sie etwas dagegen unternehmen? Vielleicht, so mein Vorschlag, geschieht etwas, das eine wichtige politische Auseinandersetzung auslöst. Vielleicht verweigert einer ihrer Freunde den Kriegsdienst und flieht nach Kanada. Sie könnte einer Initiative beitreten, die die Rückkehr von Kriegsdienstverweigerern ermöglichen will. Nicht vergessen, wir entwickeln eine Figur, indem wir *Kontext* und *Inhalt* erfinden. Wir suchen eine Geschichte, die bald auftauchen wird. Erfinde eine Figur und es wird sich die Geschichte dazu einstellen. Jemand meint, daß Sarahs Vater die Dinge anders sieht als sie – er hält Verweigerer für Vaterlandsverräter, die erschossen werden sollten. Sarah würde dagegen argumentieren: Der Krieg sei falsch, unmoralisch und illegal. Die Verantwortlichen, die Politiker, sollten erschossen werden!

Erstaunliches geschieht auf einmal. Die Klasse polarisiert sich. An die 50 Leute stellen ihre Haltungen und Standpunkte zu Ereignissen dar, die mehrere Jahre zurückliegen. Wir sprechen über die Wirkung des Vietnamkriegs. Dann aber beschließen wir, der Krieg ist vorbei. Schluß damit.

Jemand ruft: »Watergate!« Klar! Juni 1972. Ist das ein dramatisches Ereignis, das Sarah berührt?

Und ob. Sarah wird entrüstet sein. Ein Ereignis dieser Art wird eine dramatische Antwort provozieren. Es stellt einen potentiellen »Aufhänger« in unserer bis dato noch unerfundenen, unerzählten und undefinierten Geschichte dar. Wir befinden uns mitten in einem kreativen Prozeß, dessen Bestandteile auch Konfusion und Widersprüche sind.

Zweieinhalb Jahre später ist Nixon abgetreten, der Krieg fast vorbei und die Frage der Amnestie wird Hauptthema. Sarah hat aufgrund ihres politischen Engagements unmittelbar an einem Ereignis teilgenommen, das sie zu einer dramatischen Auflösung führen wird, auch wenn wir diese noch nicht kennen.

Ein Student erwähnt, Sarah könnte bei der Initiative mitarbeiten, die versucht, Kriegsdienstverweigerer zurückzuholen, und für deren volle Amnestie eintritt. Es ist uns klar geworden, daß Sarah eine politisch motivierte Person ist. »Funktioniert das?« frage ich. Ja.

Wäre Sarah motiviert genug, Jura zu studieren und Anwältin zu werden? Jede Menge Antworten und viel Diskussion darüber. Einige in der Klasse glauben, es funktioniert nicht. Sie können es sich nicht vorstellen. In Ordnung. Wir schreiben ein Drehbuch. Wir brauchen eine Figur, die überlebensgroß ist. Ich kann mir Jane Fonda, Faye Dunaway, Shirley MacLaine, Vanessa Redgrave, Marsha Mason, Jill Clayburgh oder Diane Keaton in der Rolle einer Anwältin gut vorstellen. »Es ist kommerziell«, was immer dieses Klischee bedeuten mag.

Fuad Said, mein Boß bei Cinemobile, fragte mich zu einem Drehbuch immer als erstes: »Worum geht es?« Die zweite Frage war: »Welcher Star wird es spielen?« Ich sagte immer dasselbe: Paul Newman, Steve McQueen, Clint Eastwood, Jack Nicholson, Dustin Hoffman, Robert Redford etc. Da war er zufrieden. Man schreibt Drehbücher nicht, um seine Wände damit zu tapezieren. Man schreibt, um zu verkaufen. Sie hoffentlich auch!

Sie können für oder gegen eine Anwältin aus Boston als Hauptfigur in einem Spielfilm sein. Mein einziger Kommentar dazu ist: Es funktioniert!

Für mich ergreift Sarah den Anwaltsberuf aus einem bestimmten Grund – sie will mithelfen, das politische System zu verändern. Eine Anwältin ist ein guter dramaturgischer Griff. Paßt Anwältin zu ihrem Charakter? Ja. Spielen wir das einmal durch, schauen wir, was dabei herauskommt.

Falls Sarah Anwältin wird, *könnte* etwas geschehen, ein Ereignis, ein Vorfall, der den Keim einer Geschichte enthält. Aus der Klasse kommen Vorschläge. Sarah könnte sich auf das Militärrecht werfen, um den Verweigerern zu helfen, meint jemand. Ein anderer sagt, sie könne im Bereich der Sozialgesetzgebung tätig sein. Oder Handelsrecht, Seerecht, Arbeitsrecht. Eine Anwaltskanzlei eröffnet ein weites Spektrum dramatischer Möglichkeiten.

Eine Frau aus Boston wirft ein, Sarah könnte gegen die Rassenpolitik im Schulwesen auftreten. Eine sehr gute Idee. Wir suchen ja nach einer dramatischen Voraussetzung, nach dem »Auslöser« einer kreativen Antwort, einem »Aufhänger« sozusagen.

Da passiert es – jemand erwähnt einen Zeitungsbericht über ein Atomkraftwerk. Das ist es! Mir ist klar, daß das der »Aufhänger« ist, nach dem wir gesucht haben. Haupttreffer!

Sarah könnte mit einem Atomkraftwerk zu tun bekommen. Es könnte um Sicherheitsvorkehrungen gehen oder um Mängel in diesem Bereich, um einen Standort oder um die politischen Machtspiele dahinter. Das ist es jedenfalls, wonach wir gesucht haben: eine aufregende, aktuelle Geschichte, der »Aufhänger« für unsere Handlung. Ich halte an der Entscheidung fest, daß Sarah Anwältin werden soll.

Alle stimmen zu. Wir erweitern nun das Feld der äußeren Kräfte, die auf Sarah einwirken, und fangen an, unsere Story zu bauen.

Angenommen, wir akzeptieren die Voraussetzung, daß Sarah Townsend einer Initiative gegen den Bau von Atomkraftwerken beitritt. Dann entdeckt sie vielleicht durch eigene Nachforschungen, daß ein bestimmtes Kraftwerk nicht sicher ist. Wie Politik eben ist, könnte gut ein Politiker dieses Kraftwerk unterstützen, ungeachtet seiner mangelnden Sicherheit. Wie im Fall Karen Silkwood, schlägt jemand vor. Richtig.

Das wird der »Aufhänger« unserer Geschichte, ihre dramatische Voraussetzung. Jetzt brauchen wir Einzelheiten, Details, den *Inhalt*, dann haben wir den Stoff für ein Drehbuch – eine *Handlung* und eine *Figur*.

Das Drehbuch würde ein Atomkraftwerk zum Thema haben, eine der wichtigsten politischen Fragen innerhalb der nächsten zehn Jahre.

Und was für eine Geschichte? Vor kurzem schlossen die Behörden ein Atomkraftwerk in Pleasanton/Kalifornien, als sie entdeckten, daß es weniger als 64 Meter von einer größeren Verwerfungslinie entfernt war, dem Epizentrum eines Erdbebens. Können Sie sich vorstellen, was geschähe, wenn ein Erdbeben ein Atomkraftwerk zerbröselt? Versuchen sie es doch!

Versuchen wir es mit dem entgegengesetzten Standpunkt. Was würde Sarahs Vater zu Atomkraftwerken sagen? »Atomenergie«, könnte er sagen, »muß für uns arbeiten. Aufgrund unserer Energiekrise müssen wir vorausschauend denken und eine Energiequelle für die Zukunft entwickeln; diese Zukunft liegt in der Atomenergie. Wir müssen lediglich die Sicherheitsstandards gewährleisten und die gesetzlichen Voraussetzungen dafür schaffen.«

Und, wie wir alle wissen, diese Entscheidungen sind nicht immer von der Realität, sondern von politischen Zwängen bestimmt.

Eine solche Entdeckung könnte Sarah zufällig machen – eine politische Mauschelei etwa, die direkt mit der mangelhaften Sicherheit eines Atomkraftwerks zusammenhängt. Und jetzt muß etwas geschehen, das eine dramatische Situation auslöst.

Jemand schlägt vor, eine Person könnte in der Nuklearfabrik radioaktiv verseucht werden. Sarahs Anwaltkanzlei übernimmt den Fall, und so wird Sarah in die Angelegenheit hineingezogen. Ein sehr guter Vorschlag! Das wird die dramatische Handlung, nach der wir gesucht haben. Im Verlauf der Geschichte wird ein Arbeiter verstrahlt, der Fall wird Sarahs Firma übergeben und sie wird damit beauftragt. Der *Plot Point* am Ende des ersten Akts wäre, wenn Sarah entdeckt, daß die Kontamination des Arbeiters, seine tödliche Krankheit, durch mangelhafte Sicherheitsvorkehrungen verursacht wurde. Drohungen und Hindernissen zum Trotz beschließt sie, etwas zu *unternehmen*.

Der 1. Akt ist die *Exposition* – wir könnten damit anfangen, wie der Arbeiter radioaktiv verstrahlt wird. Eine visuell dynamische Sequenz. Der Mann bricht bei der Arbeit zusammen, wird aus der Anlage weggebracht, ein Krankenwagen röhrt durch die Straßen von Boston. Arbeiter versammeln sich, protestieren. Gewerkschaftsfunktionäre halten eine Sitzung ab und beschließen, auf gerichtlichem Weg die Verbesserung der Sicherheitsbedingungen für die Arbeiter in der Fabrik durchzusetzen.

Bedingt durch Umstände und Sachlage, wird Sarah der Fall übertragen. Die Gewerkschaftler sind nicht begeistert, weil sie eine Frau ist. Die Behörden verweigern ihr den Zutritt, sie schafft es aber trotzdem, in der Fabrik nachzuforschen. Sie stellt Mängel in der Sicherheit fest. Ein Ziegelstein wird in ihr Fenster geworfen. Sie wird bedroht. Die Anwaltskanzlei kann ihr nicht helfen. Sie wendet sich an die politisch Verantwortlichen, man läßt sie auflaufen. Man behauptet, es sei die Schuld des Arbeiters, daß er verstrahlt wurde.

Die Medien werden hellhörig. Sarah erfährt, daß es eine »politische Verbindung« zwischen Sicherheitsstandards und dem Management der Fabrik gibt. Vielleicht, sagt jemand, bemerken sie, daß ein wenig Plutonium abhanden gekommen ist.

Das ist der *Plot Point* am Ende des 1. Akts.

Der 2. Akt ist *Konfrontation*. Bei ihrer Untersuchung stößt Sarah auf so viele Hindernisse, daß sie dahinter ein politisches Vertuschungsmanöver wittert. Sie kann es nicht länger ignorieren.

Wir brauchen ein »erotisches Moment« – vielleicht ist sie mit einem kürzlich geschiedenen Rechtsanwalt, Vater von zwei Kindern, zusammen. Ihre Beziehung kriselt. Er hält sie für »verrückt«, »paranoid«, von »Halluzinationen« getrieben. Kann sein, daß ihre Beziehung die Spannung nicht aushält.

Konflikt und Widerstand begegnen Sarah auch in ihrer Kanzlei von ihren Kollegen. Man bedeutet ihr vielleicht, man werde ihr den Fall entziehen, wenn sie ihre Nachforschungen fortsetzt. Ihre Eltern werden sich gegen sie stellen. Konflikt auch hier. Die einzigen, die ihr helfen, sind die Arbeiter im Atomkraftwerk. Sie wollen, daß sie Erfolg hat, daß die unsicheren Arbeitsbedingungen bekannt werden. Wir können die Medien benutzen und möglicherweise einen Reporter erfinden, der meint, sie solle weiterforschen. Er wird so zu einer Story kommen. Vielleicht gibt es zwischen ihnen eine romantische Verbindung.

Was ist mit dem *Plot Point* am Ende des 2. Akts? Es muß ein Vorfall sein, der in die Handlung eingreift und ihr eine neue Wendung gibt.

Vielleicht kommt der Reporter mit dem definitiven Beweis der politischen Begünstigung, in die viele Offizielle verwickelt sind, zu ihr. Sie hat die Fakten in der Hand – was wird sie damit machen?

Der 3. Akt bringt die *Auflösung*. Mit Hilfe der Arbeiter und der Medien enthüllt Sarah öffentlich die politische Begünstigung bei der staatlichen Festsetzung der unsicheren Sicherheitsstandards.

Das Kernkraftwerk wird geschlossen, bis neue Standards eingeführt sind. Sarah erhält Anerkennung für ihr hartnäckiges, mutiges und siegreiches Durchhalten.

Mit anderen Worten, wir haben ein positives Ende. Unsere »Heldin« gewinnt.

Wir setzen einen Arbeitstitel über die Story: »Vorsicht!«

Das ist jetzt unsere Geschichte: Eine junge Anwältin in Boston deckt unsichere Arbeitsbedingungen in einem Atomkraftwerk auf. Trotz politischer Pressionen und Morddrohungen schafft sie es, die Mißstände öffentlich zu machen. Das Werk wird geschlossen, bis nach entsprechenden Reparaturen sichere Bedingungen herrschen.

Nicht schlecht – wenn man bedenkt, daß wir weniger als eine Stunde brauchten, um eine Figur zu erfinden und eine Geschichte mit einer starken dramatischen Voraussetzung dazu!

In Sarah Townsend haben wir eine interessante *Hauptfigur*. Eine *Handlung* ebenfalls: das Aufdecken eines Skandals. Wir haben einen *Anfang*, einen *Plot Point* am Ende des 2. Akts und eine dramatische *Auflösung*.

Sie mögen mit der Geschichte nicht einverstanden sein oder sie gut finden – der Zweck der Übung ist, einen Prozeß in Gang zu setzen, zu zeigen, wie das Erfinden einer Figur eine dramatische Aktion hervorbringt, die zu einer Geschichte wird.

Es gibt wie gesagt zwei Wege, an ein Drehbuch heranzugehen: eine Idee haben und die Figuren der Idee anpassen oder eine Figur erfinden und die Story aus der Figur sich entwickeln lassen. Wir sind gerade den zweiten Weg gegangen. Alles entstand aus »Eine junge Frau in Boston«.

Zur Übung: Probieren Sie es selbst aus! Lassen Sie sich vom Ergebnis überraschen.

Schlüsse und Anfänge

Wie fängt Ihr Drehbuch am besten an? Zeigt es Ihre Hauptfigur bei der Arbeit? In Beziehung zu einer anderen Person? Im Bett, allein oder mit jemand zusammen? Im Auto? Beim Golf? Am Flughafen? Werfen wir zunächst einen Blick auf das Paradigma:

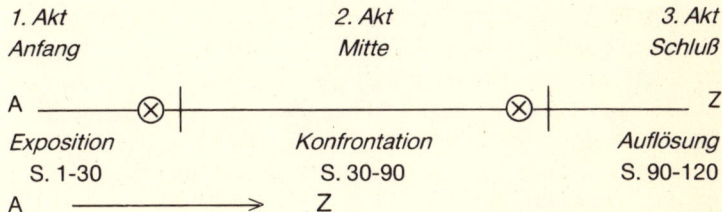

1. Akt	2. Akt	3. Akt
Anfang	Mitte	Schluß
Exposition	Konfrontation	Auflösung
S. 1-30	S. 30-90	S. 90-120

Was sehen wir? Eine *Richtungsangabe* – will heißen:

Die Story bewegt sich voran, von A nach Z, von der *Exposition* zur *Auflösung*. Erinnern wir uns an die Definition der dramatischen Struktur eines Drehbuchs: »lineares *Fortschreiten* von *aufeinander bezogenen* Vorfällen, Episoden und Ereignissen, das zu einer dramatischen Auflösung führt«. Das heißt: Ihre Story *bewegt sich voran*, vom Anfang auf das Ende zu.

Sie haben zehn Seiten (zehn Minuten), um dem Leser oder dem Publikum drei Dinge klarzumachen: 1. *Wer* ist die Hauptfigur? 2. *Was* ist die dramatische Voraussetzung, worum geht es? 3. *Wie* ist die dramatische Situation, welche dramatischen Umstände begleiten die Story?

Die beste Methode, ein Drehbuch anzufangen, ist: Den Schluß zu kennen.

Wie endet die Geschichte? Wie wird sie aufgelöst? Bleibt die Hauptfigur am Leben oder stirbt sie? Heiratet sie oder wird sie geschieden? Führt sie den Bankraub erfolgreich aus oder wird sie verhaftet? Steht sie nach 15 Runden gegen Apollo Creed noch auf den Beinen oder nicht? Welchen Schluß also hat die Geschichte?
Viele Leute glauben nicht, daß man einen Schluß haben muß, bevor man zu schreiben anfängt. Endlose Argumentationen, Diskussionen und Debatten sind darüber schon geführt worden. »Meine Figuren«, heißt es da, »werden das Ende bestimmen« oder »Mein Ende entwickelt sich aus der Geschichte heraus« oder »Ich werde meinen Schluß schon finden, wenn ich erstmal soweit bin«.
Bockmist!
Solche Schlüsse funktionieren meistens gar nicht, und wenn, dann sind sie nicht sehr effektiv. Zu schwachbrüstig, zu putzig oder zusammengeschustert, ziehen sie einen ziemlich runter, anstatt einen emotionalen Adrenalinstoß zu verursachen. Man denke dagegen an die Schlüsse von »Star Wars«, »Heaven Can Wait« oder »Three Days of the Condor«: stark, überzeugend und restlos aufgelöst.

Der Schluß ist das Erste, was man kennen muß, bevor man mit dem Schreiben anfängt. Es ist einleuchtend, wenn man nur darüber nachdenkt. Eine Geschichte bewegt sich ununterbrochen vorwärts, sie folgt einem Pfad, einer Richtung, einer Entwicklungslinie, vom Anfang zum Schluß. Sie brauchen nicht jede Einzelheit zu kennen, aber Sie müssen wissen, *was geschieht*. Vor allem müssen Sie den *Schluß* der Geschichte kennen. Sie müssen wissen, wie sich die Geschichte auflöst.

Gute Filme haben immer eine stimmige Auflösung. Überprüfen Sie: Was ist der Schluß von »Close Encounters of the Third

Kind«, »Bonnie and Clyde«, »An Unmarried Woman«, »Red River«, »Looking for Mr. Goodbar«, »Saturday Night Fever«, »Three Days of the Condor«, »Alice Doesn't Live Here Anymore«, »Butch Cassidy and the Sundance Kid«, »The Treasure of the Sierra Madre«, »Casablanca«?

Ein gut gemachter Film hat ein starkes, eindeutiges Ende, eine präzise Auflösung. *Die Tage der offenen Schlüsse sind vorbei.* Sie endeten in den Sechzigern. Heutzutage will das Publikum eine glasklare Auflösung sehen. Kommen die Figuren durch oder nicht? Läuft die Beziehung oder geht sie auseinander? Wird der »Kampfstern« zerstört? Gewinnt der Held das Rennen oder ist er der Verlierer? Sie müssen die *Auflösung* klar im Kopf haben, bevor Sie das erste Wort zu Papier bringen.

Es gibt verschiedene Arten von Schlüssen. Beim *Happy End* läuft alles prima, wie im Märchen: Und sie lebten glücklich und zufrieden bis an ihr Lebensende. Bei *traurigen* oder *offenen* Schlüssen muß sich der Zuschauer »seinen eigenen Reim drauf machen«. Beim *tragischen* Schluß sind am Ende meist alle tot. Sollten Sie jemals Zweifel haben, welches Ende Sie für Ihr Drehbuch wählen sollen, *denken Sie an ein Happy End!* Es gibt wahrlich bessere Schlüsse für ein Drehbuch, als seine Hauptfiguren verhaftet, erschossen, ermordet werden, in Gefangenschaft geraten oder sterben zu lassen.
In den 60er- Jahren dominierten »tragische« Schlüsse. Die Kinobesucher der 70er und 80er Jahre wollen einen *positiven* Schluß sehen.

Schlüsse und Anfänge beziehen sich aufeinander, Drehbücher sollten das berücksichtigen. »Rocky« ist so ein Fall. Der Film beginnt mit Rocky, der einen Boxkampf austrägt. Er endet mit Rockys Kampf gegen Apollo Creed um die Weltmeisterschaft im Schwergewicht. Im Leben bedeutet das Ende einer Angelegenheit gewöhnlich den Anfang einer anderen; ein Beginn ist auch das Ende von etwas anderem. Alles ist aufeinander bezogen. Im Film ist das genauso.
Wenn man einen Weg findet, das im Drehbuch zu illustrieren, ist das nur vorteilhaft. »The Sugarland Express«, geschrieben von Hal Barwood und Matthew Robbins, zeigt das sehr gut.

45

Der Film beginnt auf einer Straßenkreuzung. Ein Greyhound-Bus hält, Goldie Hawn steigt aus und geht die Straße hinauf, während der Vorspann anfängt. Im Fortgang der Geschichte holt sie ihren Mann aus dem Gefängnis. Sie kidnappen ihr Kind von den Stiefeltern. Sie nehmen einen Autobahnpolizisten als Geisel. Sie werden von den Hütern des Gesetzes gejagt und am Schluß wird er getötet. (Anfang, Mitte, Schluß). Am Schluß des Films findet eine Schießerei statt. Die Kamera schwenkt, und die letzte Einstellung zeigt eine Straßenkreuzung. Eine leere Straße eröffnet den Film, eine leere Straße ist das Schlußbild.

»The Hustler« fängt mit Paul Newman an, wie er ankommt, um gegen Minnesota Fats Pool-Billard zu spielen. Der Schluß zeigt, wie Newman die Billardhalle verläßt, nachdem er den Kampf gewonnen hat, auf dem Weg in sein selbstauferlegtes Exil, fern von der Welt des Pool-Billard. Der Film beginnt mit einem Billardspiel und endet mit einem Billardspiel.

In »Three Days of the Condor« legt Robert Redfords erste Zeile die dramatische Grundlage für den ganzen Film: »Etwas in der Post für mich, Dr. Lapp?« Die Antwort auf diese Frage hat zur Folge, daß verschiedene Leute brutal ermordet werden und Redford beinahe umkommt. Er hat eine »CIA« innerhalb der CIA entdeckt – er weiß das aber erst am Schluß des Films. Seine Entdeckung ist der Schlüssel zur Auflösung des Films.

Der Schluß von »Condor« – geschrieben von Lorenzo Semple, Jr. und David Rayfiel nach dem Roman von James Grady – ist ein exzellentes Beispiel für die Auflösung einer Story. Der Film ist unter der fähigen Regie von Sidney Pollack ein temporeicher, gut konstruierter Thriller, der auf allen Ebenen funktioniert und das *Paradigma* perfekt erfüllt. Gegen Ende des Films hat Redford den mysteriösen Lionel Atwood aufgespürt – einen hochrangigen CIA-Beamten, weiß aber nicht, *wer* Atwood ist oder welche Verbindungen er, wenn überhaupt, zu den Mordfällen hat. In der »Schlüsselszene« macht Redford ausfindig, daß Atwood der Mann ist, der die Morde befohlen hat; daß er die Einrichtung einer Geheimzelle innerhalb der CIA zu verantworten hat, die für die »Ölfelder weltweit« zuständig ist. An dieser Stelle erscheint Max von Sydow, der von den kriminellen Geheimdienstleuten bezahlte Mörder, und legt Atwood um. Er ist jetzt wieder bei der »Firma«, der CIA. Redford atmet auf, er ist noch am Leben. »Zumindest für den Augenblick«, gibt ihm Sydow zu bedenken.

Keine losen Fäden. Alles ist dramatisch aufgelöst; alle gestellten Fragen sind beantwortet. Die Story ist komplett. Die Macher des Films haben noch eine Szene angehängt, als Pointe. Robert Redford und Cliff Robertson stehen vor dem Gebäude der New York Times und Redford konstatiert, daß die Zeitung seine Story hat, falls ihm etwas zustoßen sollte. »Ja, aber werden sie sie drucken?« fragt Robertson. Gute Frage. Abblende. Ende. Die Szene mit der Pointe ist nicht die Auflösung des Films; sie stellt einfach einen dramatisierten *Standpunkt* des Films dar, eine abschließende *Aussage*, die in etwa heißt: Wir, die Bürger, haben das Recht, zu wissen, was hinter den Fassaden der Regierung geschieht. Und von diesem Recht müssen wir Gebrauch machen.

Schlüsse und Anfänge; zwei Seiten einer Medaille. Wählen Sie die Struktur und die Dramatik Ihres Schlusses sorgfältig. Wenn es Ihnen gelingt, Anfang und Ende aufeinander zu beziehen, gibt das einen hübschen filmischen Effekt. Eröffnen Sie mit einer Szene am Fluß und hören Sie am Meer auf. Oder gehen Sie von Straße zu Straße, von Sonnenaufgang zu Sonnenuntergang. Versuchen Sie es, manchmal geht's auch nicht – dann lassen Sie's eben.

Der Schluß ist bekannt, doch wie geht es los? Wie fängt das Drehbuch an? Was schreibt man nach AUFBLENDE?
Wenn man seinen Schluß kennt, kann man einen Vorfall oder ein Ereignis nehmen, das *auf das Ende hinweist*. Man kann seine Hauptfigur bei der Arbeit zeigen, beim Spiel, allein oder in Gesellschaft, sei diese geschäftlicher oder vergnüglicher Natur. Was geschieht nun in der ersten Szene des Films? Wo spielt sie?

Es gibt diverse Eröffnungsmöglichkeiten für ein Drehbuch. Man kann das Publikum mit einer Sequenz von *aufregenden Action-Bildern* fesseln, wie »Star Wars« das macht. Oder man erfindet eine interessante *Charakterstudie*, wie Robert Towne in »Shampoo«: ein schummriges Schlafzimmer, lustvolles Liebesgestöhn – das Telefon schrillt penetrant, zerreißt die Stimmung. Eine Frau ist dran – für Warren Beatty, der es mit Lee Grant treibt. Das zeigt uns bereits alles, was wir über seinen Charakter wissen müssen.

Ein Meister der Eröffnung ist Shakespeare. Entweder bringt er eine Action-Sequenz, wie den Geist auf der Festungsmauer in »Hamlet« oder die Hexen in »Macbeth«, oder eine Szene, die einen Charakter enthüllt: Richard III. hat einen Buckel und lamentiert über den »Winter unseres Mißvergnügens«; Lear will wissen, wie sehr ihn seine Töchter lieben, und zwar auf Heller und Pfennig genau. Bei »Romeo und Julia« erscheint zuallererst der Chor, sorgt für Ruhe und gibt eine Zusammenfassung der Liebesgeschichte. Shakespeare kannte sein Publikum, das dort unten im Parkett stand, jene Armen und Unterdrückten, die soffen und die Schauspieler anpöbelten, wenn ihnen nicht gefiel, was sich auf der Bühne abspielte. Er mußte sie »kriegen« und ihre Aufmerksamkeit auf das Stück lenken.

Ein Anfang kann optisch lebhaft und aufregend sein und die Zuschauer *unmittelbar fesseln*. Andere Anfänge *führen ein, erklären* Schritt für Schritt Charaktere und Situationen.

Die Geschichte entscheidet über die Art des Anfangs. Der Watergate-Einbruch, der »All The President's Men« eröffnet, ist eine spannungsgeladene und erregende Sequenz. »Close Encounters of the Third Kind« beginnt mit einer dynamischen, geheimnisvollen Sequenz, und wir haben keine Ahnung, was eigentlich los ist. »Julia« ist trübsinnig, nachdenklich, zeigt einen verwundbaren Charakter, der in seinen Erinnerungen befangen ist. »An Unmarried Woman« fängt mit einer Auseinandersetzung an und enthüllt dann das Leben der verheirateten Frau, Jill Clayburgh.

Wählen Sie Ihren Anfang sorgfältig. Sie haben zehn Seiten, um den Leser oder das Publikum zu packen; wenn Sie mit einer Action-Sequenz eröffnen, wie in »Rocky«, dann halten Sie sie unter acht Seiten und entwickeln dann die Geschichte.

Wo die Titelangaben hinkommen, ist eine Produktionsentscheidung. Der Autor hat damit nichts zu tun. Es ist die letzte Entscheidung bei der Fertigstellung eines Films; sie wird vom Cutter und vom Regisseur getroffen. Wenn es unbedingt sein soll, können Sie Vorspann Anfang und Vorspann Ende schreiben, das ist es aber dann auch. Schreiben Sie das Drehbuch, kümmern Sie sich nicht um Vor- oder Abspänne.

Die ersten zehn Seiten entscheiden alles. Auf den ersten zehn Seiten wird ein Lektor oder Dramaturg erkennen, ob eine Geschichte funktioniert oder nicht. Das ist sein Job.
Zehn Minuten sind zehn Seiten. Auf diesen zehn Seiten entscheidet ein Lektor oder ein Publikum, ob ihm das Drehbuch gefällt oder nicht. Die Konstruktion des Anfangs gibt den Ausschlag für positive oder negative Reaktionen.

Drei wesentliche Sachverhalte müssen auf den ersten zehn Seiten geklärt werden:
1. Wer ist die *Hauptfigur*?
2. Was ist die *dramatische Voraussetzung* – wovon handelt die Geschichte?
3. Was ist die *dramatische Situation* des Drehbuchs – welche dramatischen Umstände begleiten die Geschichte?

»Citizen Kane« illustriert das perfekt. Der Film beginnt mit Charles Foster Kane (Orson Welles), allein, im Sterben liegend in seinem weitläufigen Palast Xanadu. Kane hält einen Briefbeschwerer in der Hand, ein Kinderspielzeug. Er rollt ihm aus der Hand, fällt auf den Boden. Die Kamera geht auf den Briefbeschwerer, der einen Buben mit einem Schlitten zeigt. Währenddessen hören wir die Worte des sterbenden Kane: »Rosebud . . . Rosebud«. Wer ist Rosebud? Was ist Rosebud? Die Antwort auf diese Frage ist der Stoff des Films. Man könnte ihn eine »emotionale Detektivgeschichte« nennen. Das Leben des Charles Foster Kane wird durch den Reporter enthüllt, der hinter die Bedeutung des Wortes »Rosebud« zu kommen versucht. Die letzte Einstellung des Films zeigt einen brennenden Schlitten in einem riesigen Brennofen; während ihn die Flammen verschlingen, sehen wir das Wort »Rosebud« erscheinen, das Symbol der verlorenen Kindheit, die Charles Foster Kane aufgab, um zu werden, was er wurde. Sie haben zehn Seiten, um die Aufmerksamkeit des Lesers zu erregen und dreißig Seiten, um Ihre Geschichte aufzubauen. Schlüsse und Anfänge sind Grundvoraussetzungen eines gut konstruierten Drehbuchs. Und der beste Weg, Ihr Drehbuch zu beginnen ist: seinen Schluß zu kennen.

Zur Übung: Legen Sie den Schluß des Drehbuchs fest. Entwerfen Sie dann den *Anfang*. Die Hauptregel dafür ist: Funktioniert er so? Bringt er die Story in Gang? Führt er die Hauptfigur richtig ein? Macht er die dramatische Prämisse klar? Baut er die Situation auf? Installiert er ein Problem, mit dem die Figur konfrontiert ist und das sie überwinden muß; stellt er der Figur eine Aufgabe?

Die Exposition

In einem Drehbuch bezieht sich alles wechselseitig aufeinander. Deshalb ist es notwendig, die Handlungsstränge von Anfang an einzufädeln. Nach den ersten zehn Seiten spätestens muß der Leser »angebissen« haben. Die Story muß sofort »losgehen«. Sofort heißt Seite eins, erstes Wort. Tricks und Sperenzchen funktionieren nicht. Die Information muß visuell umgesetzt werden. Der Zuschauer/Leser muß erfahren, wer die Hauptfigur ist, worum es geht, und wie die dramatische Situation beschaffen ist – welche Umstände die Handlung beeinflussen. Diese drei Elemente müssen auf den ersten zehn Seiten eingeführt werden oder unmittelbar nach einer Action-Sequenz wie etwa dem Opening von »Raiders of The Lost Ark«. Die ersten zehn Seiten eines Drehbuchs sind als Einheit, als Block dramatischer Aktion aufzufassen. Diese Einheit legt alles Folgende fest und muß deshalb auf Wirkung hin entworfen und ausgeführt werden und soliden dramatischen Wert haben.

Eine vorbildliche Illustration dafür ist das Drehbuch zu »Chinatown« von Robert Towne. Er ist ein Meister der Exposition von Figuren und Handlung. Das Buch ist kunstvoll und präzis konstruiert, Ebene für Ebene, und je öfter man es liest, desto klarer wird einem, wie gut es eigentlich ist.

Meiner Meinung nach ist »Chinatown« das beste amerikanische Drehbuch der 70er-Jahre. Nicht, daß es besser wäre als »Godfather I« oder »Apocalypse Now« oder »All the President's Men« oder »Close Encounters of the Third Kind«, aber als Leseerfahrung zeigt sich, daß die Story, die visuelle Dynamik, der Hintergrund von »Chinatown« in ihrer Verknüpfung eine solide dramatische Einheit darstellen, eine in Bildern erzählte Geschichte.

»Chinatown« handelt von einem Privatdetektiv, der von der Witwe eines prominenten Mannes angeheuert wird, um herauszufinden, mit welcher Frau er eine Affäre hat. Im Verlauf der Ermittlungen wird der Detektiv in mehrere Morde verwickelt und

deckt einen bedeutenden Wasserversorgungsskandal auf. Die
ersten zehn Seiten legen das ganze Drehbuch fest. Hier nun die
ersten zehn Seiten des Drehbuchs von »Chinatown.«*

(Seite 1 des Drehbuchs)

CHINATOWN

von Robert Towne

AUFBLENDE

LEINWANDFÜLLENDES FOTO

Unscharf, aber unmißverständlich ein Mann
und eine Frau beim Liebesakt. Das Foto wak-
kelt. GERÄUSCH eines gequält AUFSTÖHNENDEN
Mannes. Das Foto fällt herunter, ES ERSCHEINT
ein weiteres, noch kompromittierenderes.
Dann noch eins und noch eins. Noch mehr Stöh-
nen.

CURLY'S STIMME
(aufschreiend)

O nein.

INNEN. GITTES' BÜRO

CURLY läßt die Fotos auf Gittes' Schreibtisch
fallen. Curly beugt sich über GITTES und
schwitzt dabei heftig unter seinem Arbeits-
anzug. Sein Atem geht zusehends angestreng-
ter. Ein Schweißtropfen fällt auf Gittes'
blanke Schreibtischplatte.
Gittes bemerkt es. Ein Ventilator surrt an der
Decke. Gittes schaut hinauf. Trotz der Hitze
wirkt er kühl und frisch in seinem weißen

---

* Die Übersetzung folgt dem amerikanischen Originaldrehbuch. Die deutschen Fassungen weichen teilweise davon ab.

Leinenanzug. Er zündet sich mit Hilfe eines Tischfeuerzeugs eine Zigarette an, wobei er Curly nicht aus den Augen läßt.

Curly stößt einen weiteren gequälten Laut aus, dreht sich um und versetzt der Wand einen Boxhieb, wobei er den Papierkorb umwirft. Er schluchzt erneut, rutscht die Wand entlang, wo seine Faust eine merkliche Delle hinterlassen und die signierten Fotos einiger Filmstars verrückt hat.

Curly rutscht weiter, in die Rollos hinein und geht dabei auf die Knie, Er weint jetzt sehr fest und seine Qual ist so groß, daß er in das Rollo beißt.

Gittes rührt sich nicht von seinem Stuhl.

> GITTES
>
> In Ordnung, genug ist genug — du kannst die Rollos nicht essen, Curly. Ich hab sie erst seit Mittwoch.

Curly reagiert langsam, steht auf, weint. Gittes langt in seinen Schreibtisch nach einem weggeschlossenen Glas, greift rasch nach einer Flasche billigen Bourbons, die er unter mehreren teureren rasch auswählt.

Gittes gießt einen kräftigen Schluck ein. Er schiebt das Glas über den Schreibtisch zu Curly.

(2)

> GITTES
>
> —Runter damit.

Curly starrt es wortlos an. Dann nimmt er es, trinkt. Er sinkt in den Stuhl gegenüber Gittes und weint leise.

CURLY
(trinkt, entspannt sich dabei)

Sie ist einfach schlecht.

GITTES

Was soll ich sagen, Junge? Du hast
recht. Wenn du recht hast, hast du
recht, und du hast recht.

CURLY

—Man sollte keinen Gedanken dran
verschwenden.

Gittes überläßt Curly die Flasche.

GITTES

Absolut richtig, vergiß sie.

CURLY
(schenkt sich ein)

Wissen Sie, Mr. Gittes, Sie sind in
Ordnung. Ich weiß, es ist Ihr Job,
aber Sie sind in Ordnung.

GITTES
(lehnt sich erleichtert zurück)

Danke, Curly. Du kannst Jake zu
mir sagen.

CURLY

Danke. Weißt du was, Jake?

GITTES

Was denn, Curly?

CURLY

Ich glaub, ich bring sie um.

INNEN. BÜRO VON DUFFY & WALSH

Merklich weniger Plüsch als bei Gittes. Eine
gutgepflegte, dunkelhaarige FRAU sitzt nervös zwischen zwei Schreibtischen und fummelt
am Schleier ihres Hütchens.

                    FRAU

        — Ich hatte gehofft, Mr. Gittes
        würde sich persönlich darum
        kümmern —

                    WALSH
        (fast in der Art eines Witwentrösters)

        — Erlauben Sie uns nur, das Vor-
        gespräch zu vervollständigen,
        dann steht er zu Ihrer Verfügung.

DAS GERÄUSCH eines WEITEREN SCHMERZLICHEN
STÖHNENS dringt aus Gittes' Büro herüber — es
klingt wie zersplitterndes Glas. Die Frau
wird noch gereizter.

INNEN. GITTES' BÜRO — GITTES & CURLY

Gittes und Curly stehen vor dem Schreibtisch.
Gittes starrt voller Verachtung das schwer-
atmende Gebirge von Mann an, das ihn überragt.
Er nimmt ein Taschentuch und wischt die
Schweißpfütze auf der Tischplatte weg.

                    CURLY
                  (schreit)

        Sie bringen einen nicht um dafür.

                    GITTES

        Und warum nicht?

CURLY

Nicht wegen der eigenen Frau.
Das ist ein ungeschriebenes Gesetz.

Gittes trommelt mit den Fäusten auf den Fotos
auf dem Schreibtisch herum, brüllt:

GITTES

Ich sag dir dein ungeschriebenes
Gesetz, du dämlicher Hurensohn, du
mußt reich sein, wenn du jemand
umbringst, nur dann straft dich
keiner. Meinst du, du hast die Kohle dazu? Meinst du, du gehörst
zu denen?

(4)

Curly weicht ein wenig zurück.

CURLY

. . . Nein . . .

GITTES

Du kannst deinen Arsch verwetten,
daß nicht. Du kannst ja nicht mal
mich bezahlen.

Das scheint Curly noch mehr aufzuregen.

CURLY

Ich zahl den Rest beim nächsten
Fang — wir haben bloß sechzig
Tonnen Blaufisch erwischt bei
San Benedict. Wir hatten Pech. Die
zahlen für Blaufisch nicht soviel
wie für Thunfisch oder Albacore —

GITTES
(manövriert ihn aus dem Büro)

Vergiß es. War bloß ein Hinweis . . .

55

INNEN. VORZIMMER

Er führt ihn jetzt hinter SOPHIE vorbei, die
absichtlich wegschaut. Er öffnet die Glastür, auf der steht: J. J. GITTES und Partner —
VERTRAULICHE NACHFORSCHUNGEN.

                    GITTES

        Ich will dir doch nicht den
        letzten Cent nehmen.

Er legt seinen Arm um Curly und lächelt ihn
strahlend an.

                    GITTES
                   (weiter)

        Wofür hältst du mich denn?

                    CURLY

        Danke, Mr. Gittes.

                    GITTES

        Sag Jake zu mir. Und paß auf
        beim Heimfahren, Curly.

Er schließt die Tür und das Lächeln verschwindet.
                                              (5)
Er schüttelt den Kopf, flucht fast unhörbar.

                    SOPHIE

        — Eine Mrs. Mulwray wartet auf
        Sie, bei Mr. Walsh und Mr. Duffy.

Gittes nickt, geht hinein.

INNEN. BÜRO VON DUFFY & WALSH

Walsh steht auf, als Gittes eintritt.

WALSH

Mrs. Mulwray, darf ich Ihnen
Mr. Gittes vorstellen?

Gittes geht auf sie zu und setzt wieder ein
warmes, sympathisches Lächeln auf.

GITTES

Wie geht es Ihnen, Mrs. Mulwray?

MRS. MULWRAY

Mr. Gittes . . .

GITTES

Also, Mrs. Mulwray, wo liegt das Problem?

Sie hält den Atem an. Die Enthüllung fällt ihr
nicht leicht.

MRS. MULWRAY

Ich glaube, mein Mann hat ein
Verhältnis mit einer anderen
Frau.

GITTES
(ernst)

Sind Sie sicher?

MRS. MULWRAY

Ich fürchte, ja.

GITTES

Das tut mir leid.

Gittes zieht sich einen Stuhl heran, setzt
sich neben Mrs. Mulwray — zwischen Duffy und
Walsh. Duffy läßt seinen Kaugummi schnalzen.

Gittes schaut ihn irritiert an. Duffy hört mit
dem Kauen auf.

MRS. MULWRAY

Können wir nicht allein darüber
sprechen, Mr. Gittes?

GITTES

Leider nicht, Mrs. Mulwray. Diese
Herren arbeiten für mich und
werden mir vielleicht einmal
helfen müssen. Ich kann nicht
alles allein machen.

MRS. MULWRAY

Natürlich nicht.

GITTES

Woher wissen Sie eigentlich, daß
Ihr Mann ein Verhältnis hat?

Mrs. Mulwray zögert. Die Frage scheint sie
ungewöhnlich nervös zu machen.

MRS. MULWRAY

— Eine Frau weiß das eben.

Gittes stöhnt.

GITTES

Mrs. Mulwray, lieben Sie Ihren Mann?

MRS. MULWRAY
(schockiert)

. . .Aber ja, selbstverständlich.

58

GITTES
(nachdenklich)

Dann sollten Sie heimgehen und
das Ganze vergessen.

MRS. MULWRAY

—aber . . .

GITTES
(starrt sie absichtsvoll an)

Ich bin sicher, er liebt Sie auch.
Sie kennen doch das Sprichwort:
»Schlafende Hunde soll man nicht
wecken«? Es ist besser, Sie wissen
nichts davon.

(7)

MRS. MULWRAY
(wirklich besorgt)

Ich muß es aber wissen, unbedingt!

Ihre Aufregung ist echt. Gittes schaut seine
beiden Partner an.

GITTES

In Ordnung. Wie heißt Ihr Mann
mit Vornamen?

MRS. MULWRAY

Hollis. Hollis Mulwray.

GITTES
(sichtlich überrascht)

—von der Wasser— und Stromver-
sorgung?

Mrs. Mulwray nickt, fast verlegen. Gittes

wirft wie beiläufig einen prüfenden Blick auf
Mrs. Mulwrays Kleidung — Handtasche, Schuhe
u.s.w.

MRS. MULWRAY

— er ist der Chefingenieur.

DUFFY
(eifrig)

— Chefingenieur?

Ein Blick von Gittes belehrt ihn, daß er die
Befragung selbst führen will. Mrs. Mulwray
nickt.

GITTES
(vertraulich)

Diese Art von Nachforschungen
kann ganz schön ins Geld gehen,
Mrs. Mulwray. So etwas kostet Zeit.

MRS. MULWRAY

Geld spielt keine Rolle, Mr. Gittes.

Gittes stöhnt.

GITTES

Also gut. Wir werden tun, was wir
können.

AUSSEN. RATHAUS — MORGENS

Die Luft flirrt schon vor Hitze.

(8)

Ein Betrunkener schneuzt sich mit den Fingern
die Nase in den Springbrunnen am Fuße der
Treppe zum Rathaus. Gittes, der tadellos

gekleidet ist, kommt auf seinem Weg hinauf an
dem Betrunkenen vorbei.

INNEN. SITZUNGSSAAL

Der frühere Bürgermeister SAM BAGBY hält eine
Rede. Hinter ihm hängt eine riesige Landkarte
unter Folie, darauf in großen Schriftzügen:

»ALTO VALLEJO STAUDAMM UND WASSERRESERVOIR —
PROJEKT«

Einige Stadträte lesen Comic-Beilagen und
Klatschspalten, während Bagby spricht.

BAGBY

Meine Herren, wenn Sie hier
und heute durch diese Tür da
gehen und eine Straßenbahn nehmen,
sind Sie in fünfundzwanzig Minuten am Pazifischen Ozean. Sie
können schwimmen darin, fischen
darin und Sie können auf ihm
segeln — aber trinken können Sie
ihn nicht und Sie können auch
Ihren Rasen nicht damit sprengen
oder eine Orangenplantage bewässern. Wir leben nah beim Meer,
aber wir leben auch am Rande der
Wüste, bedenken Sie das bitte.
Los Angeles ist eine Wüstenstadt.
Unter diesem Gebäude, unter jeder
Straße ist Wüste. Ohne Wasser wird
der Staub eines Tages alles hier
wieder zudecken, als ob wir niemals existiert hätten!

(hält ein, um seine Folgerung wirken zu
lassen)

NAH AUF — GITTES

Dieser sitzt gelangweilt neben ein paar ver-
dreckten Farmern. Er gähnt — und rückt von
einem der schmutzigeren Farmer ab.

                  BAGBY (OFF)
                  (weiter)

     Das Alto Vallejo —Projekt kann
     uns dazu verhelfen, und ich möchte
     in aller Bescheidenheit anmerken,
     daß achteinhalb Millionen Dollar
     ein anständiger Preis dafür sind,
     die Wüste vor der Haustür zu ha-
     ben und nicht daheim im Wohnzimmer.

                                                    (9)

ZUHÖRER — SITZUNGSSAAL

Farmer, Geschäftsleute und städtische Angestellte bilden die gemischte Zuhörerschaft
und haben die Rede aufmerksam verfolgt. Ein
paar Farmer applaudieren. Jemand zischt sie
an, damit sie Ruhe geben.

DER STADTRATSAUSSCHUSS

berät sich flüsternd.

                  STADTRAT
                  (anerkennend zu Bagby)

     Bürgermeister Bagby . . .wir soll-
     ten nun Herren aus den Ressorts
     wieder Gelegenheit geben — ich
     denke, zuerst die Wasser— und
     Stromversorgung. Mr. Mulwray.

REAKTION VON GITTES

Er schaut interessiert von seiner Wettzei-
tung hoch. MULWRAY geht zu der Landkarte. Er

ist ein schmächtiger Mann über sechzig,
Brillenträger. Er bewegt sich überraschend
locker. Er wendet sich einem jüngeren, kleineren Mann zu, nickt. Der Mann schlägt die
oberste Folie zurück.

MULWRAY

Meine Herren, falls es jemand
vergessen haben sollte: fünf-
hundert Leute sind gestorben,
als der Van-der-Lip-Damm brach.
Stichproben haben ergeben, daß
die Schiefertonschicht unter
diesem Muttergestein derjenigen
ähnelt, deren Durchlässigkeit die
Van der Lip-Katastrophe verursacht hat. Und diese könnte
einem derartigen Druck auch
nicht widerstehen.

(zeigt auf eine weitere Folie)

Und jetzt schlagen Sie erneut
einen Staudamm vor mit einem
Gefälle von 2,5 zu eins, 37 Meter
hoch und einem Stausee mit fünf
Quadratkilometer Oberfläche. Der
wird nicht halten und ich werde
ihn nicht bauen. So einfach ist
das; ich werde denselben Fehler
kein zweitesmal machen. Danke,
meine Herren.

(10)

Mulwray verläßt das Podium und setzt sich wieder. Plötzlich hört man anfeuernde Schreie am
hinteren Eingang des Sitzungssaals. Ein FAR-
MER mit hochrotem Gesicht treibt einige dürre,

blökende Schafe herein. Das verursacht logi-
scherweise einen Tumult.

                    VORSITZENDER
                (schreit den Farmer an)

Was zum Teufel machen Sie da?

(und als die Schafe sich blökend durch
die Gänge Richtung Stadtrat bewegen)

Schaffen Sie die gottverdammten
Dinger hier raus!

                    FARMER
                (direkt zurück)

Wohin denn? Da fällt Ihnen auch
nichts ein auf die Schnelle, oder?

Aufsichtsbeamte und Wachpolizisten versuchen dem Wunsch der Ratsherren zu entsprechen
und die Schafe mitsamt den Farmern in den Griff
zu kriegen. Sie halten einen Farmer fest, der
aussieht, als ob er Mulwray an den Kragen
wolle.

                    FARMER
                (zu Mulwray, im Getümmel)

— Sie stehlen das Wasser aus dem
Tal, ruinieren die Weiden, mein
Vieh verhungert — wer bezahlt Sie
dafür, Mr. Mulwray? Das möchte
ich schon gerne wissen!

                (. . .)

Soweit das Drehbuch. Die Szene geht zu Ende, und dann
kommt ein Schnitt auf das Flußbett des Los Angeles River, wo
Gittes mit einem Fernglas Mulwray beobachtet.
Werfen wir einen Blick auf die ersten zehn Seiten:

Die Hauptfigur wird eingeführt, wie Jake Gittes (Jack Nicholson) in seinem Büro Fotos von Curlys untreuer Frau vorzeigt. Wir erfahren allerhand über Gittes. Auf Seite 1 zum Beispiel, daß er »trotz der Hitze kühl und frisch wirkt in seinem weißen Leinenanzug«. Er wird als peinlich korrekter Mensch gezeigt, der »ein Taschentuch nimmt und die Schweißpfütze auf der Tischplatte wegwischt«. Ein paar Seiten weiter, als er die Treppe zum Rathaus hinaufgeht, ist er »tadellos angezogen«.

Diese *visuellen* Beschreibungen übermitteln Charakterzüge, die seine Persönlichkeit widerspiegeln. Man beachte, daß Gittes *physisch* nicht beschrieben ist; er ist weder groß, dünn, fett, klein oder sonstwas. Er scheint ein netter Bursche zu sein. »Ich will dir doch nicht den letzten Cent nehmen«, sagt er. »Wofür hältst du mich denn?« Allerdings bietet er Curly aus »einer billigeren Flasche Bourbon« an, »die er unter mehreren teureren auswählt.« Er ist vulgär, besitzt aber ein gewisses Maß an Charme und Intelligenz. Er ist einer von den Männern, die Hemden mit Monogramm und Taschentücher aus Seide tragen und mindestens einmal die Woche zum Friseur gehen.

Die dramatische Situation zeigt Towne auf Seite 4 in den Regieanweisungen *visuell* auf: » . . . die Glastür, auf der steht: J.J.Gittes und Partner – VERTRAULICHE NACHFORSCHUNGEN«. Gittes ist Privatdetektiv, spezialisiert auf Scheidungsfälle, darauf, »anderer Leute schmutzige Wäsche zu beschnüffeln«, wie Polizist Leach es nennt. Später werden wir erfahren, daß Gittes ein ehemaliger Polizeibeamter ist, der den Dienst quittiert hat und Polizisten gegenüber gemischte Gefühle hegt. Als Escobar ihm erzählt, daß er Lieutenant geworden ist, seit Gittes Chinatown verlassen hat, packt den Privatdetektiv der Neid.

Die dramatische Voraussetzung wird auf Seite 5 (also 5 Minuten nach Beginn des Films) aufgestellt, als die falsche Mrs. Mulwray Jake Gittes mitteilt: »Ich glaube, mein Mann hat ein Verhältnis mit einer anderen Frau.« Diese Aussage hat alles weitere zur Folge: Gittes, der Ex-Polizist »wirft wie beiläufig einen prüfenden Blick auf Mrs. Mulwrays Kleidung – Handtasche, Schuhe u.s.w.«. Das ist sein Job, und den macht er sehr gut. Als Gittes »das kleine Flittchen«, mit dem Mulwray eine Affäre haben soll, aufspürt und Fotos gemacht hat, ist der Fall für ihn erledigt. Tags darauf sieht er zu seiner Überraschung seine Bilder auf dem Titelblatt der Zeitung nebst Schlagzeilen, die verkünden, daß der Leiter des Wasser- und Energie-Ressorts in einem »Liebesnest ertappt« worden sei. Gittes hat keine Ahnung, wie seine Fotos in die Zeitung gekommen sind. Zurück in seinem Büro, findet er als nächste Überraschung die echte Mrs. Mulwray (Faye Dunaway) vor.

Das ist der Plot Point am Ende des 1. Akts: »Kennen Sie mich?« fragt sie. »Nein, sagt Gittes, ich würde mich erinnern.«»Sie geben also zu, daß wir uns niemals getroffen haben«, sagt sie, »dann müssen Sie auch zugeben, daß ich Sie nicht engagiert habe, und ganz gewiß nicht dazu, meinem Gatten nachzuspionieren.« Beim Verlassen des Büros überreicht ihr Rechtsanwalt Gittes einen Schriftsatz, der ihn seine Lizenz und seinen guten Ruf kosten könnte. Gittes blickt nicht mehr durch. Wenn Faye Dunaway die *echte* Mrs. Mulwray ist, *wer* war die Frau, die ihn engagierte und *warum*? Noch wichtiger freilich ist, *wer* die Frau anheuerte, ihn zu engagieren. Aus für ihn unerfindlichen Gründen muß ein Unbekannter das alles inszeniert haben, um ihn reinzulegen. Jake Gittes läßt sich aber nicht reinlegen, von keinem! Er wird herauskriegen, wer dafür verantwortlich ist und warum. Das ist Jake Gittes' dramatisches Bedürfnis, das ihn durch die Story treibt, bis er das Rätsel gelöst hat. Die dramatische Voraussetzung – »Ich glaube, mein Mann hat ein Verhältnis mit einer anderen Frau« – legt die *Richtung* der Story fest, die »Entwicklungslinie«. Gittes übernimmt den Fall und findet Hollis Mulwray im Rathaus. Dort läuft eine Diskussion über den geplanten Alto Vallejo-Staudamm und - Stausee.

In einem Interview, das ich mit Robert Towne machte, sagte er, er habe »Chinatown« unter dem Gesichtspunkt geschrieben, daß »gewisse Verbrechen bestraft werden, weil man einen Schuldigen zur Verantwortung ziehen kann. Wenn Sie jemand umbringen, ausrauben oder vergewaltigen, werden Sie erwischt und landen im Gefängnis. Verbrechen an einer ganzen Gemeinde aber kann man de facto nicht bestrafen, also werden sie schließlich sogar noch belohnt. Ich meine damit solche Leute, nach denen man Straßen benennt und die Ehrentafeln am Rathaus erhalten. Und das ist die Grundhaltung der Story.«

»Weißt du was, Jake?« sagt Curly zu Gittes auf Seite 2, »Ich glaub, ich bring sie (seine Frau) um.« Gittes antwortet mit den prophetischen Zeilen, die Robert Townes Standpunkt deutlich machen. »Du mußt reich sein, wenn du jemand umbringst, dann straft dich keiner. Meinst du, du hast die Kohle dazu? Meinst du, du gehörst zu denen?« (Ironischerweise ist das eine der Szenen, die für die Fernsehfassung des Films herausgeschnitten wurden.)

Curly kann mit Sicherheit keinen Mord begehen und straflos bleiben, aber Noah Cross (John Huston) kann es. Er, Evelyn Mulwrays Vater und ehemaliger Leiter des Wasser- und Energieversorgungs-Ressorts zusammen mit Hollis Mulwray, kann es und tut es auch. Der Schluß des Films zeigt, wie Noah Cross seine Tochter/Enkelin in die Nacht verschwinden läßt, nachdem Mrs. Mulwray bei ihrem Fluchtversuch getötet wurde. Das ist Townes' Einstellung: »Du mußt reich sein, wenn du jemand umbringst, dann straft dich keiner.«

Das bringt uns zu dem »Verbrechen« in »Chinatown«, konstruiert nach dem Vorbild des historischen Wasserskandals, den man als »Die Plünderung von Owens Valley« bezeichnet. Er ist der Hintergrund von »Chinatown.«

Um 1900 wuchs und expandierte Los Angeles, – »eine Wüstenstadt«, wie uns der ehemalige Bürgermeister Bagby erinnert, – so schnell, daß ihr buchstäblich das Wasser ausging. Um zu überleben, mußte die Stadt andere Wasserquellen finden. Los Angeles liegt fast direkt am Pazifik. »Sie können schwimmen darin, fischen darin und Sie können auf ihm segeln – aber trinken können Sie ihn nicht und Sie können auch Ihren Rasen nicht damit sprengen oder eine Orangenplantage bewässern«, argumentiert Bagby.

Von Los Angeles aus ist der Owens River die nächste Wasserquelle. Er fließt durch das Owens Valley, eine grüne und fruchtbare Gegend etwa 250 Meilen nordöstlich von Los Angeles. Eine Gruppe von Geschäftsleuten, hohen Verwaltungsbeamten und Politikern – manche bezeichnen sie als »Visionäre« – erkannte den Wasserbedarf und heckte einen fabelhaften Plan aus. Sie wollten die Wasserrechte des Owens River aufkaufen, notfalls mit Gewalt, und dazu all das wertlose Land in San Fernando Valley, ungefähr 20 Meilen außerhalb von Los Angeles. Dann wollten sie eine Kommunalanleihe zur Zeichnung auflegen, die dazu dienen sollte, eine Wasserleitung von Owens Valley nach San

Fernando Valley zu bauen, über 250 Meilen glühendheißen Wüstensands und zerklüftete Vorberge hinweg. Und schließlich wollten sie das nun »fruchtbare« Land des San Fernando Valley der Gemeinde von Los Angeles für die enorme Summe von etwa dreihundert Millionen Dollar zum Kauf anbieten.

Das war der Plan. Die Regierung wußte es, die Zeitungen wußten es, die Lokalpolitiker wußten es auch alle. Zur rechten Zeit würden dann die Behörden die Einwohner von Los Angeles »beeinflussen«, die vorgeschlagene Kommunalanleihe gutzuheißen.

1906 litt Los Angeles unter einer Dürreperiode. Es wurde rapide schlimmer. Die Einwohner durften ihre Autos nicht mehr waschen und den Rasen nicht gießen; auch die Toiletten konnten sie nur einige Male pro Tag spülen. Die Stadt dörrte aus. Die Blumen starben, der Rasen wurde braun und Panik-Schlagzeilen verkündeten: »Los Angeles verdurstet!« – »Rettet unsere Heimatstadt!«

Um den drastischen Bedarf an Wasser während der Dürre noch zu unterstreichen und um sicherzustellen, daß die Bürgerschaft die Anleihe annahm, ließ das Wasser- und Strom-Ressort Tausende von Gallonen Wasser ins Meer laufen. Bei der Abstimmung ging das Projekt anstandslos durch. Es dauerte mehrere Jahre, bis die Wasserleitung fertig war. Dann übergab der damalige Chef der Wasserversorgung, William Mulholland, der Stadt das Wasser mit folgenden Worten: »Hier ist es, nehmt es euch.«

Los Angeles entwickelte sich und wuchs wie ein verheerendes Feuer, Owens Valley verdorrte und starb. Kein Wunder, daß man das »Die Plünderung von Owens Valley« nannte.

Robert Towne nahm diesen Skandal, der sich im Jahre 1906 ereignet hatte, und benutzte ihn als Hintergrund für »Chinatown.« Er verlegte den historischen Zeitpunkt von der Jahrhundertwende in das Jahr 1937, als die Architektur von Los Angeles von dem klassischen und unverwechselbaren Stil Südkaliforniens geprägt war.

Der Wasserskandal zieht sich durch das ganze Drehbuch, und Gittes entdeckt ihn stückweise. Darum ist es ein so großartiger Film. »Chinatown« ist eine Entdeckungsreise. Wir erfahren alles zur selben Zeit wie Gittes auch. Publikum und Hauptfigur sind miteinander verbunden, gemeinsam erhalten sie die Fitzelchen von Information, gemeinsam fügen sie sie aneinander. Schließlich ist es ja eine Detektivgeschichte.

Der Wasserskandal, den Noah Cross plant und durchzieht, das Verbrechen, das den Tod von Hollis Mulwray, dem Trunkenbold Leroy, von Ida Sessions und schließlich Evelyn Mulwray zur Folge hat, dieser Skandal, den Jake Gittes aufdeckt, ist subtil und mit großem Geschick durchgehend in das Drehbuch gewoben, wie in einen Wandteppich des 15. Jahrhunderts.

Und Noah Cross, der Mörder, geht straflos aus. Das alles wird eingefädelt auf Seite 8, als Gittes im Sitzungssaal ist und Bagby argumentiert, daß »achteinhalb Millionen Dollar ein anständiger Preis dafür sind, die Wüste vor der Haustür zu haben und nicht daheim im Wohnzimmer«. Mulwray, die Figur, die William Mulholland nachgebildet ist, sagt aus, daß der Damm nicht halten wird, wie durch die vorangegangene Lip-Damm-Katastrophe erwiesen sei, und betont: »Ich werde ihn nicht bauen. So einfach ist das. Ich werde denselben Fehler kein zweitesmal machen.« Durch seine Weigerung, den Damm zu bauen, wird Hollis Mulwray zum Ziel eines Mordanschlags. Er ist ein Hindernis, das beseitigt werden muß. Auch auf Seite 10 wird erneut die dramatische Frage des Drehbuchs gestellt: »Sie stehlen das Wasser aus dem Tal, ruinieren die Weiden, mein Vieh verhungert«, schreit der Farmer, der in die Versammlung eindringt. »Wer bezahlt Sie dafür, Mr. Mulwray? Das möchte ich schon gern wissen!«

Gittes auch. *Diese* Frage treibt die Story ihrer schließlichen Auflösung entgegen. Und all das ist von Anfang an *angelegt*, in den ersten zehn Seiten der Exposition, und führt *geradewegs* auf den Schluß hin.

Von der Einführung der *Hauptfigur* über die Aufstellung der *dramatischen Voraussetzung*, die die *dramatische Situation* schafft, bewegt sich das Drehbuch präzise und geschickt auf die *Auflösung* zu. »Entweder Sie bringen das Wasser nach Los Angeles oder Los Angeles ans Wasser«, sagt Noah Cross zu Gittes. Das ist die Grundlage der ganzen Geschichte. Deshalb ist sie so großartig.

Zur Übung: Lesen Sie die ersten zehn Seiten von »Chinatown« nochmal. Finden Sie heraus, wie der Hintergrund der Geschichte, der Skandal, eingeführt wird. Versuchen Sie, den Anfang eines eigenen Drehbuchs zu entwerfen, indem Sie zuerst die *Hauptfigur* einführen, dann die *dramatische Voraussetzung* aufstellen und die *dramatische Situation* so filmisch wie möglich entwerfen.

Die Sequenz

Ein Drehbuch besteht aus einer Serie von Elementen, die als *System* gesehen werden können, als eine Anzahl von aufeinanderbezogenen *Einzelteilen*, die eine *Einheit*, ein *Ganzes* bilden. Eine Stereo-Anlage besteht aus Verstärker, Vorverstärker, Tuner, Plattenspieler, Lautsprechern, eventuell noch einem Casettenrecorder. Verkabelt und richtig installiert, funktioniert die Anlage als Ganzes; wir beurteilen weniger die individuellen Komponenten des Systems, sondern bewerten es nach »Sound«, »Qualität« und »Gesamtleistung«.

Ein Drehbuch gleicht einem System. Es besteht aus *Einzelteilen*, die untereinander verbunden sind und durch Aktionen, Figuren und dramatische Notwendigkeiten zu einer *Einheit* werden. Wir bemessen und beurteilen es danach, ob es »gut funktioniert« oder nicht.

Das »System Drehbuch« setzt sich zusammen aus *Schluß, Anfang, Plot Points, Einstellungen* und *Effekten, Szenen* und *Sequenzen*. Verbunden durch den dramatischen Schub von Aktionen und Figuren, werden die *Elemente* der Story auf bestimmte Art *arrangiert* und dann ins Visuelle übersetzt, um jene *Gesamtheit* zu schaffen, die man »das Drehbuch« nennt: eine Geschichte, die in Bildern erzählt wird.

Die Sequenz ist das wichtigste Element eines Drehbuchs. Sie bildet das Skelett oder Rückgrat des Scripts; sie hält alles zusammen.

Eine Sequenz ist eine Serie von Szenen, die durch eine einzige Idee zusammengehalten wird. Sie stellt eine Einheit, einen Block dramatischer Aktion dar, die durch eine einzige Idee verbunden ist.
Erinnern Sie sich an die »Autojagd«-Sequenz in »Bullit«? An die »Hochzeits«-Sequenz, die »The Godfather« eröffnete? Die »Box-

kampf«-Sequenz in »Rocky«? Die »Schulball«-Sequenz in »Carrie«? Die »Tennis«-Sequenz in »Annie Hall«, wo Woody Allen Diane Keaton begegnet? Die »UFO«-Sequenz am Devil's Tower in »Close Encounters of the Third Kind«? Die »Zerstörung des Kampfsterns«-Sequenz aus »Star Wars«?

Eine Serie von Szenen, verknüpft durch eine Idee: eine Hochzeit, ein Begräbnis, eine Jagd, ein Rennen, eine Wahl, ein Wiedersehen, eine Ankunft oder Abfahrt, eine Krönung, ein Bankraub. Eine Sequenz ist eine bestimmte Idee, die sich in wenigen Worten ausdrücken läßt, oft sogar in einem.
Die Idee – etwa »Das Rennen« – umfaßt eine Einheit, einen dramatischen Handlungsblock; sie ist der *Kontext*, der Raum, der den *Inhalt* umfaßt wie eine leere Kaffeetasse. Sobald man den Kontext der Sequenz umrissen hat, baut man sie inhaltlich aus und fügt die besonderen Details hinzu, die die Sequenz benötigt.

Die Sequenz ist das Skelett des Drehbuchs. Sie *hält* alles an seinem Platz; man kann eine Serie von Szenen buchstäblich zusammenhängen oder aneinanderreihen, um Unmengen von dramatischer Aktion zu erzeugen.

Jede Sequenz hat Anfang, Mitte und Schluß. Erinnern Sie sich an die »football«-Sequenz in »M*A*S*H«? Die Mannschaften kommen an, ziehen ihre Trikots an, wärmen sich auf, knurren sich an und losen die Seiten aus. Das ist der *Anfang*. Sie spielen. Es geht hin und her; ein Spielzug nach dem anderen, ein Versuch hier, eine Verletzung dort u.s.w. Nach einem aufregenden Schlußviertel ist das Spiel zuende, das M*A*S*H-Team hat gewonnen, die Verlierer fletschen die Zähne. Das ist die *Mitte* der Sequenz. Die Spieler gehen in die Umkleideräume und ziehen ihre Straßenkleidung an. Das ist der *Schluß* der »football-Sequenz« in »M*A*S*H«.
Eine Sequenz ist eine Serie von Szenen, die miteinander durch eine verbindende Idee verknüpft sind. Sie hat Anfang, Mitte und Ende. Sie ist ein Mikrokosmos des Drehbuchs. Sie ist das organisatorische Gerüst des Drehbuchs.

Zeitgenössische Drehbücher, wie sie von »modernen« Autoren wie John Milius, Paul Schrader, Robert Towne, Stanley Kubrick, Steven Spielberg – um nur einige zu nennen – geschrieben werden, könnte man definieren als eine *Reihe von Sequenzen,* die *durch die dramatische Handlung untereinander verknüpft* werden. Milius' »Dillinger« etwa hat eine episodische Struktur, genau wie Kubricks »Barry Lyndon« oder Spielbergs »Close Encounters of the Third Kind«.

Eine Sequenz ist eine in sich stimmige, komplette Einheit dramatischer Aktion. Warum ist sie so wichtig? Werfen wir einen Blick auf das Paradigma:

1. Akt   *2. Akt*   *3. Akt*

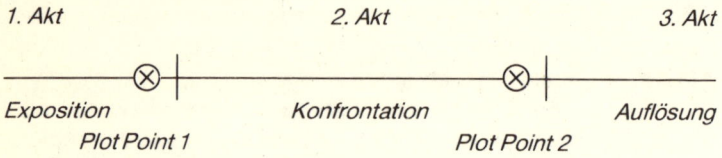

Exposition   *Konfrontation*   *Auflösung*
   Plot Point 1   *Plot Point 2*

Vier Dinge müssen Sie kennen, bevor Sie anfangen können, Ihr Drehbuch zu schreiben: den *Anfang,* den *Plot Point* am Ende des 1. Akts, den *Plot Point* am Ende des 2. Akts und den *Schluß.* Wenn Sie wissen, was Sie in diesen speziellen Bereichen vorhaben und wenn Sie die notwendigen Vorarbeiten im Hinblick auf *Handlung* und *Figuren* geleistet haben, dann sind Sie startbereit. Aber keinesfalls vorher.

Manchmal bestehen diese vier Markierungspunkte aus Sequenzen, aus einer Reihe von Szenen, die von einer einzigen Idee zusammengehalten werden. Sie könnten Ihren Film eröffnen mit einer *Heirats-Sequenz* wie in »The Godfather«. Oder sie nehmen eine Sequenz wie in »Three Days of the Condor«: Robert Redford entdeckt seine *toten Kollegen* als Plot Point am Ende des 1. Akts. Oder möchten Sie lieber eine *Party-Sequenz* schreiben, als Plot Point am Ende des 2. Akts, wie das Paul Mazursky machte in »An Unmarried Woman«, wo Jill Clayburgh mit Alan Bates weggeht? Oder Sie nehmen eine *Kampf-Sequenz* für den Schluß, wie Sylvester Stallone in »Rocky«.

Wieviele Sequenzen muß ein Drehbuch haben? Dafür gibt es keine Regel. Weder 12, 18 oder 20 Sequenzen sind nötig, um ein Drehbuch zu schreiben. Die Story wird bestimmen, *wieviele* man braucht. Frank Pierson schrieb »Dog Day Afternoon« mit nur zwölf Sequenzen. Er begann mit vier: Opening (Eröffnung), Plot Points am Ende des 1. und 2. Akts, Schluß; er fügte acht Sequenzen dazu und baute daraus ein komplettes Drehbuch.

Wir wollen den Film mit einer Hochzeits-Sequenz eröffnen.
Das soll Thema der folgenden Übung sein. Benutzen wir das Konzept von Kontext und Inhalt. Der *Kontext* ist »Hochzeit«. Den *Inhalt* müssen wir jetzt erfinden.

Fangen wir mit dem Tag der Hochzeit an. Die Braut wacht in ihrem Haus oder Appartement auf. Der Bräutigam wacht in seinem Haus oder Appartement auf. Vielleicht wachen sie zusammen auf? Beide treffen ihre Vorbereitungen für die Hochzeit. Beim Anziehen sind sie nervös und aufgeregt; Familienmitglieder wuseln umher; der Photograph kommt, macht Aufnahmen; dann geht es in die Kirche. Das ist der *Anfang* der Sequenz, der fünf bis acht Einzelszenen umfassen könnte.

Der *Mittelteil* ist die Ankunft in der Kirche (man könnte die Sequenz natürlich auch erst hier anfangen lassen) und die Heiratszeremonie selbst. Freunde und Verwandte kommen. Der Geistliche kommt. Braut und Bräutigam haben ihren Auftritt und danach ihren Abgang. Ein Ereignis hat immer Anfang, Mitte und Ende. Nicht vergessen!

Das *Ende* ist, wenn das frischverheiratete Paar die Kirche verläßt. Die Braut wirft dem Brauch gemäß ihr Bukett. Danach nimmt das Brautpaar am Hochzeitsempfang teil. Welchen Schluß wir wählen, ist unsere Sache.

Ausgangspunkt war die Idee »Hochzeit«, der *Kontext*. Dann erfanden wir den Inhalt dazu, und das Ergebnis dürften fünf bis acht Seiten Drehbuch sein.

Eine andere Sequenz: »Heimkehr aus der Kriegsgefangenschaft«. Zuerst der *Kontext*. Annahme: Unsere Hauptperson kommt nach einigen Jahren Kriegsgefangenenlager in Nordvietnam zurück in die Heimat. Er befindet sich zusammen mit anderen Kriegsgefangenen an Bord eines Flugzeugs. Seine Familie erwartet ihn: Vater, Mutter, Frau oder Freundin. Am Flughafen stehen Militär, eine Blaskapelle, TV-Kameras und Fernsehleute. Nun der *Inhalt*. Wir brauchen ein Opening für die Sequenz. Angenommen, wir beginnen im Flugzeug, auf dem Anflug von Hawai nach San Franzisco: Einige Militärbetreuer fliegen mit, die die Kriegsgefangenen auf ihre Ankunft vorbereiten sollen. Diese sind lange von zuhause fortgewesen. Die Verhältnisse haben sich geändert. Sorge, Beklemmung, Angst, Ahnungen und Erleichterung herrschen unter den Kriegsgefangenen, die sich für die Ankunft fertigmachen. Wir können zwischen dem Flugzeug und der Familie hin- und herschneiden. (*Parallelmontage* ist der filmdramaturgische Begriff für zwei gleichzeitig ablaufende Handlungen, zwischen denen abwechselnd hin- und hergeschnitten wird.) Die Familie des Heimkehrers vor der Abfahrt: still, angespannt, erwartungsvoll. Es ist der Augenblick, um den sie gebetet haben. Sie verlassen das Haus und fahren zum Flughafen. Wir schneiden die Kriegsgefangenen im Flugzeug dazwischen, verwenden einige Zeit auf unsere Hauptperson. Er ist nervös, weiß nicht, was ihn erwartet. Die Familie kommt am Flughafen an, parkt den Wagen. Die Militärkapelle spielt, das Personal bereitet sich auf die Begrüßung der Kriegsgefangenen vor. Das Fernsehen baut Kameras und Geräte auf. Schluß der Einleitung. Dann das Warten.

Das Flugzeug landet, rollt zur Parkposition, hält. Die Türen öffnen sich, Militärmusik schmettert, die Kriegsgefangenen verlassen den Transporter. Wieder daheim.

Merken Sie, wie das Gestalt annimmt? Das Wiedersehen von Verwandten und Freunden ist ein dramatisches Moment in der Sequenz. Die Familie umarmt sich; der Vater ruhig, möglicherweise mit Tränen in den Augen, die Mutter zwischen Lachen und Weinen, wenn sie ihrem Sohn erzählt, wie gut er aussieht, obwohl er 30 oder 40 Pfund Untergewicht hat. Das Wiedersehen ist eine Mischung aus Verlegenheit und Herzlichkeit. Kann sein, daß die Journalisten ein paar Fragen stellen.

Abfahrt vom Flughafen. Unser Held sucht sich einige seiner Freunde, und Sie sagen »Auf Wiedersehen«. Er steigt zu seiner Familie in den Wagen und verläßt den Flughafen.

Anfang, Mitte und Schluß – verbunden von einer einzigen Idee: »Heimkehr aus der Kriegsgefangenschaft«. Das könnten zehn bis zwölf Drehbuchseiten werden.

In »All The President's Men« von William Goldman, nach dem Buch von Bernstein und Woodward, gibt es eine *Sequenz um die*

»Liste der 100«, das »Committee to Re-Elect the President«, kurz CREEP. Deep Throat hat Robert Redford geraten, »dem Geld zu folgen«; der Besitz der CREEP-Liste ist der erste Schritt. Was nun? Die Sequenz fängt damit an, daß Robert Redford und Dustin Hoffman die Identität der Leute feststellen. Dann finden sie deren Adressen heraus. Sie besuchen die Leute, die für CREEP arbeiten, aber die wollen nicht mit ihnen reden, geschweige denn Enthüllungen liefern. Szene um Szene wird aufgebaut, die das dramatisieren soll, bis Woodward und Bernstein kurz davor sind, das Handtuch zu werfen. Da passiert es. Hoffman trifft eine Buchhalterin, die redet, und sie haben die Information, hinter der sie her sind: den Betrag des Schmiergeldfonds und die fünf Personen, die für die Verteilung verantwortlich sind. Die »CREEP«-Sequenz ist 15 Seiten lang.

Die »Wasserreservoir-Sequenz« in **»Chinatown«:** Zu Beginn des 2. Akts sucht Jake Gittes nach Mr. Mulwray. Mrs. Mulwray erzählt ihm, der könne am Oak-Pass-Wasserreservoir sein. Gittes fährt also hin. Zu Anfang der Sequenz kommt er beim Reservoir an und wird am Tor von einem Polizisten angehalten. Er belügt ihn und zeigt ihm einen gestohlenen Ausweis der Wasser- und Energiebehörde. Er fährt zum Staubecken. In der Mitte der Sequenz kommt er dort an und bemerkt einen Krankenwagen und ein Rettungsfahrzeug. Er trifft Lt. Escobar. Dieser fragt Gittes, was er hier will, und Gittes antwortet, daß er Mulwray sucht. Escobar zeigt mit der Hand, und wir sehen, wie Mulwrays Leiche die Wasserrinne hochgezogen wird. Morty, der Leichenbeschauer, bemerkt höchst treffend: »Ist das vielleicht nichts? Mitten in der Dürreperiode ersäuft der Wasserbeauftragte – gibts auch nur in L.A.« Eine *Sequenz* ist eine Serie von Szenen, verbunden durch eine einzige Idee, mit einem eindeutigen Anfang, einer präzisen Mitte und einem definitiven Ende.

Der Plot Point

Während man sein Drehbuch schreibt, ist man nicht objektiv, der Überblick fehlt. Man sieht nur die Szene, an der man schreibt, die, die man davor geschrieben hat, und die, die man als nächstes schreiben wird; manchmal nicht einmal das.

Es ist wie Bergsteigen. Auf dem Weg zum Gipfel sieht man nur den Felsen vor und über einem. Erst oben kann man das Panorama überblicken.

Das Schwierigste beim Schreiben ist, zu wissen, was man schreiben will. Der Autor eines Drehbuchs muß wissen, wo es langgeht. Er muß die Richtung kennen, die Entwicklungslinie, die zur Auflösung der Story führt, zu ihrem Schluß. Wer das nicht weiß, ist in Schwierigkeiten. Man kann sich sehr leicht im Labyrinth seiner eigenen Einfälle verirren.

Das Paradigma gibt wie eine Landkarte die Richtung an: Unterwegs durch Arizona, New Mexico, weiter durch die riesigen Flächen von Texas und über die Hochebene von Oklahoma, weiß man nicht, wo man ist, geschweige denn, wo man war. Man kann nichts als die flache, öde Landschaft sehen, die nur von Silberblitzen unterbrochen wird, die von der Sonne kommen. Wenn man sich im Paradigma befindet, sieht man es nicht. Deshalb ist der Plot Point so wichtig.

Denn ein Plot Point greift in die Handlung ein und gibt ihr eine andere Richtung. Er ist ein Ereignis oder Zwischenfall, der die Story voranbewegt.

Die Plot Points am Ende des 1. und 2. Aktes *halten das Paradigma stabil*. Sie sind die Fixpunkte des Handlungsablaufs. Bevor man anfängt zu schreiben, sollte man vier Dinge wissen: Schluß, Anfang, den Plot Point am Ende des 1. Akts und den Plot Point am Ende des 2. Akts. Hier also nochmal das Paradigma:

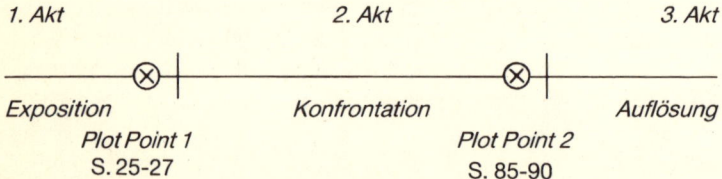

1. Akt	2. Akt	3. Akt

Exposition   Konfrontation   Auflösung
Plot Point 1   Plot Point 2
S. 25-27   S. 85-90

Auf die Bedeutung der Plot Points am Ende des 1. und 2. Akts weise ich das ganze Buch hindurch immer wieder hin. Ohne sie bestimmt zu haben, kann man nicht mit dem Schreiben beginnen. Das fertige Drehbuch mag bis zu 15 Plot Points enthalten, das hängt ganz von der Story ab. Jeder Plot Point treibt die Geschichte voran, auf die Lösung zu.

Für die sorgfältige Konstruktion von Plot Point zu Plot Point ist »Chinatown« ein gutes Beispiel, jeder einzelne bringt die Handlung ein Stück weiter.

Das Buch fängt damit an, daß Gittes von der falschen Mrs. Mulwray angeheuert wird herauszukriegen, mit wem ihr Ehemann eine Affäre hat. Gittes verfolgt Mulwray vom Rathaus zum Reservoir und findet ihn später in Begleitung einer jungen Frau. Er macht Fotos, kehrt in sein Büro zurück, und der Fall ist für ihn abgeschlossen. Beim Friseur erfährt er, daß jemand die Geschichte mitsamt den Fotos der Zeitung zugespielt hat. Wer war das? Und warum? In seinem Büro wartet eine junge Frau auf ihn. Sie fragt ihn, ob er sie jemals gesehen habe. Gittes verneint. Er würde sich daran erinnern. Sie hält ihm vor, wie sie ihn dann habe engagieren können, da sie ihm doch unbekannt sei. *Sie* ist Mrs. Evelyn Mulwray, die *echte* Mrs. Mulwray (Faye Dunaway). Und da sie ihn nicht beauftragt hat, droht sie ihm mit einer Verleumdungsklage und dem Verlust seiner Lizenz. Dann geht sie. Gittes ist verblüfft. Wenn das die *echte* Mrs. Mulwray ist, wer hat ihn dann engagiert? Und warum? Durch die »Liebesnest«-Schlagzeile weiß er, daß man ihn reingelegt hat. Ein Unbekannter will, daß er den »Fall« übernimmt. Ein Jake Gittes aber läßt sich nicht manipulieren. Er wird herausfinden, wer ihn gefoppt hat und warum. Ende des 1. Akts. Welches Handlungsmoment in dieser Kette dramatischer Ereignisse »greift ein« und gibt der Geschichte eine andere Richtung? Wenn die falsche Mrs. Mulwray Gittes engagiert? Wenn die Geschichte in die Zeitung gebracht wird? Oder, wenn die echte Mrs. Mulwray auftaucht? Als Faye Dunaway ins Bild kommt, ändert sich die Handlung. Aus einem abgeschlossenen Job wird eine potentielle Verleumdungsklage, und es droht der Verlust der Lizenz. Gittes muß dringend herauskriegen, *wer* ihn reingelegt hat – dann wird er auch wissen *warum*.

Der Plot Point am Ende des 1. Akts ist das Erscheinen der echten Mrs. Mulwray. Dieses Ereignis verändert den Gang der Handlung, gibt ihr eine neue Richtung. Richtung, erinnern Sie sich, ist eine Entwicklungslinie.

Der 2. Akt zeigt am Anfang, wie Gittes die lange Straße zum Haus der Mulwrays hinauffährt. Mr. Mulwray ist nicht da. Aber Mrs. Mulwray ist zuhause. Sie wechseln ein paar Worte, und sie sagt ihm, Mr. Mulwray könne am Oak Reservoir sein.

Gittes fährt zum Oak Reservoir. Dort trifft er Lt. Escobar (beide waren zusammen bei der Polizei in Chinatown; Gittes quittierte den Dienst, und Escobar brachte es zum Lieutenant) und erfährt, daß Mulwray tot ist, offensichtlich ein Unfall. Der Tod von Mulwray stellt für Gittes ein weiteres Problem, ein Hindernis dar. Im Paradigma heißt der dramatische Kontext für den 2. Akt Konfrontation. Gittes' dramatische Aufgabe ist es herauszufinden, wer ihn reingelegt hat und warum. Deshalb erfindet Robert Towne Hindernisse, die der Lösung der Aufgabe entgegenstehen. Mulwray ist tot. Ermordet, wie Gittes später entdeckt. Wer war der Mörder? Das ist ein Plot Point, allerdings nicht der Plot Point am Ende des 1. Akts. Es ist einfach *ein Plot Point innerhalb der Struktur des 2. Akts*. Es gibt zehn solche Plot Points im 2. Akt von »Chinatown«.

Der Tod von Mulwray ist ein Vorkommnis, das in den Handlungsverlauf »eingreift« und ihm eine neue Richtung gibt. Die Geschichte kommt dadurch voran. Gittes wird hineingezogen, ob er will oder nicht. Später erhält er einen Anruf von einer mysteriösen »Ida Sessions«. Es stellt sich heraus, daß das die Frau ist, die ihn zuerst engagiert hat, die falsche Mrs. Mulwray. Sie rät ihm, die Todesanzeigen der Zeitung durchzusehen nach »einer jener Personen«, was immer das bedeutet. Sie hängt auf. Kurz darauf findet man sie ermordet, und Escobar ist sich sicher, daß Nicholson etwas damit zu tun hat. Das Thema »Wasser« ist an mehreren Stellen eingeführt worden, und Gittes bleibt ihm auf der Spur. Er geht zum Grundbuchamt und ermittelt die Grundstücksbesitzer im nordwestlichen San Fernando Valley. Er entdeckt, daß der Großteil des Landes innerhalb der letzten paar Monate verkauft worden ist. Man erinnert sich an die Frage des Farmers auf Seite 10: »Wer bezahlt Sie dafür, das Wasser aus dem Tal zu stehlen, Mr. Mulwray?« Als Gittes hinausfährt, um eine Avocadoplantage zu untersuchen, wird er von einem Farmer und dessen Söhnen angegriffen und bewußtlos geschlagen. Sie halten ihn für den Mann, der ihr Wasser vergiftet hat. Als er das Bewußtsein wiedererlangt, ist Evelyn Mulwray da – die Farmer haben sie geholt. Auf dem Rückweg nach Los Angeles fällt Gittes auf, daß einer der Namen in den Todesanzeigen, auf die ihn Ida Sessions hingewiesen hatte, als Besitzer einer großen Landparzelle im San Fernando Valley genannt ist. Seltsam. Er starb im »Mar Vista Home for the Aged«, einem Altersheim. Gittes und Evelyn Mulwray fahren zusammen dorthin. Gittes erfährt, daß die meisten der neuen Landbesitzer im Valley dort leben. Sie haben keine Ahnung von ihren angeblichen Käufen. Es handelt sich um einen großangelegten Schwindel. Kaum hat sich sein Verdacht bestätigt, wird er von Schlägern angefallen, kann aber mit Evelyn entkommen. Sie fahren zurück zu deren Haus.

Alle diese Vorfälle oder Ereignisse sind Plot Points. Sie treiben die Story vorwärts.

Zuhause bei ihr fragt Gittes, ob sie Wasserstoffsuperoxyd hat, um seine Nasenwunde zu reinigen. Sie führt ihn ins Bad, kommentiert die Tiefe des Schnitts, versorgt die Wunde. Er bemerkt etwas an ihrem Auge, einen leichten Farbfehler. Er beugt sich vor und küßt sie. Es ist eine wunderbare Szene. Sie lieben sich.

Nachher liegen sie im Bett und reden über Belanglosigkeiten. Das Telefon klingelt. Sie schaut ihn an, er schaut sie an. Es klingelt weiter. Schließlich nimmt sie ab, antwortet, wird unversehens aufgeregt, hängt auf. Sie sagt Gittes, er müsse sofort verschwinden. Sie habe die Zeit mit ihm genossen, aber es habe sich etwas Wichtiges ereignet und sie müsse fort.

Es ist etwas geschehen. Aber was? Gittes will es wissen. Er zerschlägt ein Rücklicht an ihrem Wagen und verfolgt sie bis zu einem Haus im Echo-Park-Bezirk von Los Angeles. Ende des 2. Akts. An diesem Punkt der Geschichte wissen wir zwei Dinge immer noch nicht: Erstens, wer das Mädchen ist, mit dem Mulwray zusammen war, bevor er ermordet wurde, und zweitens, wer Gittes hereingelegt hat und warum. Gittes weiß, daß die Antworten auf beide Fragen zusammenhängen, obwohl er die Lösung nicht kennt.

Was ist der Plot Point am Ende des 2. Akts? Gittes findet die Brille im Swimmingpool von Mulwrays Haus. Das ist der Plot Point am Ende des 2. Akts. »Ein Vorfall oder Ereignis, das in die Handlung eingreift und ihr eine neue Richtung gibt.«

Der 3. Akt ist die Auflösung, und was Gittes erfährt, klärt die Geschichte auf. Gittes erfährt, daß das Mädchen die »Tochter/ Schwester« der Mrs. Mulwray ist und Noah Cross der Vater. Das beantwortet auch die Frage, warum Mrs. Mulwray nicht mit ihrem Vater spricht und warum Noah Cross hinter dem Mädchen her ist. Außerdem erfahren wir, daß Cross die drei Morde zu verantworten hat und alles andere auch. »Entweder Sie bringen das Wasser nach L.A. oder Sie bringen L.A. ans Wasser«, sagt er. Das ist der *dramatische »Aufhänger«* des Films. Er funktioniert wundervoll. Die Feststellung, daß Geld, Macht und Einfluß eine korrumpierende Kraft darstellen, wird auf Seite 3 getroffen: »Du mußt reich sein, wenn du jemand umbringst, dann straft dich keiner«, sagt Gittes zu Curly. Wer genug Geld und die Macht dazu hat, scheint Towne zu sagen, der kann sich alles leisten, sogar einen Mord. Als Mrs. Mulwray am Ende des Films stirbt, läßt Noah Cross seine Tochter/Enkelin verschwinden und bleibt ungeschoren. Ironischerweise hat sich der Vorgang wiederholt, durch den Gittes aus dem Polizeidienst in Chinatown geworfen wurde. »Ich versuchte zu helfen und alles, was ich erreichte, war, jemand zu verletzen«, hatte er Evelyn Mulwray früher einmal gesagt. Der Kreis schließt sich.

Gittes kommt nicht zurecht damit. Seine Büro-Partner müssen ihn besänftigen. Die letzten Worte des Drehbuchs sind: »Vergiß es, Jake – das ist Chinatown.« »Chinatown« bewegt sich Schritt für Schritt, Szene für Szene, Plot Point für Plot Point auf die Lösung zu. Es gibt zehn Plot Points im 2. und zwei im 3. Akt.

Bei Ihrem nächsten Kinobesuch sollten Sie versuchen, die Plot Points am Ende des 1. und 2. Akts festzustellen. Jeder Film, den Sie sehen, wird eindeutig Plot Points haben. Ihre Aufgabe ist nur, sie herauszufinden.

Etwa 25 Minuten nach Beginn des Films wird ein Vorfall oder ein Ereignis geschehen. Stellen Sie fest, *was* es ist und *wann* es passiert. Das mag zuerst schwierig sein, aber je öfter Sie es tun, desto einfacher wird es. Nehmen sie Ihre Uhr zur Kontrolle.

Machen Sie es im 2. Akt genauso. Stellen Sie mit Hilfe Ihrer Uhr fest, wann 85 bis 90 Minuten des Films vorbei sind. Es ist eine ausgezeichnete Übung.

Werfen wir einen Blick auf die Plot Points in »Three Days of the Condor« und »Rocky«, und zwar auf die Plot Points am Ende des 1. und 2. Akts.

In »Three Days of the Condor« arbeitet Robert Redford bei der »American Literary Historical Society«, einer »Lese-Zelle« der CIA. Die Angestellten lesen Bücher. Zu Anfang des Films kommt

Redford verspätet zur Arbeit und geht seiner Büroroutine nach. Er wird fortgeschickt, um Essen für die Kollegen zu holen und als er zurückkommt, sind sie alle tot, brutal ermordet. Wer hat es getan? Warum? Redford hat keine Zeit zum Nachdenken. Auch er sollte unter den Toten sein – nur weil er Essen geholt hat, ist er noch am Leben. Es dauert eine Weile, bis er die Situation erfaßt. Dann weiß er, daß auch er getötet werden soll. Er weiß nicht, von wem und nicht warum – er weiß nur, daß man ihn töten will. Ende des 1. Akts. Lorenzo Semple, Jr. und David Rayfiel, die Drehbuchautoren, entwickelten die Story wie folgt: Im 1. Akt wird klar, daß Redford eine Art Verschwörung aufgedeckt hat, die sich innerhalb der CIA entwickelt. Er weiß nicht, *was* sie bedeutet. Er weiß nur, daß seine Freunde und Kollegen tot sind; und daß er der nächste auf der Liste ist.

Der Plot Point am Ende des 1. Akts ist, wenn er vom Essen zurückkommt und das Massaker entdeckt. Redfords Reaktion auf dieses Ereignis gibt der Handlung eine andere Richtung. *Konfrontation* ist der dramatische Kontext des 2. Akts. Redford stößt überall auf Hindernisse. Sein bester Freund – auch bei der CIA – soll sich mit ihm treffen, wird aber auch umgebracht, und sein Tod wird Redford angelastet. Aus dramaturgischer Notwendigkeit (denn man kann nicht die Hauptfigur ständig mit sich selbst sprechen lassen; Monologe funktionieren nicht!) kidnappt er Faye Dunaway. Den ganzen 2. Akt hindurch ist Redford das *Opfer*. Er verbringt die nächsten 60 Minuten (60 Seiten) damit, von einem gekauften Mörder (Max von Sydow) verfolgt zu werden. Er reagiert ständig auf diese Situation. Als er in Faye Dunaways Appartement von dem als Postbote verkleideten Killer angegriffen wird, muß er *handeln*. Er muß die Situation ins Gegenteil verkehren, muß vom Opfer zum Angreifer werden. Redford schafft das und Faye Dunaway hilft ihm dabei. Sie betritt das CIA-Hauptquartier unter dem Vorwand, einen Job zu suchen. Sie stolpert »wie zufällig« in Cliff Robertsons Büro. Er ist der Mann, der für das »Unternehmen Condor« verantwortlich ist. Sie sieht ihn – Redford hat ihn nie zu Gesicht bekommen – entschuldigt sich und geht hinaus. In einem Restaurant holen Redford und Dunaway Cliff Robertson von seinem Tisch weg. Redford befragt ihn zielstrebig und gibt dem CIA-Mann die Information, die schließlich dazu führen wird, daß er die wirklichen Vorgänge aufdeckt, die Existenz einer CIA innerhalb der CIA.

Der Plot Point am Ende des 2. Akts ist, wenn Redford den Spieß umdreht – wenn er vom Opfer zum Angreifer wird, vom Gejagten zum Jäger. Indem er Cliff Robertson entführt, gibt Redford »der Geschichte eine andere Wendung.« Im 3. Akt folgt Redford seinem Hinweis auf den Mann, der für den Plan verantwortlich ist – Lionel Atwood. Redford stellt Atwood in dessen Haus, findet heraus, daß dieser eine CIA innerhalb der CIA aufgebaut hat, und daß er der Drahtzieher für den Tod der anderen ist. Der Grund: Ölfelder. Max von Sydow betritt die Szene, tötet unvermittelt den hochrangigen CIA-Beamten und verschont Redford; zumindest für den Augenblick. Der Mörder ist wieder im Dienst der »Firma«, der CIA.
Beim Schreiben eines Drehbuchs werden die Plot Points zu Markierungen, die die Story zusammenhalten und sie voranbewegen. Gibt es Ausnahmen von dieser Regel?

Haben alle Filme Plot Points? Gibt es einen, der keine hat? Wie ist das zum Beispiel mit »Nashville?« Ist das eine Ausnahme? Mal sehen. Wer ist die Hauptfigur des Films? Lily Tomlin? Ronee Blakely? Ned Beatty? Keith Carradine?

»Nashville«: Joan Tewkesbury, die Drehbuchautorin, sprach einmal in Sherwood Oaks darüber, wie sie »Nashville« schrieb. Sie sprach über die Schwierigkeit, mehrere Figuren gleichzeitig zu beschreiben, und daß sie einen gemeinsamen Nenner finden mußte, um den Film zusammenzuhalten. Sie fuhr zweimal nach Nashville, um zu recherchieren, bevor sie zu schreiben anfing – beide Male für einige Wochen. Es wurde ihr bewußt, daß die Hauptfigur – also diejenige, um die es im Film geht – die Stadt Nashville ist.Sie ist die Hauptfigur. Als sie das sagte, wurde mir plötzlich klar, daß der *Plot Point eine Funktion der Ḥauptfigur* ist. Verfolge die Hauptfigur in der Geschichte und du wirst die Plot Points am Ende des 1. und 2. Akts haben.Die Stadt Nashville ist die Hauptfigur, denn sie hält alles zusammen, wie ein Kontext: alles geschieht innerhalb der Stadt. Es gibt mehrere wichtige Charaktere im Film, und sie alle bringen die Handlung voran. Der Film beginnt am Flughafen von Nashville, wo die Hauptpersonen

ankommen. Sie werden uns vorgestellt, wir schnappen ein bißchen von ihrem Charakter und ihrer Persönlichkeit auf, von ihren
Hoffnungen und Träumen. Nachdem Ronee Blakely angekom-
men ist, verlassen alle gleichzeitig, aber in verschiedenen Autos,
den Flughafen und purzeln wie die Keystone Cops im Chaos
eines Verkehrsstaus auf der Schnellstraße übereinander.

Der Plot Point am Ende des 1. Akts ist, wenn sie den Flughafen
verlassen. Die Aktion wechselt die Richtung, vom Flughafen zur
Schnellstraße, und bewegt die Handlung entsprechend den
Bedürfnissen der Figuren vorwärts. Der 2. Akt gliedert ihre Charaktere in Interaktionen genauer auf; das dramatische Ziel jeder
Figur wird definiert, die Konflikte werden erzeugt und der Kurs
vorgezeichnet.

Der Plot Point am Ende des 2. Akts: Michael Murphy, der Politiker, überzeugt Allan Garfield davon, Ronee Blakely bei der politischen Rallye singen zu lassen. Das ist das »Ereignis, das der
Geschichte eine neue Richtung gibt« und uns zum 3. Akt und
damit zur Auflösung führt.
Der 1. Akt spielt am Flughafen; der 2. Akt an verschiedenen Plät-
zen; der 3. Akt beim Parthenon, etwas außerhalb von Nashville.
Wir folgen den Darstellern dorthin. Die Wahlkampf-Rallye
beginnt und endet mit dem Attentat, bei dem Ronee Blakely
schwer verwundet oder getötet wird. In der Aufregung am
Schluß, als die Menge angsterfüllt reagiert, nimmt Barbara Harris
das Mikrophon und stimmt ein Lied an. Alle singen gemeinsam,
während die Sirenen heulen und Panik herrscht. Nashville ist
schließlich eine Stadt voller Musik. Regisseur Robert Altman ist
ein Meister der dramatischen Struktur. Seine Filme mögen noch
so zufällig gebaut scheinen, in Wirklichkeit sind sie mit bildhaue-
rischer Raffinesse ausgeführt. »Nashville« entspricht dem Paradigma ganz genau.

Zu wissen, was ein Plot Point ist, ist eine wesentliche Bedingung dafür, ein Drehbuch schreiben zu können. Achten Sie auf
Plot Points; suchen Sie sie in Filmen, die Sie sehen, erörtern Sie
sie in Drehbüchern, die Sie lesen. *Jeder Film hat Plot Points*.

Nehmen wir »Rocky«. Im 1.Akt ist Rocky ein heruntergekommener Boxer, der »etwas darstellen möchte.« In Wirklichkeit ist er ein Strolch, der als Schläger für einen Schulfreund ein paar miese Dollars macht.

Der Plot Point am Ende des 1.Akts: Wie der Zufall spielt, erhält Rocky die Chance, gegen den Weltmeister im Schwergewicht zu kämpfen. Ist das ein Plot Point oder nicht! Es passiert ungefähr 25 Minuten nach Filmbeginn.
Rocky überwindet die Barrieren der Faulheit und Tatenlosigkeit und zwingt sich zur Form. Dabei weiß er die ganze Zeit, daß er nicht gewinnen kann. Apollo Creed ist einfach zu gut. Doch falls er es schafft, 15 Runden lang gegen den Weltmeister auf den Beinen zu bleiben, ist das ein pesönlicher Erfolg. Und das wird sein »Ziel«, sein dramatisches »Bedürfnis«.

Der Plot Point am Ende des 2. Akts ist, wenn Rocky die Stufen zum Museum hinaufrennt und einen Siegestanz zu »Gonna Fly, Now« aufführt. Wie das Drehbuch sagt, ist er optimal in Form, gegen Apollo Creed anzutreten. Er hat alles getan, was er konnte – komme, was da will.

Der 3.Akt ist die Kampf-Sequenz. Sie hat eindeutig Anfang, Mitte und Ende. Rocky kämpft mit bewundernswerter Kraft und Tapferkeit 15 Runden lang gegen Apollo Creed. Es ist sein persönlicher Sieg. Wenn Sie sich den Film anschauen, werden Sie bemerken, daß Rocky ungefähr 25 Minuten nach Beginn für den Kampf mit Apollo Creed ausgewählt wird. Nach etwa 88 Minuten ist er »bereit für den Kampf«. Der Rest des Films zeigt den Boxkampf. Prüfen Sie es nach! Bestimmen Sie die Plot Points bei allen Filmen, die Sie sehen. Stellen Sie fest, ob das Paradigma funktioniert oder nicht. Die Form von Drehbüchern ändert sich ständig.

Eine neue Generation von Drehbuchautoren, die mit Fernsehbildern aufgewachsen ist und nicht mit Buchstaben, definiert die Kunst des Drehbuchschreibens neu und erweitert sie. Was heute als stilistisch und formal gelungen gilt, kann morgen schon überholt sein.

Zur Übung: Gehen Sie ins Kino und finden Sie die Plot Points am

Ende des 1. und 2. Akts. Schauen Sie auf Ihre Uhr. Nehmen Sie die Zeit. Prüfen Sie, ob das Paradigma stimmt. Falls Sie die Plot Points nicht finden, suchen Sie weiter. Sie sind bestimmt da. Kennen Sie die Plot Points am Ende des 1. und 2. Akts in *Ihrem* Drehbuch?

Die Szene

Das *wichtigste Einzelelement* eines Drehbuchs ist die Szene. In der Szene geschieht etwas – etwas Bestimmtes. Sie ist eine *spezielle Handlungseinheit* – und der Ort, wo Sie Ihre Geschichte erzählen. Gute Szenen machen gute Filme.

Man erinnert sich an bestimmte Szenen, nicht an einen ganzen Film. Denken Sie an »Psycho«. Welche Szene haben Sie nicht vergessen? Die unter der Dusche, richtig. Und wie steht es mit »Butch Cassidy and the Sundance Kid«? »Star Wars«? »Citizen Kane«? »Casablanca«?
Die Art, wie Sie Ihre Szenen auf dem Papier präsentieren, wirkt sich auf das gesamte Drehbuch aus. Ein Drehbuch ist eine Leseerfahrung.

Der Zweck einer Szene ist es, die Handlung *voranzutreiben*. Eine Szene ist so lang oder kurz, wie Sie wollen. Es kann eine drei Seiten lange Dialog-Szene sein oder eine kurze Einzeleinstellung – beispielsweise ein Auto, das die Straße hinunterrast. Eine Szene ist das, was der Autor aus ihr macht. Die Story bestimmt, wie lang oder wie kurz eine Szene ist. Es gibt nur eine Regel, die Sie beachten müssen:

Haben Sie Vertrauen zu Ihrer Geschichte. Sie wird Ihnen alles sagen, was Sie wissen müssen. Viele Leute neigen dazu, sich für alles eine Regel zu machen. Gibt es 18 Szenen und zwei Sequenzen auf den ersten 30 Seiten eines Drehbuchs oder Films, dann möchten sie in ihrem Werk auch 18 Szenen und zwei Sequenzen auf den ersten 30 Seiten haben. So läuft das aber nicht. *Filme schreibt man nicht nach Schnittmustern*.
Hören Sie in Ihre Geschichte hinein. Sie wird Ihnen alles erzählen, was Sie wissen müssen. Haben Sie Vertrauen zu Ihrer Geschichte.

Die beiden Grundbedingungen jeder Szene sind Ort und Zeit.
Wo findet eine Szene statt? In einem Büro? Im Auto? Am Strand?
Im Gebirge? Auf einer belebten Straße in der Stadt? An welchem
Schauplatz spielt die Szene?
Das andere Element ist *Zeit*. Zu welcher Tages- oder Nachtzeit
geschieht etwas? Am Morgen? Nachmittags? Spät in der
Nacht? Jede Szene findet an einem bestimmten Ort zu einer
bestimmten Zeit statt. Im Drehbuch reicht es jedoch, TAG oder
NACHT anzugeben.
Eine Szene findet *innen* oder *außen* statt. Auch das muß ange-
merkt werden. So ergibt sich als Form der Szene:

```
              INNEN. WOHNZIMMER – NACHT
deutsche Schreibweise
WOHNZIMMER                                    INNEN/NACHT
                        oder
              AUSSEN. STRASSE – TAG
(STRASSE                                       AUSSEN/TAG)
```

Ort und Zeit, zwei Bedingungen, die man klären muß, bevor eine
Szene aufgebaut und durchkonstruiert werden kann.

Wenn man Ort oder Zeit verändert, wird eine *andere Szene*
daraus. Auf den ersten zehn Seiten von »Chinatown« befindet
sich Curly in Jake Gittes' Büro. Er ist aufgeregt wegen seiner
Frau. Gittes bietet ihm einen billigen Whiskey an, sie verlassen
beide das Büro und gehen zum Empfang. Sobald sie sich aus
Gittes' Büro heraus zum Empfang bewegen, ist das eine neue
Szene: Sie haben den *Ort* gewechselt.
Gittes wird in das Büro seiner Partner gerufen und von der fal-
schen Mrs. Mulwray angeheuert. Auch die Szene im Büro der
Partner ist eine neue: Der *Ort* hat gewechselt. Die *Büro-Sequenz*
besteht also aus drei Szenen: eine im *Büro von Gittes*, eine am
Empfang und eine im *Büro der Partner*.
Läßt man eine Szene im Haus stattfinden und bewegt sich vom
Schlafzimmer zur Küche und dann ins Wohnzimmer, so sind das
drei einzelne Szenen. In einem anderen Fall könnte eine Szene
zwischen einem Mann und einer Frau im Schlafzimmer spielen.
Sie küssen sich leidenschaftlich und bewegen sich dann auf das
Bett zu. Wenn nun ein *Kameraschwenk* auf das Fenster folgt, vor

dem der Tag anbricht und der Himmel sich aufhellt, und danach ein *Kameraschwenk zurück* auf unser Paar, wie es gerade aufwacht, so ist das eine neue Szene. Die *Zeit* ist verändert worden.
Wenn eine Figur nachts in einem Auto eine Bergstraße hinauffährt und man sie an verschiedenen Punkten des Wegs zeigen will, müssen die Szenenwechsel entsprechend angemerkt werden:

AUSSEN . BERGSTRASSE – NACHT
und
AUSSEN . BERGSTRASSE WEITER – NACHT .

Der Grund dafür liegt in der Notwendigkeit, die *Position der Kamera* in jeder Szene oder Einstellung, die mit einem Ortswechsel verbunden ist, ebenfalls ändern zu müssen. Jede Szene muß außerdem verschieden *ausgeleuchtet* werden. *Szenenwechsel* sind absolut notwendig für die Entwicklung Ihres Drehbuchs.

Die Szene ist es, wo alles geschieht – wo Sie Ihre Geschichte in bewegten Bildern erzählen.
Wie das Drehbuch als Ganzes ist auch die Szene aufgebaut aus Anfang, Mitte und Ende. Allerdings kann eine Szene auch so geschrieben werden, daß sie nur einen dieser Teile darstellt. Sie kann zum Beispiel erst mit dem Ende einsetzen. Nochmal: Feste Regeln dafür gibt es nicht. Es ist Ihre Geschichte, Sie bestimmen die Regeln.

Mindestens eine wesentliche Information sollte jede Szene zur Handlung liefern. Nur sehr selten leistet sie mehr. Diese Information ist der Kern und Zweck der Szene.

Generell gibt es zwei Arten von Szenen: visuelle und dialogische. Im ersten Fall besteht die Handlung aus *optischen Komponenten*, zum Beispiel Action-Szenen wie der Verfolgungsjagd, die »Star Wars« eröffnet, oder Kampfszenen, wie in »Rocky«.
Das Gegenstück wären *reine Dialogszenen* zwischen zwei oder mehreren Personen.
In der Praxis sind die meisten Szenen eine *Kombination beider Formen*. In einer Dialog-Szene findet durchaus Action statt und Action-Szenen haben meistens auch Dialog.

Eine Dialog-Szene ist normalerweise etwa drei Seiten lang. Oder kürzer. Das sind drei Minuten im Film. Ausnahmen sind selten. Die »schräge« Liebesszene in »Silver Streak« hat neun Seiten; ein paar Szenen in »Network« haben sieben.

Wer einen Dialog zwischen zwei Leuten verfaßt, sollte ihn möglichst unter drei Seiten halten. Ein Drehbuch hat nicht viel Platz für selbstverliebte Mätzchen. Wenn es darauf ankommt, kann man in drei Minuten seine Lebensgeschichte erzählen. In modernen Drehbüchern kommen die meisten Szenen mit ein paar Seiten aus.

Der besondere Vorgang innerhalb einer Szene ist, daß sich Figuren oder Handlung von einem Punkt A zu einem Punkt B *voranbewegen*. Das gilt sogar für *Rückblenden*. In »Julia«, »Annie Hall« und »Midnight Cowboy« bilden die Rückblenden einen integralen Bestandteil der Story.

Die Rückblende ist eine Technik, die das Verständnis des Publikums für die Handlung, die Charaktere und die Situationen vertiefen soll. Sie stellt aber auch in vielfacher Hinsicht eine veraltete Methode dar. Tony Bill, Produzent/Regisseur/Schauspieler, sagt: »Wenn ich in einem Drehbuch eine Rückblende sehe, dann weiß ich, daß mit der Story etwas im argen ist. Anfänger schwindeln sich nur zu gern auf diese Art heraus.«

Schreiben Sie Ihre Story in Aktionen. Keine Rückblenden, es sei denn, Sie haben soviel kreatives Talent wie Woody Allen in »Annie Hall« oder Alvin Sargent in »Julia«. Andernfalls wirkt das Buch nämlich sofort veraltet.

Wie schreibt man eine Szene? Man erfindet zuerst einmal den *Kontext*, danach legt man den *Inhalt* fest. Was geschieht in der Szene? Was ist der *Zweck* der Szene? Warum steht sie hier? Wie bringt sie die Geschichte voran? Was passiert? Schauspieler machen sich manchmal mit einer Szene vertraut, indem sie überlegen, warum sie *hier* sind, wo sie *vorher* waren und wo sie *nach* dieser Szene sein werden.

Welchen Zweck verfolgt eine Figur in einer Szene? Warum kommt sie darin vor? Sie, der Autor, sind verantwortlich und müssen wissen, warum sich Ihre Figuren in einer Szene tummeln, wie sie agieren, wie sie reden und wie das die Handlung vorantreibt. Sie müssen sich darüber im klaren sein, was Ihren Figuren *in* den Szenen zustößt, aber auch, was sie *zwischen* den Szenen erleben. Was geschah zwischen Montagnachmittag im Büro und dem Dinner am Donnerstagabend? Wenn *Sie* es nicht wissen, wer sonst? *Denken Sie sich also zunächst den Kontext aus.* Dadurch bestimmen Sie den dramatischen Zweck und können die Szene Zeile für Zeile, Aktion für Aktion aufbauen.

Finden Sie zuerst die *Bausteine* oder die *Elemente* der Szene heraus. Welcher Aspekt der Figur soll gezeigt werden: einer aus ihrem Beruf, ihren Beziehungen oder ihrem Privatleben?

Zurück zur Geschichte der drei Typen, die die Chase Manhattan Bank ausrauben wollen. Nehmen wir an, wir wollen die Szene schreiben, in der sie sich definitiv entschließen, den Raub zu verüben. Bis jetzt haben sie nur darüber geredet. Jetzt wollen sie es wirklich tun.

Wo findet die Szene statt? In der Bank? Daheim? In einer Bar? Im Auto? Bei einem Spaziergang im Park? Der naheliegende Platz für die Szene wäre eine ruhige, abgeschlossene Örtlichkeit, vielleicht ein Mietwagen auf einer Hauptstraße. Aber vielleicht gibt es noch ein visuelleres Moment, das man nutzen kann; es soll schließlich ein Film werden.

Schauspieler legen oft eine Szene »gegen den Strich« an. Das bedeutet, daß sie die Szene nicht von der *offensichtlichen* Interpretation her angehen, sondern von einer *unüblichen*. Sie spielen dann z. B. eine »wuterfüllte« Szene milde lächelnd, indem sie Zorn und Wut hinter einer Fassade der Artigkeit verbergen. Marlon Brando ist ein Meister darin.

»Gegen den Strich« dramatisieren: In »Silver Streak« von Colin Higgins gibt es eine Liebesszene im Eisenbahnabteil zwischen Jill Clayburgh und Gene Wilder, wobei sie sich fachkundig über Blumen unterhalten. Wunderhübsch! Orson Welles hatte in »The Lady From Shanghai« eine Liebesszene mit Rita Hayworth – in einem Aquarium, angesichts von Haien und Barrakudas. Suchen Sie beim Schreiben einer Szene einen Weg, wie sie sie »gegen den Strich« dramatisieren können.

Zurück zur »Entscheidungs-Szene« in der Chase-Manhattan-Bankraubstory. Gesetzt den Fall, wir lassen sie nachts in einer

überfüllten Billard-Halle spielen, dann können wir Spannungs-
elemente einbauen. Während unsere Figuren Billard spielen und
dabei über ihren Entschluß, die Bank auszurauben, diskutieren,
könnte ein Polizist hereinkommen und die Runde machen. Das
würde dramatische Spannung erzeugen. Hitchcock macht das
ständig so. Sobald der *Kontext* festgelegt ist – Zweck, Ort und
Zeit –, folgt der *Inhalt*.

**Wir wollen eine Szene über das Ende einer Beziehung
schreiben.** Wie könnten wir diese Aufgabe angehen?
Zuerst der *Zweck* der Szene, in diesem Fall das Ende einer
Beziehung. Zweiter Schritt: *Wo* spielt die Szene und *wann*, bei
Tag oder bei Nacht? Mögliche Orte wären: Auto, Spaziergang,
Kino oder ein Restaurant. Nehmen wir ein Restaurant; es ist ein
idealer Ort, eine Beziehung zu beenden.
Sind sie lange zusammen gewesen? Wie lang? Wenn Beziehungen sich lösen, möchte üblicherweise nur *ein* Partner das Verhältnis beenden, der andere hofft, daß es weitergeht. Angenommen, er will mit ihr Schluß machen. Er möchte sie nicht verletzen,
er möchte so »anständig« und »zivilisiert« handeln wie möglich.
Er will ihr nicht »wehtun«, also ist er still und fühlt sich unbehag-
lich.

Welche Komponenten hat unsere Szene? Machen wir uns das
Unbehagen zunutze: Er redet Stuß, sein Blick verliert sich ins
Weite, er interessiert sich für die Eßgewohnheiten der Nachbarn;
kann sein, der Kellner schnappt ein paar Bemerkungen auf und
ist ein griesgrämiger Franzose, vielleicht schwul. Sie haben die
Wahl!
Als Autor müssen Sie die *Auswahl* bei der Konstruktion und Präsentation der Szenen treffen und die Verantwortung dafür tragen.
Achten Sie auf *Konflikte*! Schaffen Sie Schwierigkeiten, noch
mehr Schwierigkeiten. Das erhöht die Spannung.

In einer Komödie werden Situationen geschaffen, dann läßt
man Leute auf diese Situationen und aufeinander reagieren. Es
hat keinen Sinn, in einer Komödie die Charaktere *auf Lacher* hin
spielen zu lassen. Sie müssen *glauben, was sie tun*, sonst wirken
sie verkrampft und unecht und darum gerade nicht komisch.

Erinnern Sie sich an die Szene im Freiluftrestaurant in »Annie Hall«? Annie erzählt Woody Allen, daß sie nur sein »Freund« sein und ihre Beziehung nicht fortsetzen will. Beide sind verlegen und das vermehrt die Spannung der Szene, indem es die komischen Zwischentöne verstärkt; wenn er das Restaurant verläßt, stößt er mit mehreren Autos zusammen, zerreißt seinen Führerschein vor einem Polizisten. Total hysterisch! Woody Allen nutzt die Situation für maximale dramatische Wirksamkeit.

»Scheidung auf italienisch« mit Marcello Mastroianni ist eine klassische Filmkomödie, die nur um Haaresbreite nicht zur Tragödie wird. Mastroianni ist mit einer Frau verheiratet, die enorme sexuelle Anforderungen stellt, und er kann da nicht mithalten. Erst recht nicht mehr, als er einer lüsternen Cousine begegnet, die scharf auf ihn ist. Er will sich scheiden lassen, aber oweh, die Kirche duldet's nicht. Die einzige Art der Eheannullierung, die die Kirche anerkennen würde, wäre der Tod der Gattin. Doch die ist gesund wie ein Pferd. Er beschließt, sie umzubringen. Nach italienischem Recht kann er das als Ehrenmann tun, wenn sie ihn betrügt. Er muß sich hörnen lassen. Also sieht er sich nach einem Liebhaber für seine Frau um.

Das ist die Situation!

Nach einer Reihe komischer Ereignisse betrügt ihn seine Frau schließlich und sein italienisches Ehrgefühl treibt ihn zur Tat. Er spürt sie und ihren Geliebten auf einer Insel in der Ägäis auf und begibt sich, Revolver voran, auf die Suche. Die Darsteller hängen im Netz der Verwicklungen fest und spielen ihre Rollen mit übertriebener *Ernsthaftigkeit*. Das Ergebnis ist brillante Komödie.

Eine meiner Lieblingsszenen aus »Chinatown« ist die nach der »Mar Vista Home for the Aged«-Sequenz, wenn Jake Gittes und Evelyn Mulwray in deren Haus sind. Während der vorausgegangenen 18 Stunden ist Gittes fast ertrunken, zweimal verprügelt worden, bekam die Nase aufgeschlitzt, verlor einen Florsheim-Schuh und hatte überhaupt nicht geschlafen. Er ist müde, und alles tut ihm weh. Seine Nase schmerzt. Er fragt sie, ob sie etwas Wasserstoffsuperoxyd hat, um seine Nasenwunde zu reinigen, und sie bringt ihn in das Badezimmer. Sie betupft seine Nase und er bemerkt etwas in ihrem Auge, einen leichten Farbfehler. Ihre Blicke treffen sich, dann beugt er sich vor und küßt sie. Die nächste Szene spielt, nachdem sie sich geliebt haben. Es ist dies eine wunderbare Illustration dessen, was Sie suchen sollten, wenn Sie eine Szene planen. Finden Sie die Komponenten innerhalb der Szene, damit sie funktioniert; in diesem Fall war es das Wasserstoffsuperoxyd im Badezimmer.

Jede Szene hat Anfang, Mitte und Ende, wie eine Sequenz, ein Akt oder ein ganzes Drehbuch. Man muß aber eine Szene nicht ganz ausschreiben, sondern kann nur *einen Teil* davon zeigen, also nur den Anfang, nur die *Mitte* oder nur den *Schluß*.
Unsere Szene für »Drei Typen überfallen die Chase Manhattan Bank« können wir z.B. in der *Mitte* anfangen, wenn die drei schon beim Billardspiel sind. Der eigentliche Anfang der Szene, wie sie ankommen, sich einen Billardtisch suchen, üben und dann das Spiel eröffnen, muß nicht gezeigt werden. Auch der Schluß, das Verlassen der Billardhalle, ist nicht notwendig, es sei denn, Sie als Autor wünschen es so.

Sehr selten wird eine Szene ganz ausgeschrieben. Meist ist die Szene ein *Fragment* aus dem Gesamtablauf. William Goldman, der »Butch Cassidy and the Sundance Kid« und »All The President's Men« verfaßte und einiges andere dazu, bemerkte einmal, daß er seine Szenen erst *im letztmöglichen Augenblick anfangen* läßt, also dann, wenn eine bestimmte Aktion innerhalb der Szene gerade ihrem Ende zusteuert.
Sie als Autor haben die absolute Kontrolle darüber, wie Sie eine Szene so entwickeln, daß sie die Geschichte voranbringt. Sie wählen aus, welchen Teil einer Szene Sie zeigen wollen.

Zur Übung: Erfinden Sie eine Szene, indem Sie zuerst den *Kontext* und dann den *Inhalt* festlegen. Definieren Sie den *Zweck* der Szene und wählen Sie dann *Ort* und *Zeit*. Finden Sie die *Bausteine* oder *Elemente* innerhalb der Szene, die *konflikthaltig* und *dramatisch wirksam* sind. Vergessen Sie nicht: Drama ist Konflikt. Ihre Geschichte bewegt sich voran, Schritt für Schritt, Szene für Szene, auf die Auflösung hin.

Die Adaption

Einen Roman, ein Theaterstück, einen Artikel oder sonst eine Vorlage für den Film umzuarbeiten, bedeutet dasselbe wie ein Original-Drehbuch schreiben. »Umarbeiten« heißt hier: von einem Medium in das andere übertragen. Adaption ist die Fähigkeit, »etwas durch Veränderung oder Anpassung stimmig zu machen«.

Aus einem Buch ein Drehbuch zu machen, verlangt also einen verändernden Zugriff auf die Vorlage. Es geht nicht darum, ein Buch oder ein Stück *ab*zufilmen, sondern zu *ver*filmen. Literatur und Film sind grundverschiedene Medien mit unterschiedlichen formalen Bedingungen. Wer einen Roman oder ein Stück zu einem Drehbuch umschreibt, wechselt von einer Form in eine andere. Er schreibt ein Drehbuch, das auf fremdem Material basiert. Trotzdem schreibt er ein Drehbuch, das filmischen Ansprüchen genügen muß und *denselben Regeln* folgt wie ein Originaldrehbuch.

Ein Roman handelt üblicherweise vom Innenleben einer Person. Er zeigt die Gedanken, Gefühle, Empfindungen und Erinnerungen einer Figur, die dramatische Aktion wird als *Gedankenspiel* vorgeführt. Ein Romanautor kann dieselbe Szene als einzelnen Satz, als Absatz, als Seite oder als Kapitel konzipieren und so den inneren Dialog, die Gedanken, Gefühle und Wahrnehmungen seines Protagonisten beschreiben. Ein Roman findet zumeist im Kopf der Hauptfigur statt.

Ein Theaterstück hingegen wird in Worten erzählt. Gedanken, Gefühle und Ereignisse werden in Form von Dialogen auf dem begrenzten Aktionsraum einer Bühne dargestellt. Ein Stück beschäftigt sich mit *Sprache* als dramatischer Aktion.

Ein Drehbuch befaßt sich mit Äußerlichkeiten, mit Details – dem Ticken einer Uhr, einem Kind, das auf der Straße spielt, einem Auto, das um die Ecke kommt. Ein Drehbuch ist eine Geschichte, die in Bildern erzählt wird.
Eine Adaption sollte wie ein Originaldrehbuch gesehen werden. Der Roman, das Stück u.s.w. sind nur *Ausgangspunkt, Quelle, Materialsammlung*, nichts weiter.

Der Bearbeiter ist der Vorlage gegenüber nicht zur Treue verpflichtet. »All the President's Men« ist ein gutes Beispiel. Als William Goldman anfing, nach dem Buch von Bernstein und Woodward über die Watergate-Affäre ein Drehbuch zu schreiben, standen sofort diverse dramaturgische Entscheidungen an. In einem Interview erzählt Goldman von den Schwierigkeiten der Bearbeitung:

»Ich mußte sehr kompliziertes Material auf einfache Art zugänglich machen, ohne es einfältig erscheinen zu lassen. Ich mußte zudem eine Geschichte erzählen, wo erstmal keine war. Ich versuchte ständig herauszukriegen, worin die erzählenswerte Geschichte lag. So umfaßt der Film nur die Hälfte des Buches. Wir beschlossen, ihn mit der Haldeman-Sache enden zu lassen und die späteren Erfolge von Woodward und Bernstein nicht zu zeigen. Das Publikum wußte ja schon, daß sie recht bekommen hatten, und reich, berühmt und Lieblinge der Medien geworden waren.«

Goldman beginnt mit dem Watergate-Einbruch, einer straffen, spannungsgeladenen Sequenz. Nach der Festnahme der Einbrecher führt er Woodward (Robert Redford) anläßlich der gerichtlichen Voruntersuchung ein. Der sieht den hochkarätigen Anwalt im Gerichtssaal, wird mißtrauisch und steigt in die Sache ein. Als Bernstein (Dustin Hoffmann) dazukommt (Plot Point 1), entwirren sie erfolgreich das Gespinst aus Lügen und Intrigen, das zum Sturz des Präsidenten der Vereinigten Staaten führt.

Das Originalmaterial ist Quellenmaterial. Was Sie damit machen, um daraus ein Drehbuch herzustellen, ist Ihre Sache. Es kann sein, daß Sie Rollen, Szenen, Vorfälle und Ereignisse hinzufügen müssen. Kopieren Sie nicht einfach einen Roman zu einem Drehbuch um; machen Sie das Buch visuell, zu einer in Bildern erzählten Geschichte. Wenn Sie einen Roman für ein Drehbuch adaptieren, sind Sie nicht verpflichtet, dem Originalmaterial treu zu bleiben. Ihr Drehbuch muß eine visuelle Erfahrung werden. Das ist Ihr Job als Drehbuchautor. Korrekt bleiben müssen Sie nur gegenüber dem *Geist* des Quellenmaterials.

Es gibt natürlich Ausnahmen. Vielleicht die berühmteste ist John Hustons Drehbuch zu »The Maltese Falcon«. Huston hatte seinerzeit gerade »High Sierra« nach dem Buch von W.R.Burnett mit Humphrey Bogart und Ida Lupino adaptiert. Dieser Film war sehr erfolgreich, und Huston erhielt die Chance, seinen ersten eigenen Film zu machen. Er entschloß sich zu einem Remake des Romans »The Maltese Falcon« von Dashiell Hammett. Dieser Sam-Spade-Krimi war schon zweimal von Warner Brothers verfilmt worden, einmal 1931 als Komödie mit Ricardo Cortez und Bebe Daniels, und 1936 mit Warren Williams und Bette Davis. Beide Filme waren Mißerfolge.

Huston mochte die Atmosphäre des Romans. Er wollte versuchen, seine Geschichte so zu erzählen, wie Dashiel Hammett schrieb, die Story eines hartgesottenen, zu allem entschlossenen Detektivs. Bevor er in Urlaub fuhr, gab er seiner Sekretärin den Roman. Er wies sie an, den Text der Erzählung in die Form eines Drehbuchs zu bringen. Sie sollte zu jeder Szene anmerken, ob sie drinnen oder draußen spielte und den Handlungsablauf beschreiben, indem sie auf die Dialoge des Romans zurückgriff. Dann fuhr er nach Mexiko.

Während seiner Abwesenheit kam dieses Script irgendwie Jack Warner in die Hände, der dem verblüfften »Autor« mitteilte: »Sie haben die Atmosphäre des Romans echt gut getroffen. Ich bin begeistert. Drehen Sie das so, wie es dasteht – meinen Segen haben Sie.«

Huston drehte, und das Ergebnis ist ein Klassiker des amerikanischen Kinos.

Sie haben nur 120 Seiten, Ihre Geschichte zu erzählen. Wählen Sie die Ereignisse sorgfältig aus, um Höhepunkte zu schaffen und das Drehbuch mit visuellen und dramatischen Komponenten anschaulich zu gestalten. Dramaturgische Notwendigkeiten stehen immer im Vordergrund. Die Vorlage ist Ausgangspunkt, nicht Ziel des Schreibens.

Vor allem Journalisten tun sich damit schwer. Das mag daran liegen, daß die Konstruktion eines dramatischen Handlungsablaufs das exakte Gegenteil journalistischer Methoden darstellt. Ein Journalist geht an seine Aufgabe heran, indem er Fakten recherchiert und Informationen sammelt. Er studiert Dokumente und interviewt Leute, die mit der Sache zu tun haben. Sobald der Journalist die Fakten parat hat, kann er aus ihnen die Geschichte zusammensetzen. Je mehr Fakten er sammeln kann, desto mehr

Information besitzt er; er kann sie ganz, teilweise oder gar nicht verwenden. Im Besitz dieser Fakten sucht er nun nach dem »Aufhänger« für seinen Artikel und schreibt ihn dann, wobei er nur die Fakten einarbeitet, die das Material verdeutlichen und stützen.

Drehbuchschreiben ist genau das Gegenteil. Man geht aus von einer Idee, einem Stoff, einer Aktion, einer Figur; dann schafft man eine Handlung, die das Ganze dramatisch umsetzt. Man erweitert die Grundidee – drei Typen überfallen die Chase Manhattan Bank –, indem man recherchiert, Personen erfindet, ihre Biographien entwickelt, wenn nötig Leute interviewt, alle Fakten und Informationen sammelt, die die Story aufbauen und unterstützen. Was dann noch fehlt, erfindet man einfach dazu.

In einem Drehbuch *unterstützen* die Fakten die Story; man könnte sogar sagen, sie schaffen die Story. Beim Drehbuchschreiben geht man vom Allgemeinen zum Besonderen, man findet zuerst die Story, dann sammelt man Fakten.

Wenn Sie einen Artikel für ein Drehbuch adaptieren wollen, müssen Sie vom Standpunkt eines Drehbuchautors aus vorgehen. Wovon *handelt* die Geschichte? Wer ist die *Hauptfigur*? Was ist der *Schluß*? Geht es um einen Mann, der verhaftet, vor Gericht gestellt und von der Mordanklage freigesprochen wurde, nur um nach dem Prozeß zu entdecken, daß er in Wirklichkeit schuldig war? Geht es um einen jungen Mann, der Autos entwirft, baut, Rennen fährt und ein Champion wird? Um einen Arzt, der ein Heilmittel für Diabetes findet? Um Inzest?

Um *wen* geht es? Um *was* geht es? Wenn Sie diese Fragen beantworten, können Sie eine dramatische Struktur entwerfen.

Es gibt viele juristische Probleme, wenn Sie einen Artikel oder eine Story für ein Film- oder Fernsehspieldrehbuch adaptieren. Vor allem müssen Sie die Erlaubnis erhalten, ein Drehbuch zu schreiben. Das bedeutet, die *Rechte* von den beteiligten Personen zu bekommen, mit dem Autor zu verhandeln und möglicherweise mit der Zeitschrift oder Zeitung. Die meisten Leute sind zur Zusammenarbeit bereit, wenn es um den Versuch geht, ihre Geschichten auf die Leinwand oder auf den Bildschirm zu bringen. Wenn es Ihnen Ernst damit ist, sollten Sie einen spezialisierten Anwalt oder einen Literaturagenten um Rat fragen.

Lassen Sie sich aber von juristischen Problemen nicht aufhalten.

Wenn Sie sich jetzt nicht damit befassen wollen, dann eben nicht. Schreiben Sie *zuerst* das Drehbuch oder den Entwurf. Etwas hat Sie an dem Material interessiert. Was ist es? Untersuchen Sie es. Vielleicht entscheiden Sie sich dafür, zunächst ein Drehbuch auf der Grundlage des Artikels oder der Story zu schreiben und zu schauen, was dabei herauskommt. Wenn es gut ist, können Sie es immer noch den beteiligten Personen zeigen. Wenn Sie nicht so vorgehen, werden Sie niemals wissen, was dabei herausgekommen wäre. Und das ist der Zweck der Übung.

Wir haben erörtert, wie man Romane, Theaterstücke und Artikel für ein Drehbuch adaptiert, und immer noch stellt sich die Frage: Worin besteht die Kunst der Adaption? Antwort: Dem Original gegenüber *nicht* treu zu sein. Ein Buch ist ein Buch, ein Stück ein Stück, ein Artikel ein Artikel, ein Drehbuch ein Drehbuch. Eine Adaption ist immer ein Original-Drehbuch. Es handelt sich um verschiedene Formen.

Zur Übung: Schlagen Sie einen *Roman* an irgendeiner Stelle auf und lesen Sie ein paar Seiten. Achten Sie darauf, wie die Handlung beschrieben ist. Findet sie im Kopf der Romanfigur statt? Wird sie mit Dialogen erzählt? Wie steht es mit Beschreibungen? Nehmen Sie sich auf dieselbe Weise ein *Theaterstück* vor. Wie reden die Figuren miteinander? Wie über die Handlung des Stücks?

Lesen Sie dann ein paar Seiten eines Drehbuchs (z.B. aus diesem Buch) und achten Sie darauf, wie es sich mit äußerlichen Details und Vorgängen befaßt, also damit, was die Figur sieht.

Die Form des Drehbuchs

Als Cheflektor bei Cinemobile las ich im Durchschnitt drei Drehbücher pro Tag. Ein Blick auf den ersten Absatz genügte, um festzustellen, ob das Buch von einem Profi oder einem Amateur stammte. Eine Anhäufung von Kamera-Einstellungen, von Totalen, Nahaufnahmen, Anweisungen für Zooms, Schwenks und Dollies verriet sogleich den ahnungslosen Anfänger. Als Lektor war ich auf der Suche nach Argumenten, ein Buch *nicht* lesen zu müssen. Hatte ich einen Grund gefunden, wie Unmengen von

Kamera-Anweisungen, dann brauchte ich keine zehn Seiten zu lektorieren. *Ohne die Hilfe eines Lektors* aber *verkauft niemand ein Drehbuch*, in Hollywood zumindest.

Geben Sie dem Lektor kein Argument, ein Drehbuch *aus formalen Gründen* nicht zu lesen.

Professionell oder nicht – darüber entscheidet nicht zuletzt die *Form* des Drehbuchs.

Falsche Vorstellungen über die Form des Drehbuchs sind, so scheint es, weit verbreitet. Manche Leute meinen, ein Drehbuchautor sei quasi verpflichtet, mit Kamera-Anweisungen zu schreiben. Fragt man sie, weshalb, so brummeln sie etwas wie »weil der Regisseur wissen muß, was er filmen soll«. Sie vollführen so eine umständliche und unsinnige Übung: »Drehbuchschreiben in Kamera-Einstellungen«. Es funktioniert nicht.

Die Form des Drehbuchs ist einfach, so einfach, daß die meisten versuchen, sie zu verkomplizieren.

F. Scott Fitzgerald ist ein gutes Beispiel. Einer der talentiertesten amerikanischen Romanciers des 20. Jahrhunderts, kam er nach Hollywood und wollte Drehbücher verfassen. Es ging total daneben. Er versuchte, alles über Kamera-Positionen und die verzwickte Filmtechnik zu lernen und ließ dies in die Art, wie er Drehbücher schrieb, einfließen. Alle Drehbücher, die er verfaßte, mußten weitgehend umgeschrieben werden. Die meisten angehenden Drehbuchautoren haben ein wenig von Scott Fitzgerald in sich.

Der Drehbuchautor ist *nicht* gehalten, in Kamera-Anweisungen und in detaillierter Fachterminologie zu schreiben. Es ist einfach nicht sein Job, dem Regisseur vorzugeben, *was* er *wie* ins Bild zu setzen hat. Wenn Sie für jede Szene angeben, wie sie aufgenommen werden soll, wird der Regisseur ein solches Drehbuch wahrscheinlich in die nächste Ecke feuern, und das mit Recht.

Der Autor hat das Buch zu schreiben. Der *Regisseur* hat das Buch zu *verfilmen, Wörter auf Papier* zu nehmen und sie in *Bilder auf Film* umzuwandeln. Die Funktion des *Kameramanns* besteht darin, Licht zu setzen und die Kamera so aufzustellen, daß sie die Geschichte filmisch einfängt.

Wie eine Szene eingerichtet wird: Ich war dabei, als »Coming Home« gedreht wurde, mit Jane Fonda, Jon Voight und Bruce Dern. Regisseur Hal Ashby probte gerade eine Szene mit Jane Fonda und Penelope Milford. Währendessen richtete Haskell Wexler, der Chefkameramann, die Kamera für die Aufnahme ein. Hal Ashby saß mit Jane Fonda und Penelope Milford in einer Ecke und ging mit ihnen die Szene durch. Haskell Wexler sagte der Crew, wo sie das Licht setzen solle. Ashby, Fonda und Milford legten den Ablauf der Szene fest: Jane bewegt sich entlang dieser Linie, Penny kommt bei diesem Zeichen, geht zum Bett, macht den Fernseher an u.s.w. Als der Ablauf feststand, ging Haskell Wexler ihn mit dem Sucher ab und bestimmte die erste Kameraeinstellung.

Hal Ashby hatte die Besprechung mit Fonda und Milford beendet. Haskell Wexler zeigte ihm nun, wo er die Kamera aufstellen wollte. Ashby war einverstanden. Die Kamera wurde aufgestellt, die Schauspielerinnen probten die Szene mehrmals durch, wobei geringfügige Korrekturen vorgenommen wurden. Dann waren sie bereit für die Aufnahme. So geht das. Film ist ein Medium, das Zusammenarbeit fordert. Kümmern Sie sich nicht um Kamera-Anweisungen! Schreiben Sie das Buch, Szene für Szene, Einstellung für Einstellung.

Was ist eine Einstellung? Eine Einstellung ist das, was die Kamera sieht.

Szenen bestehen aus Einstellungen. Es kann sich dabei um eine einzelne Einstellung oder um eine Reihe verschiedener Einstellungen handeln. Wie viele und welcher Art ist unwichtig. Es gibt alle Arten von Einstellungen. Man kann zum Beispiel eine beschreibende Szene erfinden, etwa »die Sonne geht über den Bergen auf«. Der Regisseur kann dann eine, drei, fünf oder zehn verschiedene Einstellungen benutzen, um visuell die Erfahrung »Sonne geht über den Bergen auf« zu vermitteln.

Man kann eine Szene entweder in *allgemeinen (master shot)* oder in *präzisen Einstellungen (specific shot)* schreiben. Erstere beschreibt eine Umgebung: einen Raum, eine Straße, eine Hotelhalle. Eine präzise Einstellung verlangt einen bestimmten Teil eines Raums, etwa eine Tür oder ein bestimmtes Gebäude. Die Szenen in »Silver Streak« und in »Chinatown« sind in allgemeinen Einstellungen geschrieben.Wenn Sie eine Dialog-Szene in einer allgemeinen Einstellung schreiben wollen, genügt eine Angabe wie RESTAURANT – INNEN/NACHT. Dann läßt man seine Figuren reden, ohne sich weiter mit Kamera-Anweisungen oder Einstellungen aufzuhalten.

Wie allgemein oder wie präzise die Angaben sind, liegt im Ermessen jedes Autors. Eine Szene kann aus einer Einstellung bestehen – ein Auto, das eine Straße entlangrast – oder aus einer Reihe von Einstellungen – ein Paar an einer Straßenecke, das sich streitet. Eine Einstellung ist, was die Kamera sieht.

Das Wort Kamera kommt in modernen Drehbüchern nur selten vor, auf 120 Seiten *höchstens an die zehnmal*. Die Frage ist nun, wie man Einstellungen beschreibt, ohne das Wort Kamera zu strapazieren, wenn eine Einstellung laut Definition das ist, was die Kamera sieht. Die Regel lautet:

Finden Sie das Subjekt der Einstellung heraus! Was sieht die Kamera, was sehen die Augen in Ihrem Kopf? Was geschieht im Bild? Wenn Bill aus seinem Appartement kommt und zu seinem Auto geht, wer oder was ist dann das Subjekt der Einstellung?
Bill? Das Appartement? Das Auto?
Das Subjekt der Einstellung ist Bill.
Wenn Bill in sein Auto steigt und die Straße hinunterfährt, wer oder was ist dann das Subjekt der Einstellung?
Bill, das Auto oder die Straße?
Das Auto. Es sei denn, man will, daß die Szene *im* Auto spielt. Dazu müßte man aber schreiben: AUTO – INNEN/TAG und anmerken, ob es fährt oder steht.

Erst wenn das Subjekt der Einstellung gefunden ist, kann man die *sichtbare Aktion* innerhalb der Einstellung *beschreiben*. Werfen wir noch einmal einen Blick auf die Form des Drehbuchs:

(1) WÜSTE IN ARIZONA   AUSSEN/TAG

(2) Die gleißende Sonne versengt den Boden. Die Landschaft ist flach und öd. In der Ferne erhebt sich eine Staubwolke. Ein Jeep fährt über Land.

(3) FAHRT

Der Jeep kämpft sich zwischen Beifußgestrüpp
und Kakteen durch.

(4) JEEP INNEN – AUF JOE CHACO

(5) Joe fährt rücksichtslos. Neben ihm sitzt
JILL, eine attraktive junge Frau um die 20.

> *(6)* JILL
> *(7)* (schreit)

(8) Wie weit ist es noch?

> JOE

> Knapp 2 Stunden. Bist du o.k.?

(9) Sie lächelt müde.

> JILL

> Ich werd's schon schaffen.

(10) Plötzlich STOTTERT der Motor. Die beiden
schauen sich besorgt an.

(11) SCHNITT AUF: (...)

So einfach ist die korrekte, zeitgemäße und professionelle Form
eines Drehbuchs. Es gibt nur ein paar Regeln. Hier sind sie, Zeile
für Zeile:

Zeile 1 – Die allgemeine oder präzise *Ortsangabe*. Wir sind in der WÜSTE von ARIZONA, also AUSSEN. Es ist TAG.

Zeile 2 – Doppelter Zeilenabstand. Es folgt die *Beschreibung* von Leuten, Orten, von Aktionen mit einfachem Zeilenabstand, von Rand zu Rand. Beschreibungen von Charakteren oder Örtlichkeiten sollten nicht länger als ein paar Zeilen sein.

Zeile 3 – Doppelter Abstand. Die allgemeine Bezeichnung »Fahrt« weist auf eine Veränderung der *Kameraführung* hin. (Sie ist aber keine Anweisung, sondern stellt einen »Vorschlag« dar.)

Zeile 4 – Doppelter Abstand. Ein Wechsel von *draußen* nach *drinnen*, in das Fahrerhaus des Jeeps. Wir konzentrieren uns auf die Figur des Joe Chaco.

Zeile 5 – *Neu eingeführte Personen* werden immer mit Großbuchstaben geschrieben.

Zeile 6 – Die Figur, die *spricht*, wird großgeschrieben und in die Mitte der Seite gesetzt.

Zeile 7 – *Regieanweisungen* für die Schauspieler kommen in Klammern unter den Namen derjenigen Figur, die spricht. Einfacher Abstand. Regieanweisungen nur, wenn unbedingt nötig.

Zeile 8 – *Dialog* kommt in die Mitte der Seite. Die Figur, die spricht, bildet einen Block in der Mitte der Seite, umgeben von beschreibendem Text, der von Rand zu Rand reicht. *Mehrere* Zeilen Dialog werden immer mit einfachem Abstand getippt.

Zeile 9 – Regieanweisungen enthalten auch, was Figuren in der Szene *tun*, stumme und sonstige Reaktionen.

Zeile 10 – *Geräusche* und *Musikeffekte* werden immer in Großbuchstaben angezeigt.
Effekte sollte man sparsam setzen. Erst im letzten Schritt seiner Herstellung kommt ein Film in die Hände der Musik- und Effektspezialisten. Der Film ist dann eigentlich fertig, die Bildfolge festgelegt und nicht mehr zu ändern. Erst dann gehen die Speziali-

sten das Buch im Hinblick auf Musik- und Geräuscheffekte durch. Dabei kann der Drehbuchautor helfen, indem er passende Stellen in Großbuchstaben im Script markiert. Film besteht aus zwei Komponenten – den Bildern, die wir sehen und dem Ton, den wir hören. Der Bildteil ist fertig geschnitten, *erst dann wird Ton dazugemischt.* Insgesamt handelt es sich dabei um einen langen und aufwendigen Vorgang.

Zeile 11 – Um das *Ende einer Szene* anzuzeigen, schreibt man entweder SCHNITT (AUF) oder BLENDE (AUF). Dabei bedeutet Blende zwei ineinander übergehende Bilder; eines verschwindet, ein anderes erscheint. ABBLENDE bedeutet, daß ein Bild sich nach Schwarz hin auflöst (vgl. »Glossarium wichtiger Fachbegriffe«). Auch hier gilt, daß *optische Effekte* wie Blenden eigentlich *filmische Entscheidungen* sind, die vom *Regisseur* oder *im Schneideraum* getroffen werden. Sie sind letztlich keine Entscheidungen des Drehbuchautors.

Soviel zur Grundform des Drehbuchs. Für die meisten Leute ist es eine neue Form. Man sollte sich also Zeit nehmen zu lernen, wie man in dieser Form schreibt. *Haben Sie keine Angst, Fehler zu machen.* Es dauert etwas, bis man sich daran gewöhnt hat, und je öfter Sie es machen, desto leichter wird es. Manchmal lasse ich Studenten einfach zehn Seiten eines Drehbuchs schreiben oder tippen, bloß damit sie das Gefühl für die *Form* kriegen.

Schreiben Sie Ihr Drehbuch von Anfang an in der Drehbuch-Form. Es wird zu Ihrem Vorteil sein.

Der Aufbau des Drehbuchs

Wir kennen inzwischen die vier Grundelemente eines Drehbuchs: den Schluß, den Anfang, den Plot Point am Ende des 1. Akts und den Plot Point am Ende des 2. Akts. Diese vier Dinge brauchen Sie, bevor Sie auch nur ein Wort zu Papier bringen. Und jetzt? Wie stellen Sie es an, daß aus diesen Einzelteilen ein Drehbuch wird?
Werfen wir wieder einen Blick auf das Paradigma:

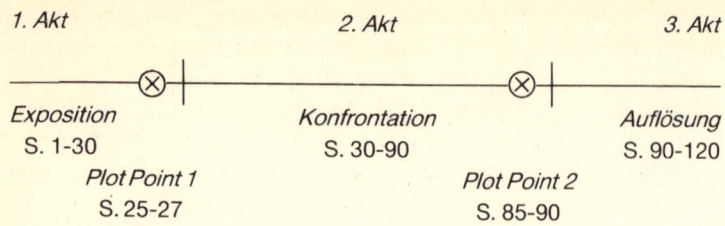

1.Akt, 2.Akt, 3.Akt, Anfang, Mitte, Schluß. Jeder Akt bildet eine Einheit der dramatischen Handlung.
Betrachten wir den 1.Akt:

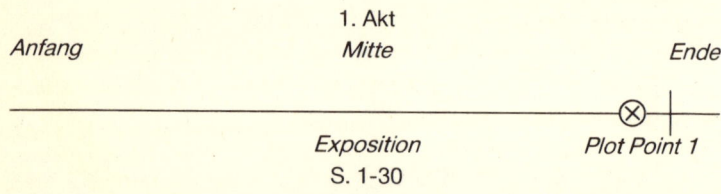

Der 1. Akt reicht von der *Eröffnung* bis zum *Plot Point* am Ende des 1.Akts. Es gibt also einen *Anfang des Anfangs*, eine *Mitte* des Anfangs und ein *Ende* des Anfangs. Er bildet eine selbständige Einheit dramatischer Handlung. Er ist etwa 30 Seiten lang, und zwischen Seite 25 und 27 taucht ein Plot Point auf, ein Vorfall oder ein Ereignis, das in die Handlung eingreift und ihr eine neue Wendung gibt.
Der dramatische Kontext des ersten Akts ist die sogenannte *Exposition*. Man hat also an die 30 Seiten zur Verfügung, um in die Geschichte einzuführen. Dazu muß man die *Hauptfigur* vorstellen, die dramatische Voraussetzung offenlegen und visuell wie dramatisch die Situation umreißen.
Jetzt zum 2. Akt:

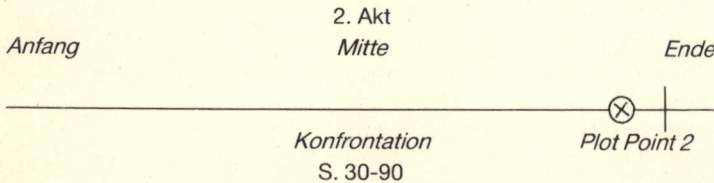

Der 2. Akt ist der Mittelteil des Drehbuchs. Er trägt den Hauptanteil der Handlung. Er reicht vom Anfang des 2.Akts bis zum Plot Point am Ende des 2.Akts. Auch der Mittelteil hat Anfang, Mitte und Ende, auch er bildet eine dramaturgische Einheit. Sein Umfang beträgt ungefähr 60 Seiten. Der Plot Point 2, der die Handlung auf den dritten Akt hinführt, liegt zwischen den Seiten 85-90.

Der dramatische Kontext ist *Konfrontation.* Die Hauptfigur stößt auf Hindernisse, die sie davon abhalten sollen, ihr Ziel zu erreichen. (Sobald das »innere Bedürfnis« einer Figur definiert ist, erfinde man Hindernisse. Drama ist Konflikt! Die Geschichte des Films ist die Geschichte des Helden, der allen Widrigkeiten zum Trotz sein Ziel erreicht.)

Der 3. Akt bringt den Schluß oder die Auflösung der Geschichte:

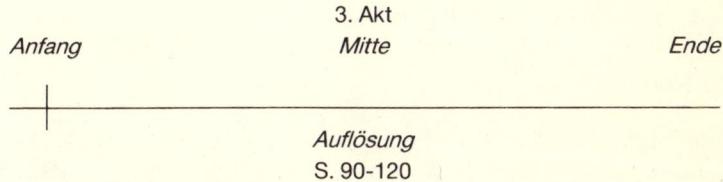

3. Akt

Anfang   Mitte   Ende

Auflösung
S. 90-120

Auch der Schluß hat Anfang, Mitte und Ende. Er ist ungefähr 30 Seiten lang. Der dramatische Kontext ist die *Auflösung* der Geschichte.

Jeder einzelne Akt wird vom *Aktanfang* auf die *Plot Points* am *Aktende* hin geschrieben. Das bedeutet, daß es eine *Zielrichtung* des Schreibens gibt, eine *Entwicklungslinie*, die vom Anfang eines Akts zum Plot Point hinführt. Die Plot Points am Ende des 1. und 2.Akts stellen gewissermaßen *Zielpunkte* dar.

Ein Drehbuch wird in Form von *dramaturgischen Einheiten* geschrieben: 1.Akt, 2.Akt, 3.Akt.
Zur Konstruktion der einzelnen Einheiten gibt es ein einfaches *Hilfsmittel:* Karteikarten.

Nehmen Sie ein Päckchen Karteikarten. Schreiben Sie die *Einfälle* zu jeder *Szene* oder *Sequenz* auf *jeweils eine* Karte.

105

Machen Sie sich *Notizen oder Stichworte dazu*, das hilft später beim Ausformulieren.

Beispiel: Eine Sequenz. Die Hauptfigur ist Patient in einem *Krankenhaus*. Die Sequenz umfaßt *mehrere Szenen*. Nehmen Sie *pro Szene eine Karteikarte:*
Ankunft im Krankenhaus.
Im Aufnahmebüro.
Untersuchung durch die Ärzte.
Laboruntersuchungen werden gemacht; verschiedene medizinische Tests, wie Röntgen, EKG oder EEG werden durchgeführt; Familienmitglieder oder Freunde besuchen ihn; Mitpatient im Krankenzimmer ist vielleicht jemand, den er nicht mag; der Arzt könnte den Fall mit Verwandten erörtern; Ihre Figur könnte auf der Intensivstation sein.
Das alles kann in ein paar Worten auf jeder Karte angegeben werden. Jede Beschreibung kann man zu einer Szene verarbeiten, alle innerhalb der mit Krankenhaus gekennzeichneten Sequenz.

Sie haben 30 Seiten für die Exposition Ihrer Geschichte. Die ersten *zehn* davon sind die schwersten. Auf den ersten zehn Seiten muß die Hauptfigur etabliert, die dramatische Voraussetzung geklärt und die Situation dargestellt werden.

Sie wissen bereits, wie das Buch anfängt. Sie kennen den Plot Point am Ende des ersten Akts, der entweder aus einer Szene oder einer Sequenz besteht, einem »Vorfall« oder einem »Ereignis«.

Damit haben Sie schon fünf bis zehn Seiten Ihres Drehbuchs. Es fehlen also noch etwa 20 Seiten, und der erste Akt ist fertig. Eigentlich nicht schlecht, wenn Sie bedenken, daß Sie immer noch *keine Zeile geschrieben* haben.
Jetzt wird es freilich ernst; Sie können mit dem 1. Akt beginnen.

Nehmen Sie Karteikarten. Notieren Sie auf jeder ein paar Stichworte pro Szene.
Wenn es eine *Büro-Sequenz* sein soll, schreiben Sie: BÜRO und

darunter, was dort geschieht: Unterschlagung von 250 000 \$ entdeckt.

Auf die nächste Karte: Krisensitzung der Spitzenmana- ger

Neue Karte: JOE als Hauptfigur einführen

Neue Karte: Die Medien erfahren davon

Neue Karte: Joe nervös, unsicher

Verwenden sie soviele Karten, wie Sie benötigen, um die Büro-Sequenz zu komplettieren.

Wie geht es weiter?

Nehmen Sie eine neue Karte und beschreiben Sie die nächste Szene: Joe wird von der Polizei vernommen.

Was geschieht dann?

Eine Szene: Joe, zuhause mit Familie.

Nächste Karte: Joe erhält einen Anruf. Er steht unter Verdacht.

Nächste Karte: Joe fährt zur Arbeit.

Nächste Karte: Joe kommt ins Büro, offensichtlich aufgeregt.

Weiter.

Joe wird erneut von der Polizei vernommen.

Eventuell dazu eine Szene: Die Medien versuchen, Joe auszuquetschen.

Nächste Karte: Seine Familie weiß, er ist unschuldig; sie steht voll hinter ihm.

Neue Karte: Joe beim Anwalt; es sieht nicht gut aus für ihn.

So bauen Sie Schritt für Schritt, Szene für Szene Ihre Geschichte aus und arbeiten auf den Plot Point am Ende des ersten Akts hin.

Es ist wie das Zusammensetzen eines Puzzles. Kann sein, Sie brauchen 8, 10, 14 oder mehr Karten für den 1.Akt. Sie haben jetzt den Verlauf der Handlung bis zum Plot Point hin vorgezeichnet.

Wenn Sie mit den Karten für den 1.Akt fertig sind, schauen Sie sich das *Ergebnis* genau an. Gehen Sie die Karten durch, *Szene für Szene*.. Tun Sie das *mehrmals*. Sie werden bald den Fluß der Handlung spüren.

Sie werden hier oder dort ein paar Worte *ändern*, um die

Geschichte besser lesbar zu machen. Werden Sie so *mit der Handlung vertraut*. Erzählen Sie sich selbst die Geschichte des 1.Akts, die Exposition.

Wenn Sie ein paar Extra-Karten dazuschreiben wollen, weil die Geschichte noch Lücken hat, tun Sie es. Es sind Ihre Karten. Benutzen Sie sie, um Ihre Geschichte daraus zu bauen, damit Sie immer wissen, wo es langgeht.

Befestigen Sie Ihre Karten der Reihe nach auf einem *Schwarzen Brett* oder an der *Wand* oder legen Sie sie auf dem *Boden* aus. Referieren Sie für sich die Geschichte vom Anfang bis zum Plot Point 1. Wiederholen Sie diesen Vorgang mehrmals, bis Sie sich die Geschichte so sehr zu eigen gemacht haben, daß Sie sie nahtlos in den kreativen Prozeß integrieren können.

Machen Sie das Gleiche beim 2.Akt. Steuern Sie den Plot Point am Ende des 2.Akts an. *Reihen Sie die Sequenzen aneinander.* Denken Sie daran, daß der dramatische Kontext des 2.Akts *Konfrontation* ist. Bewegt sich Ihre Figur mit einem klar formulierten Bedürfnis durch die Story? Denken Sie stets an *Hindernisse*, die Sie ihr in den Weg legen könnten, um dramatische Konflikte zu erzeugen.
Wenn Sie mit den Karten fertig sind, machen Sie dasselbe wie beim ersten Akt: Gehen Sie alle Karten durch, vom Anfang zum Plot Point. Assoziieren Sie frei dazu, lassen Sie den Ideen ihren Lauf, halten Sie sie auf Karteikarten fest und gehen Sie sie immer wieder durch.

Probieren Sie herum. Keine Angst vor Änderungen. »Diejenigen Sequenzen, die nicht funktionieren, bringen einen auf die richtigen«, sagte mir ein Kollege einmal. Ein wichtiges kreatives Prinzip und eine klassische Regel für den Film. Viele der besten filmischen Einfälle basieren auf reinem *Zufall*. Eine Szene, die beim Ausprobieren nicht funktioniert, weist den Weg zu einer, die klappt. Keine Angst vor Irrtümern!

Wieviel Zeit soll man sich für die Karten nehmen? Ungefähr eine Woche. Ich verwende einen ganzen Tag auf den *1.Akt*, etwa vier Stunden. Ich nehme mir für den *2.Akt* zwei Tage Zeit – den ersten für die erste Hälfte des 2.Akts, den zweiten für die zweite Hälfte des 2.Akts. Dann skizziere ich einen Tag lang den *3.Akt.* Danach kommen die Karten an das Schwarze Brett oder auf den Boden. Ich kann mit der Arbeit anfangen. Ich verwende ein paar Wochen darauf, die Karten immer wieder durchzugehen, bis ich die Story in - und auswendig kenne, mit ihrem Verlauf und den Charakteren genügend vertraut bin. Ich bringe etwa zwei bis vier Stunden pro Tag mit den Karten zu. Ich gehe die Geschichte Akt für Akt, Szene für Szene durch. Ich stelle die Karten um, probiere aus, tausche Szenen auch zwischen den Akten aus – eine aus dem ersten Akt kommt in den zweiten, eine aus dem zweiten Akt in den ersten.

Die Kartenmethode ist so flexibel, daß man endlos probieren kann, und sie funktioniert immer. Das System der Karteikarten schafft die größtmögliche Mobilität bei der Konstruktion des Drehbuchs.

Man geht die Karten immer wieder durch, bis man zu schreiben anfangen kann. Man spürt deutlich, wenn es soweit ist. Es ist ein ganz bestimmtes Gefühl.
Wenn Sie dieses Gefühl spüren, können Sie anfangen zu schreiben. Sie werde sich dann *sicher* fühlen innerhalb Ihrer Geschichte und *wissen, was Sie zu tun haben*. Vor Ihrem inneren Auge werden Bilder aus einzelnen Szenen auftauchen.

Ist das Karten-System die einzige Möglichkeit, Ihre Geschichte zu konstruieren? Nein. Es gibt verschiedene Organisationsformen. Manche Autoren machen sich einfach eine *Liste der einzelnen Szenen* und numerieren sie durch: (1)Bill im Büro; (2)Bill mit John in der Bar; (3)Bill sieht Jane; (4)Bill geht auf eine Party; (5)Bill trifft Jane; (6)Sie mögen sich und gehen miteinander weg.
Ein anderer Weg besteht darin, ein *Treatment* zu schreiben, also *eine zusammenfassende Übersicht der Geschichte in erzählender Form mit eingebauten Dialogstellen*. Ein Treatment kann zwischen vier und zwanzig Seiten lang sein. Länger kann nämlich kein Produzent lesen.

Egal, welche Methode Sie wählen, Sie kennen jetzt Ihre

Geschichte von Anfang bis Ende. Wenn Sie die Augen schließen, fangen die Bilder an zu laufen . . . Sie müssen es nur noch aufschreiben!

Zur Übung: Legen Sie Schluß, Anfang und die Plot Points des 1. und 2.Akts fest. Nehmen Sie Karteikarten (wenn Sie wollen, in verschiedenen Farben) und skizzieren Sie den Anfang Ihres Drehbuchs. Assoziieren Sie frei. Schreiben Sie alles auf die Karten, was Ihnen zu einer Szene einfällt. Konstruieren Sie die Geschichte auf den Plot Point hin. Experimentieren Sie mit den Karten. Es sind Ihre Karten. Finden Sie Ihre *eigene Methode* heraus. Wenn Sie lieber ein Treatment schreiben wollen, tun Sie es.

Das Schreiben des Drehbuchs

Das Schwierigste am Schreiben ist *zu wissen, was man schreiben soll.*

Ein Blick zurück auf den Weg, den wir gegangen sind. Hier ist das Paradigma:

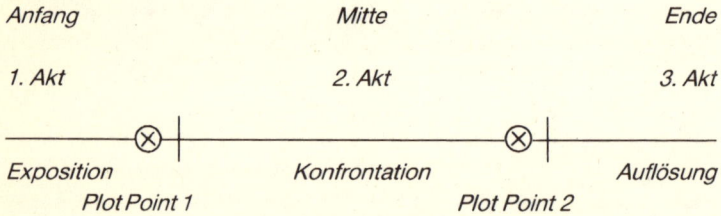

Anfang	Mitte	Ende
1. Akt	2. Akt	3. Akt

Exposition	Konfrontation	Auflösung
Plot Point 1	Plot Point 2	

Wir haben über den *Stoff* gesprochen – zum Beispiel drei Typen, die die Chase Manhattan Bank überfallen – und haben den Stoff auf *Handlung* und *Figuren* hin abgeklopft. Wir haben eine *Hauptfigur* gefunden, zwei *größere Rollen* festgelegt und ihre Aktionen auf das Ziel – den Bankraub – hin ausgerichtet. Wir haben über die Auswahl von *Ende, Anfang* und *Plot Points* gesprochen, zuletzt auch über den *Aufbau des Drehbuchs* mit Hilfe von Karteikarten. Wir wissen, in welche *Richtung* die Geschichte läuft. Schauen Sie auf das Paradigma.

Wir wissen, was wir schreiben sollen. Wir haben die Vorarbeiten zum Schreiben eines Drehbuchs in jeder Hinsicht geleistet. Wir können jetzt *die Elemente* einer Geschichte auswählen, die in das Paradigma der Drehbuch-Form passen.

Alles, was noch zu tun bleibt, ist das Schreiben selbst. Drehbuchschreiben ist ein erstaunliches, fast mysteriöses Phänomen. Heute ist man ganz oben, morgen total unten, verloren in Konfusion und Unsicherheit. Was heute funktioniert, geht morgen schief; niemand weiß warum oder wieso. Der kreative Prozeß entzieht sich der Analyse. Er ist magisch und wundersam.

Alles, was jemals über die Erfahrung des Schreibens gesagt oder niedergeschrieben wurde, läuft im Endeffekt auf das eine hinaus: Schreiben ist die ureigene, persönliche Erfahrung des Autors.

Am Herstellungsprozeß eines Films sind *viele* Leute beteiligt, aber der einzige, der sich *allein* vor ein leeres Blatt hinsetzen muß, ist der Drehbuchautor.

Schreiben ist harte Arbeit. Tag für Tag an der Schreibmaschine, Tag für Tag Worte aufs Papier bringen, das kostet nicht zuletzt Zeit.

Um schreiben zu können, müssen Sie Zeit haben. Wieviele Stunden am Tag? Das hängt von Ihnen ab.

Ich schreibe ungefähr vier Stunden pro Tag, fünf Tage pro Woche. John Milius schreibt eine Stunde am Tag, sieben Tage die Woche, abends zwischen fünf und sechs Uhr. Sterling Silliphant, der Autor von »Towering Inferno«, schreibt manchmal zwölf Stunden täglich. Paul Schrader trägt eine Story monatelang im Kopf herum, erzählt sie allen möglichen Leuten, bis er sie ganz genau weiß, dann nimmt er einen Anlauf und schreibt sie in etwa zwei Wochen nieder. Danach verwendet er Wochen darauf, die Geschichte auszufeilen und hieb- und stichfest zu machen.

Man braucht durchschnittlich zwei bis drei Stunden am Tag zum Schreiben. Überprüfen Sie Ihren Zeitvorrat. Experimentieren Sie, um die *optimale Tageszeit* herauszufinden.

Wenn Sie *berufstätig* sind oder für *Heim und Familie* zu sorgen haben, ist Ihre Zeit begrenzt. Sie werden die beste Zeit zum Schreiben finden müssen. Sind Sie jemand, der morgens am besten arbeitet? Oder dauert es bis zum frühen Nachmittag, bis

Sie hellwach und munter sind? Spät in der Nacht könnte eine gute Zeit sein. Finden Sie es heraus.

Vielleicht stehen Sie auf und schreiben ein paar Stunden, bevor Sie zur Arbeit gehen; oder Sie kommen heim von der Arbeit, entspannen sich und schreiben dann einige Stunden. Vielleicht wollen Sie nachts arbeiten, so um 10 oder 11 Uhr, oder Sie gehen früh zu Bett und wachen gegen 4 Uhr morgens auf und schreiben. Wenn Sie Hausfrau sind und eine Familie haben, wollen Sie vielleicht schreiben, wenn alle aus dem Haus sind, spät am Morgen oder früh am Nachmittag.

Sie richten es sich ein, wann Sie zwei oder drei Stunden für sich haben, am Tag oder nachts. Und ein paar Stunden allein sind ein paar Stunden *allein*. Kein Telephon, keine Freundinnen zum Kaffee, kein leeres Geschwätz, keine Hausarbeit, keine Anforderungen von Ehemännern, Frauen, Liebhabern oder Kindern.

Sie brauchen zwei oder drei Stunden allein, *ohne Unterbrechung*. Es kann eine zeitlang dauern, bis Sie die richtige Zeit finden. Gut. Experimentieren Sie, um die optimale Arbeitszeit herauszufinden.

Schreiben ist tagtägliche Arbeit – Einstellung um Einstellung, Szene um Szene, Seite für Seite, Tag für Tag. Am besten setzt man sich Nahziele.

Drei Seiten pro Tag sind vernünftig und realistisch. Das sind fast 1000 Wörter am Tag. Bei einem Drehbuch von 120 Seiten Länge und einer Fünftagewoche wären das *40 Arbeitstage für den ersten Entwurf*, also etwa sechs Wochen. Es wird Tage geben, an denen man zehn Seiten schafft, an manchen sechs, es sollten aber im Durchschnitt mindestens drei pro Tag sein.

Legen Sie einen Zeitplan fest: 10.30 bis 12.00 Uhr; 20.00 bis 22.00 Uhr, wie auch immer. Ein Zeitplan fördert die Selbstdisziplin.

Setzen sie fest, *wieviele Tage* Sie schreiben werden. Wenn Sie berufstätig sind, Schüler, oder in einer Ehe oder Beziehung leben, können Sie nicht erwarten, ein Drehbuch nebenbei an ein oder zwei Tagen pro Woche zu schreiben. Auf diese Weise geht kreative Energie verloren. Sie müssen sich klar auf Ihr Drehbuch konzentrieren. Sie brauchen *mindestens vier Tage pro Woche.* Nach all diesen Vorbereitungen kommt der Tag, an dem man sich hinsetzt, um anzufangen.

Das erste Gefühl wird sein: Widerwille. Kaum steht auf dem Papier
AUFBLENDE
STRASSE   AUSSEN/TAG
werden Sie plötzlich ein unwiderstehliches Bedürfnis verspüren, Ihren Bleistift zu spitzen oder Ihren Schreibtisch aufzuräumen. Sie werden einen triftigen *Grund* oder eine *Ausrede* finden, nicht zu schreiben. Das ist Widerwille.

Schreiben ist eine Erfahrung, ein Lernprozeß, der *Übung* und *Koordination* erfordert, beides Fähigkeiten, die gelernt sein wollen – wie Radfahren, Schwimmen, Tanzen oder Tennisspielen. Je ausdauernder man ist, desto besser wird man.
Nicht anders beim Schreiben. Es wird sich Widerwille einstellen, meistens so, daß man es selber gar nicht merkt.
Mich erwischt es häufig auf die Weise, daß ich mich zum Schreiben hinsetze und auf einmal die Idee zu einem *anderen* Drehbuch kriege. Eine *wesentlich bessere* Idee, so originell, so aufregend, daß ich mich wundere, warum ich mich ausgerechnet mit *dem Buch da* abgebe.
Es kann durchaus vorkommen, daß Ihnen *zwei oder drei* »bessere Ideen« kommen. Das ist nicht selten. Es kann eine großartige Idee sein, doch sie signalisiert Widerwillen! Wenn sie wirklich so gut ist, wird sie nicht untergehen.
Notieren Sie sie auf ein oder zwei Seiten und *legen Sie sie ab.* Denn falls Sie sich entscheiden, der »neuen« Idee nachzugehen und das alte Projekt aufzugeben, werden Sie dasselbe nochmal erleben; wenn Sie sich zum Schreiben hinsetzen, fällt Ihnen eine andere neue Idee ein, und so weiter und so weiter. Es ist nichts als Widerwille, eine *Vermeidungsstrategie* des Gehirns, um nicht schreiben zu müssen. Wir alle sind Meister in solchen Ausflüchten, die nichts anderes darstellen als Barrieren gegen den kreativen Prozeß.
Und wie geht man damit um? Ganz einfach. Man läßt es ruhig und gefaßt geschehen. Es ist nichts Besonderes. Man muß

es nur als das erkennen, was es wirklich ist, nämlich *Wider-wille*.

Keine Selbstanklage, keine Schuldgefühle, keine Strafmaß-nahmen – vor allem aber nicht so tun, als ob er gar nicht da wäre. Er ist da! Wenn Sie sich Ihren Widerwillen erst einmal *bewußt gemacht* haben, sind Sie wirklich in der Lage, mit dem Schrei-ben anzufangen.

Die ersten zehn Seiten sind am schlimmsten. Das Schreiben wird Ihnen furchtbar schwerfallen, und das Ergebnis wird aller Wahrscheinlichkeit nach nicht besonders erfreulich sein. Macht nichts!
Es wird Leute geben, die an diesem Punkt aufhören und im Brustton der Überzeugung verkünden werden: »Ich hab's ja schon immer gewußt, ich kann einfach nicht schreiben.«
Schreiben ist stufenweises Lernen – je mehr man schreibt, desto leichter fällt es.

Am Anfang wird es vermutlich mit dem Dialog hapern. Es hilft vielleicht, sich daran zu erinnern, daß Dialog eine *Funktion von Figuren* darstellt. Der *Zweck* des Dialogs ist folgender:
– er treibt die Handlung voran,
– er vermittelt Fakten und Informationen,
– er enthüllt Charakterzüge,
– er stellt Beziehungen zwischen Figuren her,
– er macht Ihre Figuren lebendig, natürlich und spontan,
– er deckt Konflikte innerhalb der Geschichte und der Figuren auf,
– er zeigt das Gefühlsleben Ihrer Figuren und
– er kommentiert die Aktionen.
Erste Versuche werden vermutlich gespreizt, klischeehaft, frag-mentarisch und gewollt wirken. Dialoge schreiben ist wie Schwimmen lernen; Sie werden herumstrampeln, aber je mehr Sie tun, desto leichter wird es. Es wird 25 oder auch 50 Seiten dauern, bis die Figuren anfangen, mit dem Autor zu reden. Aber sie *werden* anfangen, mit Ihnen zu reden. Keine Angst vor Dialo-gen. *Einfach weiterschreiben.* Dialoge können immer nachträg-lich verbessert werden.

Warten Sie nicht auf »Inspiration«! Inspiration bemißt sich in Augenblicken, ein paar Minuten oder Stunden. Schreiben aber zieht sich wochen- und monatelang hin.

Ein Drehbuch zu schreiben dauert vielleicht 100 Tage, und wer sich 10 davon »inspiriert« fühlt, kann sich glücklich preisen. 100 oder auch nur 25 Tage »Inspiration« gibt es nicht.

Schreiben heißt regelmäßig schreiben, zwei bis drei Stunden pro Tag, drei bis vier Tage in der Woche, drei Seiten pro Tag, zehn Seiten pro Woche, Einstellung für Einstellung, Szene für Szene, Seite für Seite, Sequenz für Sequenz und Akt für Akt.

Wenn Sie sich innerhalb des Paradigmas befinden, sehen Sie es nicht mehr vor sich. Das Kartensystem ist Ihre Landkarte und Ihr Wegweiser, die Plot Points sind die Markierungen, bis Sie endlich die Wüste durchquert haben und den Schluß wie eine Oase vor sich sehen.

Das Gute an den Karten ist, daß man sie einfach vergessen kann. Sobald man *schreibt,* haben sie ihren Zweck eigentlich erfüllt. Wenn Sie an der Schreibmaschine sitzen, werden Sie plötzlich eine *neue* Szene entdecken, die viel besser paßt oder die man übersehen hat. Kein Problem: einbauen!

Die Karten haben Sie sich durch das anhaltende Studium so sehr angeeignet, daß ein paar ausgewechselte Szenen keine Rolle spielen werden. Hauptsache, die *Richtung* stimmt. Wenn Sie die *Karten entwerfen,* dann entwerfen Sie die Karten und wenn Sie *schreiben,* dann schreiben Sie. Kleben Sie nicht stur an den Karten. Wenn Ihnen unterm Schreiben etwas Besseres einfällt, wenn die Story dadurch flüssiger erzählt werden kann, dann schreiben Sie es hin.

Bleiben Sie dran. Seite für Seite, Tag für Tag. Im Prozeß des Schreibens werden Sie Dinge *über sich erfahren,* von denen Sie bisher keine Ahnung hatten. Wenn Sie zum Beispiel über ein persönliches Erlebnis schreiben, können Sie die Gefühle von damals wiedererleben. Das kann emotional so sehr verunsichern, daß Sie sich vorkommen wie auf einer Psycho-Achterbahn. Kümmern Sie sich nicht darum. Schreiben Sie weiter.

Beim ersten Entwurf Ihres Drehbuchs werden Sie *drei Phasen* durchlaufen:

Die erste Phase ist, die »Wörter aufs Papier zu bringen«, der Vorgang des *Niederschreibens* also. Wenn Sie Zweifel haben, ob Sie eine Szene hinschreiben sollen oder nicht, schreiben Sie sie hin.

Im Zweifelsfall schreiben, heißt die Regel. Wenn Sie anfangen, sich zu zensieren, sind Sie unter Umständen schon nach 90 Seiten am Schluß des Buchs angelangt, und das ist zu kurz. Dann müssen Sie *Szenen in eine straffe Struktur einfügen,* um die nötige Länge zu schaffen, und das ist schwer. Es ist entschieden einfacher, Szenen zu *streichen*, als einem durchstrukturierten Drehbuch neue hinzuzufügen.

Schreiben Sie immer mit Blick nach vorn. Wenn Sie eine Szene geschrieben haben und dann zurückgehen, um sie zu feilen und zu polieren, bemerken Sie möglicherweise, daß Sie auf Seite 60 den Faden verloren haben und geben auf. Das ist schon vielen Autoren passiert. Heben Sie sich alle *größeren* Korrekturen für den *zweiten* Durchgang auf.

Der »kreative Grabscher«. Es wird Situationen geben, wo Sie nicht wissen, wie eine Szene anfangen soll oder wie es weitergeht. Sie kennen die Szene aus den Karteikarten, finden aber keinen visuellen Einstieg.
Fragen Sie sich ganz einfach: »Was geschieht als nächstes?« Sie werden die Antwort erhalten. Sie steckt meistens im *ersten* Gedanken, der Ihnen durch den Kopf schießt. Halten Sie ihn fest und bringen sie ihn sofort zu Papier. Ich nenne das den »kreativen Grabscher«, weil Sie schnell genug sein müssen, ihn zu »fangen« und hinzuschreiben.

Oft werden Sie in Versuchung sein, diese erste Idee zu »verbessern«. Wenn Ihr erster Gedanke ist, die Szene in einem Auto spielen zu lassen, das die Hauptstraße hinunter fährt, und Sie entschließen sich, einen Spaziergang auf dem Land oder am Strand daraus zu machen, werden Sie dabei kreative Energie verlieren. Wenn Sie es zu häufig versuchen, wird Ihr Buch gekünstelt wirken und nicht funktionieren.

Es gibt nur ein Kriterium, wenn Sie schreiben, und das heißt nicht »Ist es gut?« oder »Ist es schlecht?«, sondern: *»Funktioniert es?«.*

Stimmt die Szene oder stimmt sie nicht? Wenn nicht, raus damit. Wenn ja, lassen Sie sie drin, egal, was irgend jemand dazu meint. Falls Sie Ein- oder Ausstiegsschwierigkeiten bei einer Szene haben, lassen Sie Ihren Gedanken freien Lauf. Haben Sie Selbstvertrauen, die Antwort wird sich finden. Wenn *Sie* ein Problem erfunden haben, sollten *Sie* auch in der Lage sein, es zu lösen.

Wenn Sie hängenbleiben, ziehen Sie sich auf die *Personen* zurück. Forschen Sie in ihren Charakterbiographien nach, *wie sie in dieser Situation agieren würden.* Es mag stunden-, tage- oder wochenlang dauern, aber Sie werden die Antwort erhalten, erfahrungsgemäß dann, wenn Sie es am wenigsten erwarten. Stellen Sie sich immer wieder die Frage: »Was muß ich tun, um dieses Problem zu lösen?« Denken Sie ständig daran, vor allem vor dem Schlafengehen. Beschäftigen Sie sich damit. Die Antwort wird kommen. *Schreiben ist die Fähigkeit, sich selbst Fragen zu stellen und Antworten darauf zu erhalten.*

Manchmal werden Sie mitten in einer Szene nicht wissen, wie es weitergehen soll oder wonach Sie suchen sollen, damit sie funktioniert. Sie kennen den Kontext, aber nicht den Inhalt. Sie werden die Szene fünfmal schreiben, jedesmal unter einem anderen Gesichtspunkt, und Sie werden nach diesen fünf Versuchen vielleicht eine Zeile finden, die den Schlüssel für die Weiterarbeit liefert. Sie werden dann die Szene noch einmal schreiben und sich an diese Zeile klammern wie an einen Rettungsring und unter Umständen eine dynamische und spontane Szene zustandebringen. Sie müssen sich einfach trainieren.
Etwa zwischen Seite 80 und 90 bahnt sich die Auflösung an.

Das Drehbuch schreibt sich ab jetzt buchstäblich von selbst. Sie werden sich vorkommen wie ein Medium, das nur seine Zeit zur Verfügung stellt, damit das Buch sich fertigschreiben kann. Mehr haben Sie gar nicht zu tun.
Für den ersten Entwurf werden Sie zwischen sechs und acht Wochen brauchen.

Jetzt beginnt die zweite Phase: Werfen Sie einen kalten, harten, objektiven Blick auf Ihr Drehbuch. Damit kommt eine mechanische und mitnichten inspirierende Arbeit auf Sie zu.

Sie streichen die 180 bis 200 Seiten, die Sie gerade geschrieben haben, auf 130 bis 140 Seiten zusammen. Sie werden Szenen *streichen,* neue *hinzuschreiben,* andere *überarbeiten* und überhaupt *alle Veränderungen vornehmen,* die nötig sind, um ein *brauchbares* Drehbuch zu erhalten. Das wird bis zu drei Wochen dauern. Wenn Sie damit fertig sind, werden Sie sehen, was Sie zustandegebracht haben.

In der dritten Phase der Arbeit am ersten Entwurf, wird die Geschichte erst richtig geschrieben. Sie *feilen, setzen Akzente, schreiben sie um,* bringen sie auf die *richtige Länge* und *erwekken sie zum Leben.* Sie stehen jetzt über den Dingen, *außerhalb des Paradigmas* und können klar sehen, was Sie verbessern müssen. In dieser Phase kann es vorkommen, daß Sie eine Szene *bis zu zehnmal umschreiben*, bis sie endlich paßt.

Eine oder zwei Szenen, die nicht so funktionieren, wie Sie es gerne hätten, wird es immer geben, egal wie oft Sie sie schreiben. *Sie* wissen genau, diese Szenen funktionieren nicht, aber der *Lektor* wird es nie erfahren. Er liest im Hinblick auf die *Story* und auf die *Ausführung*, nicht auf den *Inhalt* hin.
Ich habe ein Drehbuch immer in 40 Minuten gelesen und es dabei *im Kopf gesehen.* Stil und Inhalt waren mir dabei nicht so wichtig. Kümmern Sie sich nicht um die paar Szenen, die nicht gut kommen. Lassen Sie sie so.

Ihre ausgesprochenen Lieblingsszenen, jene cleveren, witzigen, geistsprühenden Miniaturen aus Aktion und Dialog, werden – das entdecken Sie in dieser Phase – vermutlich wegfallen, damit das Drehbuch eine praktikable Länge behält. Sie werden natürlich versuchen, sie um jeden Preis zu halten – es handelt sich schließlich um Ihr Bestes – doch auf lange Sicht werden Sie tun müssen, was *für Ihr Drehbuch* am besten ist.
Ich habe einen Ordner für »beste Szenen«, in dem ich die »besten« Sachen ablege, die ich jemals geschrieben habe. Ich mußte sie streichen, um das Drehbuch zu straffen.

Sie müssen lernen, rücksichtslos zu sein, wenn Sie ein Drehbuch schreiben. Manchmal werden Sie Dinge streichen müssen, die zum Besten gehören, was Sie je geschrieben haben – weil sie nicht funktionieren. Wenn Szenen soviel *Eigenständigkeit* entwickeln, daß sie zuviel *Aufmerksamkeit* auf sich ziehen, *behindern* sie möglicherweise den *Lauf der Handlung*. Szenen freilich, die herausragen *und* funktioneren, sind etwas anderes. Das sind die Szenen, die man sich merkt.

Markenzeichen mit Wiedererkennungseffekt. Jeder gute Film hat eine oder gar zwei Szenen, an die sich die Leute erinnern. Solche Szenen funktionieren aber auch im dramaturgischen Kontext der Geschichte.
Wenn Sie im Zweifel sind, ob Ihre Lieblingsszenen funktionieren, wird vermutlich das Gegenteil der Fall sein. Wenn Sie über eine Szene nachdenken, sie gar in Frage stellen müssen, bedeutet das, daß sie wahrscheinlich mißlungen ist. Eine gelungene Szene werden Sie auf Anhieb erkennen. Haben Sie Selbstvertrauen.

Je mehr Sie schreiben, desto leichter fällt es. Bleiben Sie dran. Schreiben Sie Tag für Tag, Seite für Seite.

10 oder 15 Seiten vor Schluß, wenn Sie fast durch sind, merken Sie vielleicht, daß Sie »durchhängen«. Sie schreiben vier Tage an einer Szene oder einer Seite und fühlen sich matt und lustlos. Das ist nur natürlich. Sie wollen nämlich noch gar nicht aufhören. Lassen Sie es laufen, wie es läuft. Machen Sie sich nur bewußt, daß Sie »durchhängen«. Geben Sie nach. Eines schönen Tages werden Sie doch schreiben:
ABBLENDE

ENDE

Dann sind Sie fertig und Ihr Drehbuch auch. Zuerst werden Sie Genugtuung und Erleichterung verspüren. Ein paar Tage später werden Sie sich mies fühlen, Depressionen haben und nicht wissen, was Sie mit Ihrer Zeit anfangen sollen. Vielleicht werden Sie unheimlich viel schlafen. Alle Energie ist verschwunden.
Ich nenne das die »*Kindbett-Blues*«*-Phase*. Es ist, wie wenn man ein Kind zur Welt gebracht hat. Man hat eine geraume Zeit an

einer Sache gearbeitet. Sie ist Bestandteil der eigenen Person geworden. Man ist mit dem Gedanken an sie aufgestanden und schlaflos ins Bett gesunken. Und jetzt ist es vorbei. Natürlich ist man da deprimiert.

Aber: Das *Ende* einer Sache ist immer der *Anfang* einer anderen. Schlüsse und Anfänge, stimmt's?

Das alles gehört zur Erfahrung des Drehbuchschreibens.

Teil 2

Sytze van der Laan

Tips für Anfänger

Was brauchen Sie, um Ihrem Ziel, Autor zu werden, ein paar Schritte näher zu kommen? Es sind vor allem interessante Figuren in einer guten Geschichte, die erfolgreich verkauft wird, und Branchenkenntnisse.

Vorrangig sind da die Figuren und die Geschichte. Was vor allem zählt, ist ein grundsätzliches Interesse an Ihren Mitmenschen, der nicht zu bremsende Drang, von ihnen zu erzählen und natürlich Talent. Ich möchte in diesem Artikel auf *drei Themenbereiche* eingehen, wie Sie sich durch gutes Handwerk eindeutig verbessern können:

1. Die Art, wie Sie diese Figuren und Geschichten erzählen, und
2. wie sie sich verkaufen lassen, und
3. wie Sie ihre Arbeit organisieren.

1. »Eine Geschichte ist eine Erzählung, von der der Zuschauer wissen will, wie es weiter geht« (Bill Buford). In der heutigen Medienlandschaft bewegen sich Autoren zwischen zwei grundsätzlich unterschiedlichen Positionen. Einerseits sehen sie sich als Künstler (oder werden als solche gesehen), die ihre ganz persönliche Aussage einem (hoffentlich) interessierten Publikum kundtun. Andererseits gelten sie (oder sind sie) Lieferanten für Bilder-Ware, die möglichst viele Zuschauer bis zum nächsten Werbeblock locken sollen. Daily Soap hin oder Grimme-Preis her: Zum Glück bietet das deutsche Fernsehen und Kino alle Möglichkeiten, sich zwischen diesen beiden Polen zu bewegen und sie vielleicht in besonders glücklichen Fällen zu vereinen.

Denn um Bewegung geht es. Wir, die deutschen Produzenten und Autoren, stellen Film her: bewegte, und hoffentlich bewegende Bilder, die, wenn sie Kunst und/oder Kommerz bedienen sollen, die Zuschauer wie auch immer befriedigen müssen – sei es durch ein Happy End oder durch ein trauriges, aber immerhin befriedigendes Ende.

Wie gewinne ich die Zuschauer für meine Geschichte? Die Antwort ist eigentlich relativ einfach: dadurch, daß ich sie neugierig mache. Die beste Definition einer Geschichte ist m.E. daher die oben zitierte: »Eine Geschichte ist eine Erzählung, von der der Zuschauer wissen will, wie es weiter geht.« Ob ich nun die Geschichte eines mißbrauchten Mädchens erzähle, das letztendlich verzweifelt Selbstmord begeht, oder ob ich täglich die Beziehungsrituale einer Gruppe Jugendlicher zeige: Der Zuschauer muß neugierig gemacht werden, wie es weitergeht, sonst sind alle Mühe und alles Geld umsonst gewesen.

Alles, was der Autor im Vorfeld unternimmt, soll diesem Ziel dienen: den Leser, den Redakteur, den Produzenten, den Zuschauer neugierig darauf zu machen, wie es mit der Hauptfigur weitergeht.

Die Struktur kann Ihnen dabei eine Hilfe sein, aber lassen Sie sich von ihr nicht täuschen! Wenn Sie aus der Lektüre dieses Buches den Eindruck gewonnen haben, die Struktur sei alles, dann haben Sie sich gewaltig geirrt.

Die Struktur dient nur dazu, Sie zu befreien von der gewaltigen Last, sich ständig mit der Grundkonzeption beschäftigen zu müssen. Der Betrachter eines faszinierenden Gebäudes sieht nicht das Fundament, sondern die Fassade – das ist es, was ihn wirklich fasziniert. Genauso ist es mit den Figuren in einer Geschichte: Sie agieren auf der Basis einer Struktur (die Gliederung in Akte und Sequenzen). Keine Struktur kann aber über langweilige Charaktere hinwegtäuschen, während wir einer Geschichte mit faszinierenden Menschen eine schlechte Konstruktion verzeihen.

Was bedeutet dies für die Ideenfindung und die Schaffung einer Figur?

Meistens sind die besten Ideen einfach. Ob es sich um eine Genrevariation (ein gewalttätiger Polizist ist gezwungen, den Pazifisten zu mimen – »Der letzte Zeuge«), eine verrückte Idee (ein Alien frißt eine einsame Crew – »In space, no one can hear you scream ...«) oder um Sozialrealismus handelt (eine Frau wird von ihrem Ehemann vergewaltigt und startet ihre eigene Karriere – »Eine ungehorsame Frau«): All diese Geschichten erzählen uns in der Palette ihrer Gefühle und Schicksale etwas über unser eigenes Leben.

Die allgemeine Empfehlung kann daher nur lauten: *Schreiben Sie über etwas, das Sie persönlich interessiert.* Das hört sich komisch an, aber es werden unentwegt Ideen eingereicht, von denen man direkt spürt, daß der Autor nicht den entferntesten Bezug zu ihnen hat. Weshalb soll der Zuschauer ihn dann haben? Erzählen Sie lieber eine einfache Liebesgeschichte als eine Verschwörungstheorie – mit letzterer haben Sie in aller Wahrscheinlichkeit eh' nichts zu tun gehabt. Schöpfen Sie aus Ihren eigenen Erfahrungen – der Zuschauer wird sie erkennen und sich identifizieren. Je detaillierter Sie werden, umso größer die Identifikation.

Die Figur: einfacher Plot, komplexer Charakter. Nicht die ausgetüftelte Geschichte bringt es, sondern die Tiefe der Gefühle. Wir fiebern mit der Hauptfigur in »Ganz oder gar nicht« (ein Arbeitsloser, ein Verlierer!) mit, weil er unbedingt das Geld, das er von seinem Sohn geliehen hat, zurück verdienen will. Alles andere ist Nebensache. Jack Lemmon in »Das Apartment« will die Karriere, ihm ist aber nicht bewußt, daß er eigentlich Liebe braucht. Wissen Sie noch, wie die Geschichte in »Die drei Tage des Condors« oder »Die üblichen Verdächtigen« ging? Aber Meg Ryans Orgasmus-Szene in »Harry und Sally« oder Armin Rohdes ›Bierchen‹ in »Kleine Haie« werden wir nicht so schnell vergessen!

Achten Sie mal darauf, worüber die Zuschauer beim Verlassen des Kinosaals reden: fast immer darüber, welche Figur ihnen am besten gefallen hat oder was der Film aussagen wollte. Die *Charaktere* bestimmen über Scheitern oder Erfolg Ihrer Geschichte.

Weltanschauung der Figuren. Das Wichtigste ist, daß Ihre Figuren eine Haltung, eine Sicht auf die Welt haben. Nur deswegen sind »Ekel Alfred« (Konflikte mit Ausländern und Frauen) oder sogar der Alien »Alf« (Konflikte mit Katzen) zu Klassikern geworden: weil wir ihre Sicht auf die Welt kennen und weil wir uns über Situationen freuen, in denen sie diese Sicht loswerden können. Ohne Weltanschauung gibt es keine Geschichte! Und es braucht wirklich keine Dialoge: In »Der letzte Mann« wird Emil Jannings Weltanschauung nur über sein Portierkostüm transportiert. Dieses eine Bild reicht für seinen Untergang!

2. »**Of course it's art, but it's commercial art**« (Harry Cohn, Gründer der Columbia-Studios). In einer idealen Welt müßte es eigentlich egal sein, wie Sie Ihre Stoffe präsentieren – Hauptsache, der Funke springt über. Leider sieht die Wirklichkeit etwas anders aus. In der Praxis haben Sie nämlich nur zwei Möglichkeiten, Ihre Ideen loszuwerden: bei *Sendern* oder bei *Produzenten.*

Beide ›Festungen‹ haben sich mit Schutzwällen aus Azubis, Assistenten und Sekretariaten umringt, in der Hoffnung, die weniger Festentschlossenen schon im Vorfeld auszusortieren. Oft erfolgreich. Wenn Sie, die Sie zu den Hartnäckigen gehören, diese Hürde geschafft haben, erwartet Sie gleich die nächste Prüfung: die Lektoren. Lektoren haben den Auftrag, die Stoffe auf Sender- oder Kinotauglichkeit zu überprüfen und ihren Arbeitgebern (Sender, Produzenten) eine Menge Zeit zu sparen (vgl. Andrea Hanke »Der Lektor«).

Leider ist es so wie bei jedem Bewerbungsbrief (was Ihre Stoff-Präsentation letztendlich ist), daß die Form hier sehr wohl einen ersten Eindruck vermittelt, und der sollte sein: Der Autor weiß, wovon er spricht. Das bedeutet: Die Form entspricht branchenüblichen Standards.

Branchenübliche Standards bedeutet (alles schon passiert!):
– Laden Sie keine Schuhkartons mit *unausgegorenen und unzusammenhängenden* Ideen ab.
– *Werfen Sie nicht mit akademischen Titeln um sich.* In dieser Branche der (erfolgreichen!) Seiteneinsteiger sind sie keine Empfehlung. Auch eine Auflistung von teils obskuren Kursen bringt nichts, denn wenn Ihre Idee überzeugt, brauchen Sie dies alles gar nicht mehr.
– *Bieten Sie keine Überlängen an.* Ihr ›Gegner‹ (der Lektor, Produzent, Sender) soll zum ›Partner‹ werden. Da hilft es zu wissen, daß Redakteure und Produzenten standesgemäß wenigstens behaupten müssen, keine Zeit zu haben; es gehört einfach zu ihrem Selbstbild. Unverlangt eingesandte Drehbücher von

über 150 Seiten werden daher nie mit der gleichen Aufmerksamkeit gelesen wie prägnant formulierte Vorschläge.

- *Die Rechte an Ihren Ideen sind nicht zu schützen,* auch wenn andere das behaupten mögen. Außerdem war auch Ihre Idee schon mal da. *Verlangen Sie daher keine schriftliche Voraberklärung,* daß Ihre Ideen nicht geklaut werden. Ihre Stoffe werden dann ungelesen zurückgeschickt, und Sie kommen nie weiter. Die größte Chance, die Sie haben, ist, daß es immer einen Riesenmangel an guten Stoffen gibt. Wenn Ihr Stoff wirklich gut ist, sind Sie mit an Sicherheit grenzender Wahrscheinlichkeit im Geschäft.
- *Geben Sie Sendern/Produzenten einen Monat Zeit.* Danach können Sie schriftlich um eine Reaktion oder die Zurücksendung des Stoffes bitten. Je früher Sie sich melden, um so kleiner die Chancen, gelesen zu werden.
- *Passen Sie Ihre Wünsche Ihrem Erfahrungsstand an.* Anfänger, die auch noch Regie (natürlich für einen Kinofilm, und nichts anderes) machen wollen, werden einen sehr viel schwereren Stand haben als Autoren, die sich einen erfahrenen Produzenten suchen, der bewiesen hat, daß er oder sie gute Fernsehstoffe erzählen und verkaufen kann.

In welche Form müssen Sie Ihre Stoffideen gießen, um sie erfolgreich anbieten zu können? Auch hier hat man schon alles gesehen: vom Autor, dem es gelang, persönlich vorstellig zu werden und der seine Geschichte in Form eines Raps vortrug, bis zum notariellen Einschreiben, das dem Leser mit juristischen Konsequenzen drohte, falls nur eine Zeile anderswo auftauchen würde.

Leider werden in der Praxis meist *Exposés* (2-5 Seiten) eingereicht, die den Produzenten oder Sender davon überzeugen sollen, dem Autor einen (bezahlten) Drehbuchauftrag zu geben. In einem Exposé werden nur die groben Inhalte und die Hauptfiguren vermittelt.

In viel weniger Fällen werden *Treatments* (25-40 Seiten) eingereicht. Treatments sind noch immer in Prosa geschrieben, ohne Dialoge, und lassen bereits eine szenische Abfolge erkennen. Ein Treatment abzuliefern ist schon besser, reicht aber immer noch nicht aus.

Es ist wirklich schade: In den allerwenigsten Fällen wird ein komplettes *Drehbuch* eingereicht. In den USA und in England ist das Verhältnis genau umgekehrt. Ohne fertiges Drehbuch braucht ein neuer Autor dort nicht anzutreten – und das mit gutem Grund.

Sie haben eine hervorragende Idee auf zwei Seiten geschrieben, so nehmen wir mal an, und bieten diese Idee an. Sie sind überrascht, vielleicht sogar beleidigt, daß darauf kein Drehbuchauftrag erfolgt. Die Probleme, die Produzenten und Sender haben, sind aber immer die gleichen: Zeit und Geld. Sie riskieren beides, wenn sie sich auf die noch nicht ausgearbeiteten Ideen eines neuen Autors einlassen, und müssen ein Jahr oder mehr in die Entwicklung eines Drehbuchs stecken – wenn sie überhaupt dazu in der Lage sind (sprich: hierfür die kreativen Leute in der Firma haben). Ein Produzent muß aber produzieren, um überleben zu können, und wird sich daher naturgemäß auf ein fertiges Drehbuch stürzen, das ihm einen schnelleren Weg zu einem Auftrag eröffnet. Die Drehbücher entwickelt er dann mit den Autoren, mit denen er schon häufiger zusammengearbeitet hat.

Jede freie Minute in das Schreiben eines Drehbuches zu stecken, kann ich daher Anfängern nur empfehlen. Ein fertiges Drehbuch ist die beste Visitenkarte, die Sie sich jemals drucken lassen können. Wenn die Geschichte gut geschrieben ist, ist der Verkauf fast garantiert, und damit sind Sie dann im Geschäft.
Schreiben Sie auf der Welle dieses Erfolges noch ein Buch! Ohnehin ist es die Pflicht eines jeden Drehbuchautors zu schreiben – es ist der einzige Weg, Erfahrungen zu machen. Wenn Sie auch dieses Buch verkauft haben, können Sie damit anfangen, Exposés durch die Gegend zu schicken – was bestimmt schon überflüssig geworden ist, da Sie ab jetzt ohnehin gefragt sind.

Wie wissen Sie, ob Ihre Geschichte den Bedürfnissen des Senders entspricht? Die Antwort ist leichter, als Sie denken: *Gucken Sie fern!! Gehen Sie ins Kino!!* Das, was über längere Zeit gesendet wird oder eine gute Quote erzielt, entspricht offensichtlich den Bedürfnissen des Senders, und Sie müssen unbedingt wissen, wie dieses Programm aussieht!
Die *Hitlisten der erfolgreichen Kinofilme* (Achtung: das sind durchaus andere Filme als die Filme, die gute Kritiken bekommen) können Sie sich jede Woche aus dem Internet herunterla-

den. Sie sollten sich alle diese Filme im Kino (nicht auf Video!) angucken und sich überlegen, weshalb sie erfolgreich sind oder nicht. Stellen Sie sich ein paar Abende in einem Multiplex-Kino mit einer Dose Cola in die Eingangshalle und hören Sie zu, weshalb die Zuschauer sich welchen Film ansehen wollen – und wie sie ihn nachher fanden. Es gibt keine bessere Schule!

Informieren Sie sich über die *Einschaltquoten* (z. B. im Videotext), am besten täglich. Sie werden nämlich in kürzerer oder längerer Zeit auch über Ihren Erfolg entscheiden und sind weitaus einflußreicher als eine Kritik in der FAZ oder im Spiegel! Vor allem die Redakteure der öffentlich-rechtlichen Sender bewerten den Erfolg eines Filmes auch anhand solcher Kritiken. Dabei gibt es durchaus einige Kritiker, die so etwas wie eine nachvollziehbare qualitative Bewertung in der Quotenschlacht aufrecht erhalten.

Abonnieren Sie eine einschlägige *Fachzeitschrift* oder lesen Sie diese in der Bücherei. Senderpolitische Änderungen sollte man möglichst frühzeitig erkennen, um vorzubeugen, daß Sie sie z. B. SAT.1 noch immer einen der altbackenen Stoffe anbieten, durch die der Sender früher so brillierte. Ihr Scheitern ist dann nämlich vorprogrammiert.

An wen wenden Sie sich, wenn Sie überzeugt sind, daß Sie das ideale Fernsehspiel oder Sitcom oder Movie of the Week anzubieten haben? Es gibt für Sie nur die Wahl zwischen einem Sender oder einem Produzenten. Sie haben die meisten Fernsehfilme gesehen. Sie wissen also (Vor- und Abspann mit aufzeichnen!), wer die betreffende Redakteurin, wer der betreffende Produzent war etc. Welche von diesen Filmen haben Ihnen gefallen? Welche Firma paßt zu Ihrem Stoff?

Schreiben Sie diese Leute an und machen Sie sich – bevorzugt mit einem Drehbuch, das zu dem betreffenden Programmplatz oder zu der betreffenden Firma paßt – vorstellig. Die Chance, daß Sie damit ernst genommen werden, ist sehr hoch – weil das Bedürfnis nach guten Geschichten sehr groß ist und auch bleiben wird – und weil man auf der Basis eines fertigen Drehbuches einwandfrei erkennen kann, ob der Autor schreiben kann.

Es ist leider sehr viel schwieriger, Redakteure und Produzenten *persönlich kennenzulernen,* wenn Sie nicht schon etwas sehr Bemerkenswertes geschrieben haben, einen Preis gewonnen haben oder eine Ihrer Geschichten schon gesendet worden ist. Persönliche Gespräche sind immer nett, aber sagen leider trotzdem oft sehr wenig aus. Ein komplettes Drehbuch dagegen sagt alles! Sowohl die Redakteurin als auch der Produzent werden Ihre Geschichte *lektorieren* lassen und beide werden sich dem Urteil des Lektoren meist anschließen, sonst hätten sie ihn nicht eingestellt. Diese Lektoren bleiben immer anonym, Sie können sie daher nicht kennenlernen. Wenn Ihr Stoff abgelehnt wird, können Sie um eine Kopie des Lektorats bitten, aber weder der Sender, noch der Produzent sind gehalten, das zu tun (es ist eher unüblich). Sie hoffen aber, daß Sie zu einem Gespräch eingeladen werden.

Wenn Sie diese Einladung zu einem Gespräch bekommen, steht für Sie alles auf Spitz und Knopf. Sie haben jetzt die Wahl, Ihr Werk bis auf das letzte Komma zu verteidigen oder sich den Wünschen der potentiellen Partner zu unterwerfen. Tun Sie beides nicht! Ihr Gegenüber hat wahrscheinlich Ahnung vom Geschäft und hat auf jeden Fall mehr Ahnung davon, was er oder sie braucht, damit der Sender oder die Firma seinen Auftrag besser erfüllt. Das versucht er oder sie Ihnen beizubringen. Eine Bereitschaft, sich auf diese Argumente einzulassen und darüber nachzudenken, ob sie Ihre Geschichte verbessern, sollten Sie unbedingt mitbringen – oder Sie sollten (wieder) anfangen, Gedichte zu schreiben. Da redet keiner rein.

Parties, Premieren, Panels auf Medientagen: Es gibt immer Gelegenheiten, Redakteure und Produzenten leibhaftig kennenzulernen. Die Hoffnung, Ihre Geschichten während dieser Begegnungen loszuwerden, sollten Sie jetzt aber begraben. Sprechen Sie die betreffende Person auf einen Film an, den sie gemacht hat und der Ihnen (wirklich) gefallen hat. Sie werden dann schnell merken, ob die Person ansprechbar ist oder nicht. Wenn ja, umso besser, wenn nicht, dann hilft eine (nicht allzu unauffällige) Visitenkarte, bevorzugt mit dem Titel Ihres Drehbuches. Versuchen Sie auf keinen Fall, der Person ein Drehbuch in die Hand zu drücken! Es ist peinlich, und sie tragen alle eh' schon zuviel Papier durch die Gegend. Bitten Sie um eine Visitenkarte der Redaktion oder des Assistenten des Produzenten und schicken Sie ihnen Ihr Buch zu.

Ein wild grassierender Virus ist die Idee, daß man das mündliche Verkaufen von Stoffen (›Pitchen‹) trainieren kann. Sie führt zu einer tödlichen Infektion: schlechte Stoffe, die gut gepitcht werden. Es ist wirklich die größte Ausnahme, daß Stoffe auf der Basis eines Pitches gekauft werden.

Das alles führt zu der Frage: Wie schreibe und entwickle ich mein Drehbuch so, daß beim Verkaufen eigentlich nichts mehr schief gehen kann?

3. »Wie weiß ich, was ich denke, bis ich sehe, was ich geschrieben habe?« (Frank Daniel, Gründer des Graduate Screenwriting Program, USC-Los Angeles). Diese Überschrift ist so zu verstehen, daß
- *schreiben* immer wichtiger ist als nicht schreiben,
- *viel schreiben* wichtiger ist als wenig schreiben
- und es wichtiger ist *zu schreiben und danach kritisch nachzudenken* als durch kritisches Nachdenken nicht zum Schreiben zu kommen.

Des Autors liebstes Hobby ist Aufschieben. Es gibt immer was zu tun! Kaffee kochen, eine wahnsinnig emotionsgeladene Talk Show gucken, die CDs neu sortieren, aus dem Fenster gucken und die Straßenbahn vorbeifahren sehen, im kleinen Park kriegen die Hunde der Nachbarn sich mal wieder in die Haare … höchst interessant – alles, um bloß nicht schreiben zu müssen. Eigentlich merkwürdig, weil … wir wollten doch Autor sein? Ist daher Schreiben nicht das Schönste, was es gibt?

Ist es doch, aber ich halte es mit Karl Valentin: »Kunst ist schön, macht aber viel Arbeit.« Gibt es einen Weg, diese nervtötende Falle zu umgehen?

In Prinzip ja: Der Weg, der für mich und viele andere Autoren gut funktioniert, besteht aus *drei Phasen; gute Vorbereitung, Schreiben ohne anzuhalten* und danach *nachdenken,* wie sich das, was beim Schreiben entstanden ist, zu den Vorgaben verhält.

Unter einer guten Vorbereitung verstehe ich: einen Plan zu haben, eine Orientierungshilfe, eine Wegbeschreibung. Ich bin daher ein großer Freund von *Exposés, Treatments und (Step)-Outlines.* Sie bringen mich dazu, über meine Figuren und Geschichten nachzudenken und auch, wie ich sie dem Publikum näher bringe. Unter dem vorher schon erwähnten Motto: »Laß die Struktur dich befreien« kann man sich besser vorher mit strukturellen Fragen auseinandersetzen als hinterher. Das Fundament kommt ja immer zuerst.

Ein Exposé (2-5 Seiten) sollte auf jeden Fall zwei Dinge beinhalten: erstens die Geschichte oder den Plot und zweitens, – oft literarisch oder poetisch formuliert – sollte es vermitteln, welches Gefühl die Geschichte beim Publikum auslösen soll.
Daher sollte man auch direkt klarmachen, welches *Genre* man bedienen möchte: ein Melodram versetzt den Leser in eine andere Erwartungshaltung als ein Thriller und löst damit ganz andere Gefühle aus: Rührung statt Angst.

Outline und Step-Outline sind die nächsten Schritte. Der Übergang ist fließend, aber die Outline (10-15 Seiten) verschafft einem einen Überblick über die Struktur, während eine Step-Outline nicht unter 20 Seiten lang ist und wirklich alle dramatischen Szenen (nicht die Übergangsszenen) knapp beschreibt. Hier beschäftigt man sich fast ausschließlich mit der Struktur und mit dem Plot. Passen alle Teile des Puzzles zusammen? Wo kriegt das Publikum einen Wissensvorsprung gegenüber dem Protagonisten? Ist das zu spät, zu früh? Entwickelt meine Hauptfigur sich vom einen Ende des vorgegebenen Spektrums zum anderen oder hört die Entwicklung irgendwo in der Mitte auf? Rührt mich die Entwicklung, fiebere ich mit? Haben alle Nebenfiguren eine eigene Entwicklung, die auch zu Ende erzählt wird? Brauche ich überhaupt alle Nebenfiguren? Erzählen sie alle eine wirklich andere Farbe der Geschichte? Alle diese Fragen und noch viele weitere kann man besser und unemotionaler erörtern, wenn man noch nicht angefangen hat zu schreiben und man noch nicht emotional blockiert ist.

Das Treatment kann bis zu 40 Seiten lang sein und beschreibt jede Szene – ohne Dialog. Dieser oft schmerzhafte Zwischenschritt wird von vielen Autoren gehaßt und gerne übersprungen, was wirklich schade ist. So lange man sich noch nicht mit Dialogen auseinandersetzen muß, kann man die Geschichte immer noch leicht ändern, die Figuren besser aufeinander zuspitzen, eine Szene für den emotionalen Effekt hinzufügen. Autor, Produzent und Redakteur sollten sich wirklich ernsthaft mit dem Treatment auseinandersetzen, weil es die letzten Richtungsänderungen ermöglicht, bevor es zu spät ist.

Konferenzen mit den Auftraggebern stehen nämlich zwischen jeder dieser Phasen. Einigen Sie sich so weit wie möglich, bevor Sie mit dem Schreiben beginnen. Sobald die Dialoge dazu kommen, werden die Diskussionen immer unsachlicher und persönlicher, alle wollen nur noch ihren Standpunkt verteidigen. Deswegen: Benutzen Sie die Zwischenschritte von Exposé und Outline.

Endlich geht's dann ans Drehbuch. Das größte Problem ist eigentlich jetzt schon gelöst. Es gibt eine Struktur, und Sie können sich voll und ganz auf die Figuren konzentrieren. Die Vorarbeit ist geleistet, jetzt fängt der Spaß an. Es ist die schönste Zeit für einen Autor – vor allem wenn Sie sich trotzdem ein paar Sachen merken:
- Arbeiten Sie lieber *5 Stunden am Tag* und machen den Rest des Tages blau, statt sich 10 Stunden abzuquälen, um danach festzustellen, daß die gleiche Seitenzahl dabei rausgekommen ist.
- Wenn Sie *5 Seiten am Tag* schreiben (eine Seite pro Stunde!), hören Sie auf. Sie haben dann in 20 Tagen (4 Wochen) eine Fassung von 100 Seiten. Die meisten Autoren behaupten, sie brauchen 8 Wochen!
- Hören Sie am Ende des Tages da auf, *wo es Spaß macht,* nicht da, wo es ein Problem gibt. Das Problem tragen Sie nämlich den Rest des Tages mit sich mit, und Sie haben noch immer keine Ruhe. Abgesehen davon, daß Sie das Problem heute eh' nicht lösen werden – das können Sie meistens erst in der 2. Fassung.
- Ganz wichtig: *Hören Sie nie auf zu schreiben.* Lesen Sie nicht nach, was Sie bislang geschrieben haben, auch nicht zu Anfang des nächsten Tages. Sie haben Ihre Struktur, und nachlesen, was Sie geschrieben haben, ist nur eine Ausrede, um sich nicht hinzusetzen und weiter schreiben zu müssen. ›Vorwärts‹ heißt die Devise, bis zur letzten Seite. Wenn Sie hängen: weiter zur nächsten Szene.

Die erste Fassung lasse ich immer ein paar Tage liegen, mache mir ein langes Wochenende und feiere. Am Montag komme ich zurück und weiß: Eigentlich ist es keine erste Fassung. Es ist, was ich die *Null-Fassung* nenne. Eine Fassung, *die man nie abgeben sollte.* Sie ist nur für mich, damit »ich sehe, was ich denke« (siehe oben!). Diese Fassung lese ich für mich durch und versuche, sie auf mich wirken zu lassen. Wie wirken die Figuren? Habe ich die richtige Hauptfigur erwischt? Hat er oder sie das größte Problem in der Geschichte? Muß ich vielleicht die Hauptfigur, den Aufbau neu überdenken? Neue, andere Nebenfiguren erfinden? Oder verstärken? Wo liegen dann die wichtigen Momente in der Geschichte? Finde ich die wichtigsten Aktionen in einer Szene wieder, oder habe ich vergessen, sie zu erzählen? Erst wenn ich diese und viele andere Fragen beantwortet habe, fange ich mit dem an, was jedem Autor am meisten Spaß machen sollte: das Umschreiben.

Drehbücher werden nicht geschrieben, sie werden umgeschrieben. Wenn Sie Umschreiben hassen, suchen Sie sich einen anderen Job. Der kreative Prozeß schlägt dann am heftigsten zu, wenn man eine komplette Fassung vor sich hat und die an den anfänglichen Zielen messen kann. Nur so macht man Fortschritte.
Das Wichtigste bleibt, daß Sie Ihre Figuren mögen, und daß Sie in der Lage sind, diese Liebe zu den Figuren auf Ihre Zuschauer zu übertragen.

Wolfgang Längsfeld
Übungen für Anfänger

Drehbuchschreiben ist auch Handwerk. Und das ist wie jedes Handwerk für den, der das nötige Geschick hat, erlernbar. Wer glaubt, daß er das Handwerk nicht braucht, gehört entweder zu den wenigen glücklichen Naturtalenten, oder er wird scheitern. Gegen die Regeln der Handwerkskunst kann man nur arbeiten, wenn man sie *beherrscht.* Es ist immer kläglich, wenn man eine eigentlich mißlungene Arbeit nachträglich zum *Experiment* erklären muß. Mit den Experimenten verhält es sich wie mit dem

Benehmen: Wer die gesellschaftlichen Spielregeln beherrscht, wird sich bewußt und gezielt danebenbenehmen können und vielleicht für eine pointierte Anekdote, einen Skandal oder auch nur für einen denkwürdigen Augenblick sorgen. Wer sich aber nur so aus Versehen und weil er's nicht besser versteht in die überall bereitstehenden Fettnäpfe setzt, wirkt zu allermeist nur peinlich. »Nashville« von Robert Altman sah auf den ersten Blick aus wie ein ungeheuer gewagtes, gänzlich neuartiges dramaturgisches Experiment. Beim näheren Zusehen konnte man aber feststellen, daß die einzelnen, miteinander verwobenen Handlungsstränge dieses Films *nach den handwerklichen Grundsätzen der Dramaturgie* gebaut waren. Deshalb trug die Konstruktion, und der Film wurde allgemein als gelungenes Experiment und innovative Leistung bewundert.

Ideen und Stoffe gibt es in Hülle und Fülle, aber Ideen zu *haben* und Stoffe zu *finden,* ist schwieriger als man glaubt. Jeder kennt an sich und manchen seiner Gesprächspartner jene Haltung, die sich in dem berühmten Satze »Das kann ich auch« oder in jener nachträglich kritischen Haltung ausdrückt, die zu vermeintlichen oder echten Verbesserungsvorschlägen führt. Die so reden und denken, vergessen aber in aller Regel, daß dieser kritische Geist an den Ideen und Ausarbeitungen anderer erwacht und noch keine eigene Ideenarbeit verlangt.

Ideen haben und Stoffe suchen ist der erste, vielleicht sogar der schwerste Arbeitsschritt der vielen beschwerlichen Schritte zum fertigen Drehbuch. Um eigene Stoffe zu finden und Ideen zu haben, muß man vielerlei tun: Man muß *leben* und *sich kennen.* Man muß die Menschen, die man zu kennen glaubt, *kennenlernen.* Man muß *auch die kennenlernen,* die man nicht kennt; denn das ist das *Publikum,* für das man schreibt. Deshalb muß man auch *vorausdenken* und seine bewußte Zeitgenossenschaft informiert in die Zukunft zu projizieren lernen; denn normalerweise sind es doch etwa zwei Jahre, die zwischen der ersten Idee zu einem Drehbuch und der Premiere des danach gedrehten Films liegen. Und in zwei Jahren ändert sich viel.

Wenn die Stoffideen also zuerst im eigenen Leben und dem darin enthaltenen Erfahrungsschatz zu finden sind, weil sie dann

133

die bessere Chance haben, *glaubhaft* zu werden, gilt es, *das Leben bewußt und breit zu leben.* Nicht nur äußerlich, sondern auch innerlich und geistig und bildungsmäßig. So banal es auch klingen mag: Sich in der Geschichte und der Literatur – der hohen wie der trivialen – auszukennen, ist ebenso wichtig wie über die anderen Künste informiert zu sein, Zeitungen zu lesen, sich in Gerichtssälen herumzutreiben, in Fußballstadien und Kneipen auf Bahnhöfen und Volksfesten ...

Der Drehbuchautor ist permanent und ohne Reue neugierig; denn er ist Sammler von Natur aus. Jede Information, die er gesammelt und notiert hat, wird irgendwann eines seiner Drehbücher bereichern, glaubhafter und lebendiger machen.

Mit dieser geradezu verabscheuungswürdigen Angewohnheit der unablässigen Neugier werden der angehende wie der berufstätige Drehbuchautor mit zunehmendem Instinkt auf Stoffe und Ideen stoßen, die sich für Filme eignen. Und mit zunehmender Sicherheit diesem sich bildenden Instinkt gegenüber wird sich die Qual der Wahl einstellen; denn schlußendlich wird sich die Erkenntnis durchsetzen, daß sich aus jedem, zumindest fast jedem Stoff mit dem rechten Handwerkszeug ein gutes Drehbuch machen läßt.

Dennoch sind viele Stoffe, die sich scheinbar so einfach in den Schlagzeilen der Boulevardpresse anbieten, weit weniger attraktiv, als sie auf den ersten Blick erscheinen. Die meisten spektakulären Geschichten von Mord und Totschlag klingen im ersten Moment verführerisch gut, geben beim zweiten Zusehen aber bestenfalls ein *Detail* für eine ganz andere dramatische Konstruktion her oder schärfen den *Blick* für die Psychologie der Panik, der menschlichen Abgründe oder bloß der gestörten Spießbürgerlichkeit.

Ideen und Stoffe existieren auch für den Autor erst wirklich, wenn sie *aufgeschrieben* sind.

Die erste Übung für angehende Autoren ist einfach und erfordert doch Disziplin. Der Leser möge mir nachsehen, daß ich ihn von nun an persönlich anrede, weil ich ihn vom Sinn einer Arbeit überzeugen will, die später das Publikum ebenfalls persönlich angehen soll. Also:

Schreib zwei Monate lang jeden Tag eine Stoffidee auf, auch samstags und sonntags. Schreib sie mit der Maschine, jeweils nicht mehr und nicht weniger als *eine Seite lang.* Gib der Idee einen *Arbeitstitel,* der Dein Hauptinteresse an dem Stoff ausdrückt und schon eine Ahnung von dem vermittelt, was Du Dir vorstellst und was den Leser erwartet. Wenn der Titel etwa Smogalarm im Luftkurort heißt, hast Du bereits signalisiert, daß Du höchstwahrscheinlich eine volkstümliche Komödie vor dem Hintergrund einer aktuellen Umweltproblematik skizziert hast. Auf den ersten drei bis fünf Zeilen sollte dann der Plot, das ist die *abstrakte Grundstruktur* der Geschichte, zusammengefaßt sein. In unserem Falle könnte diese Zusammenfassung etwa lauten:

Dies ist die Geschichte eines Bauernburschen, der heimlich Grün denkt, aber in die Rolle des Konservativen schlüpft, um die Existenzgrundlage seines Heimatortes zu retten. Der Gemeinderat überredet ihn, für die Grünen zu kandidieren, um konservative Ideen zu tarnen. Die Turbulenzen des doppelten Rollenwechsels erschweren seine Liebesgeschichte mit der linksorientierten Tochter des reichen Kurgastes, führen aber schlußendlich zum erhofften Ziel.

Dann folgt auf dem Rest der Seite die *Skizze der Geschichte selbst.*

Vorerst aber wie gesagt übe Dich darin, 60 Tage lang jeden Tag eine Idee aufzuschreiben und abzuheften. *Nichts wird weggeworfen.* Vielleicht wirst Du in diesem Ordner der ersten Ideen noch in ein paar Jahren unerwartet fündig.

Nach ein paar Tagen wirst Du merken, daß das, was Du vorn in diesem Buch von Syd Field gelernt hast, von großem Nutzen ist. Die *Plot Points* werden sich leichter plazieren lassen und die *Figuren* werden plastischer; denn *jeder Stoff braucht seine Form.* Jeder Stoff hat einen *Anfang* und ein *Ende.* Mach in diesen Skizzen klar, wessen Geschichte Du erzählen willst, wer also die *Hauptfigur* und wer der *Gegenspieler* ist. Zeig schon in jedem dieser 60 Stoffentwürfe, was für einen *Stil* Du Dir für jeden gedachten Film vorstellst, welche *Stimmung* und *Spannung* er haben soll. Du brauchst kein Schriftsteller zu sein; denn Drehbücher sind »nur« *Arbeitsvorlagen.* Aber:

Benütze die Verführungskraft einer imaginativen Sprache.
Die wird Dir später dabei helfen, Gremienmitglieder, Redakteure
und Produzenten für Deine Drehbuchvorhaben zu interessieren.
Sieh also zu, daß *Dein Interesse an den Ideen* deutlich wird und
daß es das *Interesse von möglichst vielen* trifft, vor allem das des
Publikums, das über die Qualität Deiner Ideen und damit über
Dein Schicksal entscheiden wird.
Nach diesen zwei Monaten wirst Du Dich ganz schön gut fühlen.
Der Ordner mit den 60 Ideen liegt gut in der Hand. Die Angst vor
dem weißen Papier ist geringer geworden. Ganz wirst Du sie nie
verlieren, aber es beginnt zu laufen. Wenn Du es durchgehalten
und Dich nicht alle drei Tage wiederholt hast, bist du schon fast
ein Profi. Glücklich, aber voller Zweifel. Also mach's wie mit dem
Käse und dem Wein: Laß den Ordner ruhen und die Ideen reifen.
Stell die Manuskripte in die Ecke und widme Dich neuen Aufgaben.

Die zweite Übung bringt Dich aus dem Haus. Bei Field und anderswo war ja zu lesen, daß der *Dialog* ein wichtiges Instrument
ist, das, sparsam eingesetzt, von großer Wirksamkeit sein kann.
Von den 60 Tagen des Sammelns von Stoffen, des Findens von
Ideen, des Formulierens und Schreibens hast Du gemerkt, daß
die alte Vorstellung vom »Das kann ich auch« ganz schön ins
Wanken geraten ist und hoffentlich einer selbstkritisch konstruktiven Zuversicht gewichen ist.
Wenn man regelmäßig Drehbücher von Anfängern liest, wird
einem auffallen, daß die Dialoge oft genug nicht nur *in ihrer dramaturgischen Funktion falsch eingesetzt,* sondern vor allem auch
sprachlich »monoton« sind. Die handelnden Personen sprechen
entweder allesamt die Sprache ihres Erfinders, des Autors, oder
sie gefallen sich in künstlichen Jargons, die bestenfalls der
Summe der Klischeevorstellungen des Schreibers entsprungen
sind.

Dem Volk aufs Maul schauen. Diese Übung ist reine For-
schungsarbeit. Sie besteht darin, vier Wochen lang jeden zweiten Tag dem Volk aufs Maul zu schauen, die Leute schamlos zu
belauschen. Da man dem eigenen Eindruck keineswegs und
ohne weiteres trauen darf, bediene man sich der Hilfsmittel des
elektronischen Zeitalters. Nimm Dir also einen möglichst kleinen

Kassettenrecorder mit einem möglichst guten Mikrophon und geh aus dem Haus.

Steck den Recorder in die Jackentasche und das Mikro wie einen Button unauffällig ans Revers. Belausche Gespräche und beteilige Dich an Gesprächen.

Allerdings tanzt, wer diesen Rat befolgt, auf einem höchst unsicheren Seil: Denn das Strafgesetzbuch schützt die *Vertraulichkeit des gesprochenen Worts* vor unerlaubten Aufnahmen. Schon das bloße *Aufzeichnen* »des nicht öffentlich gesprochenen Worts« ist strafbar (»Freiheitsstrafe bis zu drei Jahren oder ... Geldstrafe«, § 201), wenn man nicht *vorher* um Erlaubnis gefragt hat. Eine solche Vorwarnung verändert aber natürlich die Sprechsituation und vermindert damit den Wert unserer Dialogstudien. *»Nicht öffentlich gesprochen«* ist das Wort – in der Sprache der Juristen –, wenn es an sich »nicht über einen kleineren, durch persönliche oder sachliche Beziehungen abgegrenzten Personenkreis hinaus wahrnehmbar« ist.[1]

Am Tag darauf tippe die Gespräche, die Du aufgenommen hast, ab und hefte sie in einen neuen Ordner.

Deine *Sensibilität für die Sprechweisen von Leuten* wird geschärft sein. Wenn einer zu reden anfängt, hast Du ein untrügliches Gefühl, wie er fortfahren wird. Deine Menschenkenntnis ist gewachsen.

Nun gönn Dir eine Woche Pause. Wenn Du Lust hast, lies den Ordner mit den Ideen durch. Aber das muß nicht sein. Gib ihn lieber zwei oder drei Leuten zu lesen.

Wenn die Erholungspause um ist, in der Du natürlich nicht untätig warst, weil Deine Neugier nun voll aktiviert ist und Dein Notizblock in der Jackentasche immer voller wird, wenn die Pausenwoche also vorbei ist, nimm die Dialogprotokolle wieder vor und analysiere sie.

Stell fest, wie die Leute reden, ob sie ihre Gedanken und ihre Sätze zu Ende führen, wodurch sich ihre Rede von der anderer unterscheidet. Wieviele grammatikalisch richtige Sätze gesprochen werden. Wieviel und welcher Jargon von wem benutzt wird. Wie Typen zu Redeweisen passen oder nicht. In welche Rollen wer beim Sprechen schlüpft. Und so weiter und so fort.

Schon beim ersten Durchlesen wirst Du Deine Lieblingsdialoge gefunden haben. Die werden Dir die Situation, in der Du sie aufgenommen hast, sofort bildhaft und lebendig vor Augen treten lassen.

Nimm Dir diese Dialoge vor und redigiere sie. Pointiere sie, schreib sie um, verwandle sie in eine Szene. Du wirst merken, daß die meisten Deiner Gespräche in »sitzenden« Situationen aufgenommen wurden. Das liegt daran, daß Du scheu warst und nicht als Lauscher auffallen wolltest. Also versuch, Deine Lieblingsdialoge zu dynamisieren, in Handlungssituationen zu überführen.

Versuch dabei ja nicht, alles Überflüssige zu streichen. Smalltalk belebt den Dialog und bewahrt ihn davor, eindimensional und bloß funktional zu werden.

Wenn Dir Deine *drei so bearbeiteten Lieblingsdialoge* wie eine fertige Szene vorkommen, wirst Du längst festgestellt haben, daß sie sich wie von selbst zu drei Deiner sechzig Stoffentwürfe gesellt haben. Tu Dir und ihnen den Gefallen und hefte sie dort ab und laß sie mit den Stoffen und Ideen weiter ruhen und reifen.

Die dritte Übung fesselt Dich ans Haus. Das wird Dir gar nicht gefallen, aber es ist notwendig und gewöhnt Dich wieder an die einsame Arbeit des Autors. Hol Dir aus der Videothek *sechs Filme unterschiedlicher Genres,* die Du nicht kennst, und leg sie in Deinen Videorecorder. Spiel sie ab, aber dreh das Bild auf dem Fernseher so dunkel, bis Du überhaupt nichts mehr siehst. Stell einen Kassettenrecorder vor das Gerät und *nimm den Ton auf.* Dann hör Dir den Ton ab, oder besser noch: Wenn Du die Energie und die Geduld aufbringst, *tippe die Dialoge ab* und finde heraus, wieviele *Informationen* zum *Handlungsverlauf* und zur *Charakterisierung der Personen* über den Dialog vermittelt werden. Setz Dich hin und *skizziere die Handlung* dieser sechs Filme, so wie Du sie Dir *vom Dialog her* vorstellst.

Nun mach die Gegenprobe! Schau Dir die sechs Filme an, diesmal aber ohne Ton. Zuerst *Dialogprotokoll,* dann nochmals mit dem Papier zum Mitlesen. Und dann ein drittes Mal mit Ton. Du wirst sehen, es gibt keine lehrreichere Übung, um die Funktion des Dialoges ein für allemal zu begreifen.

Du wirst dabei auch feststellen, daß es für handlungtreibende Dialoge auch andere als dramaturgische Gründe gibt. Zum Beispiel wirst Du schnell entdecken, daß es dafür immer wieder auch wirtschaftliche Notwendigkeiten gibt, etwa wenn in einem sonst produktionsmittelaufwendigen Film lange Dialogpassagen ganz geschickt als Ruhepausen und billige Filmminuten eingebaut werden. Dies nur als Hinweis auf die vielen Tricks, denen Du auf die Spur kommen wirst, aber auch auf die Ungeschicklichkeiten mancher Deiner Autorenkollegen.

Eine Aufwärmübung wäre jetzt angesagt: Laß Dir den Ordner mit Deinen 60 Ideen zurückgeben, hör dir an, was man dazu zu sagen hat, und nimm Dir die drei Stoffe wieder vor, denen Du bereits Dialoge zugeordnet hast. Versuch die Dialogszenen mit Hilfe der aus der Analyse in der dritten Übung gewonnenen Erkenntnisse *aufzuschreiben.* Hefte sie ab und stell den Ordner wieder weg, auch wenn's schwerfällt; denn es kribbelt Dir in den Fingern, die Geschichten weiterzuschreiben. Lies besser nochmal nach, *was Field über den 1. Akt geschrieben hat,* geh wieder in die Videothek und *leih Dir nochmal sechs Filme* unterschiedlichen Genres, die Du noch nicht gesehen hast.

Die vierte Übung ist noch spannender als die drei zuvor. Mit den nun geschärften Sinnen für die Qualität von Stoffen und Ideen, von Handlung und Dialogen schaust Du Dir exakt *die ersten 15 Minuten* der sechs Filme an und schaltest jedesmal genau dann ab.
Überleg Dir, oder besser schreib auf, was Du bis zu dieser 15. Minute über die Filme (oder besser über die ihnen zugrundeliegenden Drehbücher) *erfahren* hast. Wer ist die *Hauptfigur,* wer sind die *Gegenspieler,* was ist das *Hauptanliegen,* wie ist der *Konflikt* etabliert, wie ist die *Grundstimmung* angelegt, wohin führt der *Spannungsbogen,* wie ist der *Erzählrhythmus?* ...
Nun versetze Dich in die Lage des Autors und denk Dir aus, *wie die Geschichten weitergehen könnten,* wie Du sie, wären sie Deine, weitergesponnen hättest.
Eh' Du die Gedankenarbeit der Autorenkollegen mit der Deinen vergleichen darfst, solltest Du das Spiel noch einmal andersherum angehen und Dir von diesen Filmen *die letzten zehn Minuten* ansehen. Vergleiche mit Deinen Enden, überprüfe Deine Höhepunkte, erkenne, welche Anstrengungen Du unbewußt unternommen hast, die Ideen der Originalautoren zu überflügeln. Nun erst und endlich schau Dir *die Filme ganz* an und laß Dich von den jeweils dazwischenliegenden Hauptteilen dieser Filmgeschichten überraschen. Du bist längst erfahren genug, Dich

nicht mehr von den Inszenierungskunststücken der Regisseure ablenken zu lassen. Du siehst die nackte *Konstruktionsarbeit des Schreibers.*

Es wird ein Frust sein zu erleben, was sie alles logisch, geschickt, unmerklich zusammengefügt haben. Aber es wird Dir auch eine Genugtuung sein festzustellen, daß Du in dem einen oder anderen Punkt die besseren Einfälle hattest. Vergiß dabei nur nicht, was eingangs gesagt wurde, daß es eine andere Phantasie ist, die sich an den Ideen *anderer* entzündet, als die, welche sich mit den *eigenen* Konstrukten herumplagen muß.

Zweite Aufwärmrunde: Gönn Dir eine kreative Ruhepause. Tu, was Dir langsam schon zum Bedürfnis geworden ist. Alles geht jetzt lockerer, und dennoch braucht es auch in der sich einstellenden Routine viel Disziplin: Schreib sechs Ideen auf. Belausche drei Dialoge. Lies Deine ersten Entwürfe. Geh ins Kino und stell frustriert fest, daß Deine Unschuld dahin ist. Geh ins Theater. Lies Shakespeare und Brecht. Schau Dir Fotobände an und Gemälde des 19. Jahrhunderts. Oder lies Comic-Heftchen.

Wenn Dir diese Anregungen neue Ideen bringen – vergiß nicht, daß Du ein Autor bist, und *schreib sie auf.* Überprüf auch Deine ersten Entwürfe.

Setz Dich hin und versuche, eine *Sequenzen*-Liste des Films zu erstellen, der Dir von denen, die Du analysiert hast, am besten geschrieben schien. Erstelle so etwas wie ein *Gedächtnisprotokoll* des Films. Du wirst dabei schnell merken, was *wichtig* und was *bloß Beiwerk* Deines Autorenkollegen ist. Aber vergiß nicht, die *Statik* einer Geschichte ist wie die Statik eines Hauses. Sie macht die Konstruktion tragfähig, aber erst die *Ausgestaltung* macht das bewohnbare Haus.

Jetzt schau den Film nicht nochmal an.

Schreib eine *Liste aller Figuren* und versuche, sie so genau wie möglich zu *charakterisieren*. Schau Dir erst jetzt den Film wieder an und *kontrolliere Dein konstruktives Gedächtnis*. Setze nun alles daran, Dir ein *Drehbuch dieses Films* zu beschaffen und stell fest, wieviel der Autor dem Regisseur vorgegeben hat. Sei vorsichtig mit *abgedruckten* Drehbüchern. Das sind oft *Protokolle der fertigen Filme,* aber keine Drehbücher.

Nun wirst Du Dir – langsam zornig geworden – wie ein Student vorkommen, der über der Interpretation und Analyse der Arbeit anderer die eigene Kreativität beschnitten glaubt. Keine Angst, *das Handwerkszeug liegt nun sicherer und vertrauter vor Dir,* und es wird Zeit, den alten Ordner wieder hervorzuholen.

Die fünfte Übung ist, wie Du sogleich feststellen wirst, schon keine Übung mehr, sondern *Schreibarbeit.* Unschwer wirst Du Dich entscheiden können, an welchem Deiner Entwürfe Du weiterarbeiten möchtest. Nimm diesen einen aus dem Ordner und schreib die Geschichte in möglichst einem Zuge zu Ende. Sie hat sich so ganz nebenher in Deinem Kopfe sowieso schon vervollständigt. Paß nur auf, daß nicht zuviele Ideen einfließen, die Du ebenfalls ganz unbewußt aus den Filmen übernommen hast, die Du gerade analysiert hast. *Schreib die Geschichte so etwa 20 Seiten lang aus.*
Field hat Dir empfohlen, das *Treatment,* das Du jetzt geschrieben hast, Szene für Szene auf *Karteikarten* zu übertragen und an die Wand zu pinnen. Das hat seine Vorteile, weil Du leicht umbauen kannst, aber dennoch wird Dir ein Hilfsmittel fehlen, das es Dir ermöglicht, Deine Geschichte in ihrem Ablauf und in ihrer dramatischen Struktur auf einen Blick zu überschauen.

Dabei hilft Dir ein dramaturgisches Diagramm: Nimm ein möglichst breites Papier und trage auf der horizontalen Achse unten die *Laufzeit* des Films ein. Bei einem normallangen Spielfilm von 90 Minuten und *einem Zentimeter pro Minute* brauchst Du einen 90 Zentimeter breiten Bogen. Je breiter, desto besser. Nun trage über die Zeitlinie *alle wesentlichen Elemente* Deiner Handlung *in unterschiedlichen Farblinien* ein: die Hauptfiguren, die Gegenspieler, die Realzeit, die Tageszeiten, die Spannungskurve etc. Finde *Symbole für besondere Aktionen:* etwa einen Blitz für Action, ein Herz für eine Liebesszene, ein Symbol für die Gefahr etc. Deiner Phantasie sind keine Grenzen gesetzt. Du kannst sogar eintragen, wo Du Dir die Musik vorstellst.
Wenn Du dieses Diagramm *sorgfältig* und *übersichtlich* angelegt hast, wirst Du Deinen Film vor Dir sehen wie die Partitur für ein Musikstück oder wie einen Architekturplan. Du wirst den Rhythmus und den Fluß Deiner Geschichte erkennen, und vor allem wirst Du auf einen Blick sehen, *wo die schwachen Stellen sind,* wo die Geschichte durchhängt, wo Du Deine Hauptfigur oder ihre Gegenkräfte ohne Not vernachlässigst, und wo Du die Attraktionen vielleicht zu dicht aufeinanderfolgen läßt.

Ein solches Diagramm wird Dir vor allem in jeder Arbeitsphase *die Konsequenzen Deiner Änderungen* vor Augen führen. Erfahrungsgemäß ist es vor allem für den Anfänger schwer, die Folgen von Detailverbesserungen im Auge zu behalten. Wenn Du in Szene 30 eine scheinbar für den weiteren Verlauf unwichtige Nebenfigur abservierst, kann es leicht sein, daß Du vergißt, daß sie eigentlich für eine Nebenhandlung erfunden wurde, die erst in Szene 42 abgeschlossen wird, oder daß sie in der Exposition größere Erwartungen geweckt hat, die durch ihr frühzeitiges Ende nicht erfüllt werden und den Zuschauer in einer unbefriedigten Haltung belassen.

Wenn Du es Dir also leisten kannst, kauf Dir eine jener *Kunststofftafeln,* auf die man mit abwischbaren *Filzstiften* schreiben kann, damit Du im Verlauf der Arbeit korrigieren kannst, ohne jedesmal ein neues Diagramm zeichnen zu müssen.

Wenn Du glaubst, mit Deiner Geschichte zufrieden sein zu dürfen, hör' auf mit den Anfängerübungen.

[1] vgl. Dreher-Trondle, Kommentar zum Strafgesetzbuch, 38. Aufl., Anm. 2 zu § 201 und Professor Albert Scharf, »Medienrecht für Fernsehleute« in: Gerhard Schult/Axel Buchholz (Hrsg.), Fernseh-Journalismus, (List Journalistische Praxis)

Werner Kließ

Die Fernsehserie

Jeder, der Fernsehserien schreibt, hat am Anfang die Erfahrung gemacht, daß bei der Besprechung von Drehbüchern oder Entwürfen im Kreis von Redakteuren, Produzenten und Autoren neben den allgemeinen Regeln der Dramaturgie noch viele Probleme diskutiert werden, von denen man vorher noch nie gehört hatte. Der *Autor eines einzelnen Stückes* hat die Aufgabe, seine Stoffidee in Personen und Handlung umzusetzen. Dem *Serienautor* stellt sich die Aufgabe genau umgekehrt. Er hat in der Regel eine feste Personenkonstellation und eine Reihe daraus sich ergebender Handlungsmuster; er muß nun seine Stoffidee so entfalten, daß die vorgegebenen Personen mit Handlung bedient werden.

Um die Darstellung nicht ausufern zu lassen, werde ich nach einer Einleitung zur Situation der Fernsehserie *vor allem Beispiele aus Krimiserien* analysieren. Aus zwei Gründen: Erstens stellen sich die handwerklichen Fragen des Serienschreibens im Genre Krimi am reinsten dar, zweitens ist das Genre Krimi stets im Programm präsent, großenteils mit den von mir zitierten Beispielen, sei es als Erstsendung, sei es als Wiederholung, so daß der Leser dieses Buches meine Thesen leicht anhand konkreter Sendungen überprüfen kann.

Wie wird man Serienautor? Gewiß nicht, indem man sich an die Schreibmaschine setzt, eine Serienidee formuliert und an einen Fernsehsender schickt. Weil Serienideen nie – ich sage nie! – originell sind. Und weil das, was einem im stillen Kämmerlein einfallen kann, in den Redaktionen und in den Büros der Produzenten mit großer Wahrscheinlichkeit längst in ähnlicher Form erwogen, bedacht oder verworfen wurde.
Die Grundidee des legendären »Kommissars«, Leiter eines Ersten Kriminalkommissariats plus Mitarbeitern, ist in wenigen Sätzen formulierbar. Das Originelle am »Kommissar« war seinerzeit, daß entgegen der damaligen Tradition (Krimis »konnten« nur Engländer schreiben, wenigstens mußten die Geschichten in England spielen) riskiert wurde, *einen Krimi im deutschen Milieu* spielen zu lassen. Die Idee von »Dallas« läßt sich ebenfalls in wenigen Sätzen formulieren; der Dreh, *einen Bösewicht zum Protagonisten* zu machen, ist ja nur vor dem Hintergrund der Serientradition originell, die positive Helden als Hauptträger der Handlung vorschrieb.
Die Simplizität von Serienideen darf freilich nicht zu der Annahme verführen, was derart einfach ist, könne deshalb auch jeder machen.
Eine Serienidee ist nämlich nur auf dem Papier eine *Stoff*-Idee, in Wahrheit ist sie eine *Programm*-Idee, bei der Absichten des Senders, Erfahrung des Produzenten, Attraktivität der Hauptfiguren und Qualität des Autors zusammenstimmen müssen.

Was ist eine Fernsehserie? Die Begriffe Serie, Mini-Serie, Serial (engl.), Reihe und Mehrteiler werden oft durcheinander benutzt. So wird »Derrick« eine Reihe genannt, obwohl die Sendung nach nationalem und internationalem Sprachgebrauch eine Serie ist. Im internationalen Sprachgebrauch spricht man von einer *Mini-Serie,* wenn die Zahl der Episoden begrenzt ist (z. B. 6 Folgen). Die Begrenzung kann daher kommen, daß es sich um die Adaption eines literarischen Werkes handelt (»Dornenvögel«) oder weil der Autor eine bestimmte historische Epoche darstellen wollte (»Feuersturm«). Für diesen Typus wird der Begriff Mini-Serie in Deutschland nur intern benutzt, in der Präsentation der Programme wird in der Regel umschrieben, vermutlich um das leicht anrüchige Wort Serie zu vermeiden, etwa mit »Fernsehfilm/spiel in x Teilen«, Mehrteiler oder ähnlich. Die Begrenzung auf eine bestimmte Anzahl von Episoden kann aber auch daher kommen, daß man zwar eine typische Serienidee hat, daß man aber die Idee nur für einige Folgen für tragfähig hält oder die Macher, trotz aller Voraussetzung für eine Endlos-Serie, sich der Serialisierung entziehen wollen. Eine Mini-Serie vom Typ »Kir Royal« nennt man in Deutschland mangels eines anderen Begriffes auch »Serie«.

Typische Serien im eigentlichen Sinne sind *Dauerserien* wie »Bonanza« oder »Der Denver Clan«. Sie sind von der Dramaturgie her auf prinzipiell unendlich viele Folgen angelegt. Für diesen Typus ist der Sprachgebrauch international (engl. Series, franz. Série) eindeutig.

Im amerikanischen Sprachgebrauch spricht man von einem *Serial,* wenn die Serie den Charakter einer Fortsetzungsgeschichte hat (»Dallas«, »Denver«). Serials haben einen Handlungsbogen, der über viele Folgen geht. Logisch betrachtet sind auch wöchentliche oder tägliche Serien wie »Lindenstraße« oder »Gute Zeiten, schlechte Zeiten« Fortsetzungsgeschichten, da sie jedoch nicht auf ein Ende abzielen, also im Prinzip unendlich sind, stellen sich bei diesen Serien andere dramaturgische Probleme. Es ist deshalb sinnvoll, sie als eigenes Genre zu betrachten (siehe Michael W. Esser, »Die Daily Soap«).

Eine Reihe ist eine Sendung, bei der nach einem vorgegebenen Spielmuster (gleiche Grundsituation) gleiche oder wechselnde Personen agieren. Die einzelnen Geschichten oder »Fälle« sind bei einer Reihe *in sich abgeschlossen,* so daß der Zuschauer ohne Kenntnisse des (bisherigen) Handlungsverlaufes jederzeit in die neue Folge einer Reihe »einsteigen« kann. Typische Reihen sind »Ehen vor Gericht« oder »Verkehrsgericht«. »Tatort« ist ebenfalls eine Reihe, weil nach einem vorgegebenen Grundmuster (Polizist oder Beamter mit polizeilichen Befugnissen) verschiedene Personen handeln.

Die international gängigen Längen von Serien-Folgen sind 45 Minuten (genauer: 43 bis 52 – je nach Sender), oder 25 (genauer: meist 22,5 Minuten). Die Längen ergeben sich aus den Programmschemata, die auf Stunden-Basis gebaut sind. Die zur vollen Stunde oder halben Stunde fehlende Zeit ist für Werbung und Programmankündigungen vorgesehen. Die Reihen »Tatort« und »Polizeiruf 110« haben 90 Minuten Länge.

Alle dramaturgischen Fragen des Serienschreibens lassen sich nach meiner Erfahrung auf *drei Grundfragen* reduzieren:
1. Ist meine Geschichte für die vorgegebene Länge geeignet?
2. Paßt meine Geschichte zum Charakter der Serie?
3. Bedient meine Geschichte die Standard-Figuren der Serie?

1. Ist meine Geschichte für die vorgegebene Länge geeignet? Große Geschichten brauchen Zeit, kleine Geschichten lassen sich in kurzer Zeit erzählen. Diese Feststellung erscheint entsetzlich trivial, sie ist es aber nicht. Es versteht sich von selbst, daß eine Geschichte mit vielen Personen, weitreichenden Verwicklungen und zahllosen Schauplätzen sich eher für 90 Minuten eignet als für 25 Minuten. Aber: »Groß« werden Geschichten nicht allein durch äußeren Aufwand, sondern auch durch ihre innere Dimension.

Beispiel: Ein Polizist wird als »undercover agent« in eine Bande eingeschleust. Er erwirbt das Vertrauen des alternden Bosses und knüpft eine zarte Beziehung zu seiner Tochter an. Er beteiligt sich an kleineren illegalen Machenschaften. Bevor dann der ganz große Coup startet, läßt er die Bande auffliegen. Sein Erfolg ist überwältigend, zugleich ist seine Trauer groß. Der alternde Boß ist mehr verbittert darüber, sich in unserem Mann getäuscht zu haben, als über die Tatsache, daß er gefaßt wird. Und die Tochter hat für unseren Helden nur Verachtung übrig.

Diese einfache, geradezu klassische Geschichte, deren Ende man ja gleich anfangs ahnt, kann auch in der x-ten Version schön sein, wenn man zeigen kann, wie gewitzt unser Mann gegen alle Widerstände das Vertrauen der Gangster erwirbt; die Liebesgeschichte ist um so schöner, je zarter sie sein kann; der ernste Schluß ist um so bewegender, je echter vorher die Gefühle waren. Für all das braucht man Zeit. In der Verkürzung auf 60 Minuten oder weniger besteht die Gefahr, daß statt der Freude am Wiedererkennen des klassischen Musters nur ein déjà-vu-Erlebnis eintritt.

2. Paßt die Geschichte zum Charakter der Serie? Dafür ein negatives Beispiel aus der Reihe »Tatort«: Ein für den Kommissar bestimmtes Päckchen wird von der Wohnungsnachbarin angenommen, das Kind der Nachbarin spielt mit dem Päckchen, es explodiert. Verdächtigt wird ein Mann, der dem Kommissar in einem Prozeß Rache geschworen hat, er ist gerade aus der Haft entlassen worden. Der wirkliche Täter ist dann der Ehemann der Nachbarin, der den Kommissar aus Eifersucht umbringen wollte. Diesen Stoff haben wir für den Kommissar Haferkamp abgelehnt. Erstens gefiel uns nicht, daß Haferkamp ein flüchtiges Verhältnis mit seiner Nachbarin hat (daß es ein *flüchtiges* Verhältnis ist, braucht man für die Konstruktion), nicht weil wir meinten, ein deutscher Polizist müsse in der Hinsicht sauber bleiben, sondern weil Haferkamp als Figur gedacht war, die an alten Verhältnissen festhält.
Zweitens überzeugte uns nicht die Motivation des verdächtigen Haftentlassenen. Haferkamp sollte ernst zu nehmende Gegner haben, sie mögen aus Haß oder Rachsucht handeln oder bloß aus sportivem Ehrgeiz, es einem Bullen zeigen zu wollen; vieles ist möglich, aber nicht der kleine Knacki, der den Tod seines Bruders rächen will, den er selbst durch sein Verhalten mitverschuldet hat. Um ein Gegner für Haferkamp zu sein, müßte die Motivation des Täters groß sein, sie könnte aber nur groß werden, wenn Haferkamp ein großes Verschulden träfe. Er hätte dem Mann schon ein himmelschreiendes Unrecht zugefügt haben müssen, und das hätte die Figur Haferkamp zerstört.

3. Bedient meine Geschichte die Standard-Figuren der Serie? Eine Geschichte kann zur vorgegebenen Länge einer Serie passen, sie kann zum Charakter der Serie passen und doch keine brauchbare Geschichte sein, wenn sie nämlich nicht so erzählbar ist, daß sie die Standard-Figuren bedient.
Negatives Beispiel: Ein verheirateter Polizist, der mit der Kontrolle von Glücksspielen befaßt ist, verliebt sich in die Geschäftsführerin eines Etablissements. Als ein Ganove, der ihm früher Rache geschworen hat, entlassen wird, nutzt der Polizist

die Gelegenheit, einen Sprengstoffanschlag auf sich selbst zu inszenieren, bei dem – wie geplant – seine Frau umkommt. Er ist nun frei und durch Erbschaft wohlhabend, er bedrängt seine Geliebte, die sich jedoch inzwischen einem anderen Mann zugewandt hat.

Diese Geschichte wurde für »Ein Fall für zwei« angeboten, eine Serie, deren Protagonisten ein Anwalt und ein Privatdetektiv sind. Nach mehreren Versuchen wurde sie fallen gelassen. Warum?

Wenn man die Geschichte vernünftig erzählen will, muß die Verzweiflung eines Mannes, der zu dem üblen Mittel des Sprengstoffanschlags greift, überzeugend sein. Die blinde Verliebtheit, die nicht sieht, daß mit dem Tod der Frau die Geliebte noch längst nicht gewonnen ist, müßte gezeigt werden. Schließlich – ein besonderer Reiz der Geschichte – müßten die Möglichkeiten, die ein Polizist beim Vertuschen seiner Tat und beim Legen falscher Spuren hat, dargestellt werden. All das ist sinnvoll aber nur *vom Täter her* zu erzählen, *es bleibt kein Raum für einen Detektiv und einen Anwalt.*

Gewiß kann man den Detektiv einflicken, er ist halt ein alter Kumpel des Polizisten (der Detektiv Matula war früher Polizist). Der Detektiv überschreitet bei seinen Aktionen die Grenzen der Legalität, er wird ertappt, und sein Freund, der Anwalt, paukt ihn raus. Rein quantitativ gelangen dem Autor genügend Szenen für Renz und Matula, trotzdem wurde kein »Fall für zwei« draus, weil die *Hauptfiguren* mit der *Grundidee der Serie* nichts zu tun hatten.

Positives Beispiel: Ein Mann wird vor seiner Villa von der Polizei gestellt. Ein Mensch sei mit seinem Wagen überfahren worden. Auf die Frage, ob er getrunken habe, gibt er provozierend gelassen zu, daß er getrunken hat. Und weil er wußte, daß er trinken würde, habe er seinen Wagen zu Hause gelassen und sei mit der S-Bahn gefahren. Zum Beweis geht er zu seinem Garagentor und öffnet – aber kein Wagen ist da. Es leuchtet ohne weiteres ein, daß dieser Mann einen Anwalt sehr gut gebrauchen kann. Und da offensichtlich eine üble Intrige gegen ihn gespielt wurde, die es aufzudecken gilt, ist für den Privatdetektiv rasch eine logische Funktion zu finden.

Die Regeln sind übertragbar. Wie eingangs dargelegt, wähle ich meine Beispiele und Thesen aus dem Bereich des Krimis, weil sie anhand der langlaufenden Serien am besten überprüfbar sind.

Sie sind *in Analogie* jedoch *für alle Serien gültig.*

Die Einbindung in ein Genre bedeutet nicht, daß lediglich die *Konstanten des Genres* zu erfüllen sind. Wieder ein Beispiel aus dem Krimi: Ein Ermittler kann Polizist sein oder Detektiv, Anwalt oder Priester, Arzt oder eine ältere Dame. Je nachdem, was er ist, sollte der Fall beschaffen sein.

Ein Detektiv darf nicht ermitteln wie ein Polizist, ein Anwalt sollte bei seinen Ermittlungen nie vergessen, daß er Anwalt ist, der Priester soll sich so verhalten, wie es seinem Stand zukommt. Bei einem Arzt ist es besonders reizvoll, wenn seine Ermittlungen mit den speziellen Kenntnissen seines Berufes zu tun haben; und eine ältere Dame sollte auch mit dem Revolver in der Hand eine Dame bleiben.

Gewiß muß der jeweilige Beruf oder Stand nicht lupenrein verkörpert werden, im Gegenteil, gerade der *Kampf mit den Grenzen,* die durch Beruf oder Standesehre gesetzt sind, schafft dramatische Möglichkeiten: Der Polizist in der Versuchung, das Gesetz zu umgehen, Priester und Arzt im Gewissenskonflikt wegen ihrer Schweigepflicht, der Detektiv, der sich polizeiliche Befugnisse anmaßt, die ältere Dame, die plötzlich einen ganz und gar nicht damenhaften Kinnhaken austeilt. Das sind reizvolle Möglichkeiten, aber die *Grenzüberschreitungen* werden erst möglich, wenn die *Norm* erst einmal gesetzt ist.

Man kann in der Fernsehserie nichts wirklich Neues mehr erfinden, behaupte ich. Es gibt keine überraschende Wendung, keinen Trick, keine ausgeklügelte Handlung, für die es nicht gleich ein Dutzend Vorbilder gäbe. Wenn einzelne Sendungen dennoch frisch und unverwechselbar erscheinen, dann aufgrund der *genauen und phantasievollen Zuordnung der Geschichte zu den Hauptfiguren.*

Nicht zufällig bewegt sich Columbo stets in einem Milieu des gehobenen, kulturell anspruchsvollen Bürgertums, er ermittelt bei prominenten Künstlern, Verlegern oder Professoren. Der mäßig verdienende Kommissar mit seinem schrottreifen Auto, seinem Mäntelchen aus der Mottenkiste und seinen ungehobelten Manieren gibt den Kontrast zum finanziell, intellektuell und geschmacklich überlegenen Bürgertum. Der Witz der Filme entsteht daraus, daß die dreifache Überlegenheit der gehobenen Stände am Ende gegen die zähe Ermittlungsarbeit von Columbo nichts wert ist, jeder »Columbo« folgt dem Schema »David gegen Goliath«.

Die Wirksamkeit einer Serie hängt nicht ab von einer »an sich« existierenden (etwa »literarischen«) Qualität des Drehbuches (obwohl keiner etwas dagegen hätte), sie wird auch nicht durch die darstellerische Qualität eines Schauspielers garantiert (obwohl man gute Schauspieler dafür braucht). Sie kommt aus dem *Zusammenstimmen von Typus, Drehbuch, Darsteller, Regie etc.* Manches Schimanski-Drehbuch ist als Krimi »an sich« keinen Deut besser als andere Tatort-Drehbücher, weil aber die Macher der Sendung sich konsequent und phantasievoll *auf die Figur Schimanski* eingelassen haben, wirkt es. Ein Kommissar, nackt und verkatert im Fußballstadion, das kann nicht Derrick sein, das ist Schimanski. Man mag den Einfall für gut oder für abgeschmackt halten, er ist spezifisch für die Figur und deshalb dient er der Profilierung.
Helmut Fischer, ein Schauspieler, der mit dem »Monaco Franze« bewiesen hat, daß er eine Figur prägen kann, war als neutraler Ermittler im »Tatort«, von Drehbuch und Regie allein gelassen, blaß und hilflos.

»Whodonit«. Die Kürze der einzelnen Episoden in einer Fernsehserie verführt dazu, sich nicht lange mit Einleitungen aufzuhalten, sondern sozusagen gleich mit dem fünften Akt zu beginnen. Man beginnt mit der Leiche, am Ende ist der Täter gefaßt, dazwischen ein paar Ermittlungen – und schnell sind die Minuten gefüllt. In grauer Vorzeit mag das möglich gewesen sein.
Das *Rätselspiel mit einer Handvoll Verdächtiger* ist inzwischen tausendfach durchgespielt, Varianten sind kaum noch möglich. Man hat eine Anzahl von Personen, die mehr oder minder verdächtig sind, mal ist die Figur, auf die aller Verdacht zuläuft, am Ende ganz überraschend nicht der Täter, und wenn man dieses Schema ein paarmal strapaziert hat, ist sie's dann plötzlich doch.

Eine Nebenfigur als Täter ist meist unbefriedigend, der Song parodiert das sehr schön mit dem Refrain »Der Mörder ist immer der Gärtner«. Nach einem Wort von Chandler sollte der Täter im

149

grauen Mittelgrund zu finden sein. Er muß so wenig Motive haben, daß er nicht von vornherein als Täter ins Auge springt, zugleich muß er so viele Motive haben, daß er hinterher, bei der Auflösung des Falles, gewichtig genug erscheint.

Am gelungensten ist es, wenn bis dahin unverdächtige Verhaltensweisen im Lichte der Auflösung plötzlich ganz anders zu bewerten sind, wenn sich also das Wissen aus der Aufklärung des Rätsels organisch mit dem Wissen um die bisher bekannten Motivationen und Charakterzüge zu einem neuen Bild zusammenfügt. Die Techniken, eine Figur verdächtig oder unverdächtig erscheinen zu lassen, sind freilich im Laufe der Jahrzehnte so bekannt, daß die Lust am reinen Rätselspiel erlahmt.

Die Autoren haben immer gewagtere Lösungen gesucht (etwa: der Autor ist der Mörder), bis schließlich das Schema des »Whodonit« (engl. who's done it = wer hat es getan?) in der reinen Form nur noch selten angewandt wird. Ein Kommissar, der eine Stunde lang herumläuft und allen möglichen Verdächtigen immer wieder die Frage stellt, wann wer wo war, erregt bald kein Interesse mehr beim Zuschauer.

Man kann dem auf zweierlei Weise entgehen. Entweder, indem man am Anfang bewußt mogelt, also den Ablauf der Ereignisse so erzählt, daß er wie eine lückenlose Chronologie erscheint, dabei aber einen wichtigen Abschnitt ausläßt und ihn später in Rückblende nachliefert, (was unbefriedigend ist), oder indem man *Handlung* erfindet, *die während der Filmzeit weiterwirkt oder neu entsteht.*

Ein Beispiel für Handlungsenergie, die während der Filmzeit weiterwirkt, ist »Der Mann aus Zimmer 22« in der Reihe »Tatort«: In einem Hotelzimmer wird eine blonde Frau umgebracht. Ein Zimmernachbar sieht den Täter aus dem Zimmer kommen, er geht nicht zur Polizei, weil er die Nacht in dem Hotel seiner Ehefrau gegenüber verschweigen muß. Der weitere Verlauf der Handlung soll hier jetzt nicht interessieren. Wichtig für die Spannung ist, daß man weiß, der Täter läuft weiter herum, er ist auf einen bestimmten Frauentyp fixiert, und jede jüngere Blondine ist ein potentielles Opfer. In dieser Konstruktion kennt der Zuschauer also von Anfang an den Täter, er folgt dem Kommissar bei der Aufklärung wie ein neutraler Schiedsrichter, die Spannung bleibt erhalten, *weil von dem Täter nach wie vor Gefahr ausgeht.*

So wirksam der Stoff war, er kann als Muster für andere nur bedingt gelten, denn man braucht halt für diese Konstruktion zwingend den Psychopathen als Mörder. Und *Außenseiter,* Angehörige von *Minderheiten* oder *Kranke* sollten als Täter im Krimi die *Ausnahme* sein.

Ein zweiter Handlungsschub: Schöner ist es, wenn die neue, Spannung treibende Handlung *erst während des Films* entsteht. Besonders wichtig ist dies für die »Tatort«-Reihe mit ihren 90-Minuten-Längen. Neunzig Minuten Recherchen des Kommissars sind lähmend.

Ein Musterfall für die Wirksamkeit eines zweiten Handlungsschubs ist »Zweikampf«: Ein von der Pleite bedrohter Unternehmer nimmt eine Geisel, fordert und erhält Lösegeld. Dies alles sieht der Zuschauer, ein Rätsel ist nicht zu lösen. Kommissar Haferkamp kommt sehr rasch auf den Mann, von dem wir wissen, daß er der Täter ist.

Der zweite Handlungsschub ist Haferkampfs Versuch, dem Verdächtigen die Tat zu beweisen. Dabei führt er die Geisel (deren Augen während der Gefangenschaft verbunden waren) in die Wohnung, von der wir wissen, daß sie das Versteck war. Die Geisel erkennt die Wohnung nicht. In der Auflösung stellt sich heraus, daß die Geisel das Versteck sehr wohl erkannt hat. Sie hat ihre Chance gesehen, sich von ihrem ungeliebten Mann zu trennen, indem sie den Entführer schützt und mit ihm teilt.

Für die Krimihandlung gilt also: Die bloße Aneinanderreihung von Recherchen, der reine »Whodonit« reicht für die Spannung eines Fernsehkrimis nicht. Drei Auswege sind möglich. Erstens: Man unterschlägt am Anfang eine wichtige Information, die man dann in Rückblenden zeigt. Zweitens: Man zeigt die Tat am Anfang, vom Täter geht weitere Bedrohung aus. Drittens: Aus den Motiven und Konstellationen des Films entsteht im Verlauf neue Handlung.

Im Verlauf des Films entsteht neue Handlung. Diese Möglichkeit ist die beste. Sie gilt *analog auch für andere Genres.* In einem *Einzelspiel,* das im Kreis einer Familie spielt, kann es sehr auf-

regend sein, wenn der Fortgang der Handlung durch das Aufdecken von Taten der Vergangenheit bestimmt wird (wie in allen
großen Dramen von Ibsen). Für die *Serie* ist diese Erzählstruktur
nicht geeignet, die Serie braucht neue Handlung. Ein *einzelner
Heimatfilm* kann unter Umständen mit einem Minimum an Konflikten auskommen und seine Wirkung ganz aus der sentimen-
talen Verklärung der Vergangenheit beziehen, eine Heimat-*Serie*
braucht starke, aktuell fortwirkende Konflikte. Bezeichnender-
weise bezieht die »Schwarzwaldklinik« die Konfliktstoffe aus
dem Genre Krankenhausserie, während die Elemente des Genres Heimatfilm lediglich den dekorativen Hintergrund abgeben.

Der Serienautor hat sich, wie am Beispiel des Krimis dargelegt,
und wie für alle Serien geltend, stets und immer wieder die drei
Fragen zu stellen: Ist meine Geschichte für die vorgegebene
Länge geeignet? Paßt meine Geschichte zum Charakter der Serie? Bedient meine Geschichte die Standard-Figuren der Serie?
Geschichten, bei denen diese Fragen positiv beantwortet werden können, sind für die Serie taugliche Geschichten.

Michael W. Esser

Die Daily Soap

Südamerika ist der Kontinent, auf dem die Soap Operas »Tele
Novelas« heißen, was, wie ich finde, ein besserer Titel für sie ist.
Es ist auch der Kontinent, auf dem diese Fernsehereignisse Einschaltquoten haben, von denen hierzulande seit dem Auftauchen des Privatfernsehens nur noch geträumt werden kann.
Es gibt Abende, an denen sitzen 80 % der Bevölkerung eines
Landes wie Brasilien oder Kolumbien vor den Fernsehern und
sehen ihren Stars dabei zu, wie sie sich verlieben, wie sie sich
verlassen, wie sie heiraten, wie sie sich hassen lernen und sich
gegenseitig das Leben zur Hölle machen.

Ein Fall über die beiden Hauptdarsteller einer bekannten brasilianischen Soap, dem Traumpaar dieser täglichen Serie, ging
vor ein paar Jahren um die Welt. Nach langen und aufregenden
Verwicklungen, nachdem sie sich kennen und lieben gelernt haben, geheiratet haben, sich mal für kurze, mal für längere Zeit

wieder verließen, sich gegenseitig vorwarfen, Geliebte zu haben und Geheimnisse jeder Art voreinander hatten, nachdem sie sich schließlich dazu aufgerafft haben, sich scheiden zu lassen, haben sie dann doch festgestellt, daß in dieser neuen Konstellation zwischen ihnen als Geschiedene der Funke wieder überspringen kann. Nachdem aber auch diese Episode in ihrem Leben vorbei war, kam es schließlich zu einer Szene, die wahrscheinlich ganz Brasilien zu Tränen gerührt hat: Sie verabschiedet sich endgültig und für immer von ihm, erklärt ihm, daß sie einen Mann gefunden hat, den sie heiraten will, und mit dem sie eine Familie gründen wird. Tage nachdem diese Szene gedreht und dann gesendet worden ist, fand man die betreffende Frau tot, erstochen mit einer Papierschere in einem Gebüsch in der Nähe des Filmstudios.

Was ist an diesem Vorfall so interessant? Es ist das erste Mal, daß die Grenze zwischen zwei Welten verwischt bzw. von jemandem überschritten worden ist. Die eine ist dieses *tägliche Leben,* der Alltag, in dem alles gleichförmig vor sich hinzugehen scheint, manches viel zu langsam, vieles vielleicht auch viel zu schnell; nichts aber jedenfalls spielt sich jemals in dieser dramatischen Zuspitzung ab, die uns beim Ansehen eines Films, einer Folge einer Serie, bei eigentlich jedem gut gemachten fiktionalen Werk dieses Kribbeln im Bauch verschafft.

Demgegenüber steht die Welt des Dramatischen: Hier passieren die Dinge auf ganz andere Art und Weise, es vergeht keine Minute ohne die Angst um oder die Freude mit unserem Helden, daß etwas so geschehen ist, wie wir es nie erwartet hätten oder wie wir es eben gerade ersehnt haben. Der Held einer Serie langweilt sich nie, keine Minute, in der nicht schon im Hintergrund das Schicksal darauf lauert, ihm oder ihr ein weiteres Schnippchen schlagen zu können. Kurz gesagt, die Helden unserer Filme, Serien und Soaps leben ein Leben, von dem wir nur träumen können. Wie sich in dem Fall der brasilianischen Soap später herausstellte, hat tatsächlich der Hauptdarsteller in einer Phase geistiger Verwirrung es nicht ertragen, daß seine jahrelange Geliebte nun für immer von ihm gehen wollte. Er war wohl auch insgeheim darüber besorgt, daß dies mittelfristig das Ende seiner Rolle in dieser Soap bedeuten könnte.

153

Was ist eine Soap? Soaps entstanden im Radio. 1927 etablierte sich in den USA das kommerzielle Radio, welches die Voraussetzung für Soap Operas war. Die Programme wurden überwiegend von Firmen gesponsert, die davon ausgehen konnten, daß ihre Sendungen auch von ihrem Zielpublikum gehört wurden. Da dies tagsüber vor allem die Hausfrau und Mutter war, lag es nahe, daß Waschmittelkonzerne wie Colgate, Palmolive, Procter und Gamble zu denen gehörten, die die meisten und reizvollsten Programme sponserten. Die Seifenoper »Betty und Bob« wurde sieben Jahre lang täglich eine Viertelstunde gesendet. So neu ist die Idee also nicht, täglich in kurzen Episoden über das Leben einer begrenzten Anzahl von Charakteren in einer fortlaufenden, um nicht zu sagen unendlichen Spirale zu erzählen. Was eigentlich an einer Soap interessant ist – ich arbeitete beinahe anderthalb Jahre für »Verbotene Liebe«, – ist der Zusammenhang zwischen Logistik und Inhalt.

Soaps gehören zu der Gattung der Fernsehserien. Bei den zahlreichen Definitionsversuchen ist herausgekommen, daß eine Serie ein Spiel sein soll, in dem den Helden eine vorgegebene Reihe von Spielmöglichkeiten gegeben wird, die er in immer anderen Konstellationen ausprobieren kann.[1] Dann wurden Serien mit der Funktionsweise eines Karussels verglichen – die Bewegung soll immer gleich sein, eine Drehung, langsam oder schnell, um den Kern herum, ohne daß Anfang oder Ende auszumachen sei und in die man sofort mitten hineingerät, wenn man auf dieses Karussell aufspringt.[2] Auch der bekannte Romanschriftsteller und Essayist Umberto Eco hat sich in der Definition der Serie versucht. Für ihn ist eine Fernsehserie eine ideale Voraussetzung dessen, was Aristoteles in seiner Poetik als »Kompositionsprinzip« alles Dramatischen festgelegt hat: Anfang, Spannung, Klimax, Auflösung und Katharsis, in immer wiederkehrendem Rhythmus.

Die Produktion einer Soap erfordert ein hohes Tempo. Logistisch gesehen ist es klar, daß wenn man fünf Mal in der Woche, von montags bis freitags, dreißig Minuten senden will, man dann auch dieselbe Anzahl von Minuten in einer Woche herstellen muß. Dies bedeutet, daß man pro Tag etwa 30 Minuten inszenieren, filmen, schneiden, vertonen, mit Musik versehen und zur

Sendung fertigstellen muß. Um klarzumachen, was logistisch daran interessant ist, muß man bedenken, daß bei einem üblichen TV-Film grundsätzlich davon ausgegangen werden kann, daß ca. vier Minuten Film am Tag hergestellt werden. Wie ist es möglich, das Achtfache davon am Tag zu schaffen? Dafür gibt es technisch gesehen sehr viele Gründe, und was für das inhaltliche Arbeiten hier von Belang ist, läßt sich ganz einfach ausdrücken im folgenden:

Eine Soap spielt an immer wiederkehrenden Orten, mit einer Vielzahl von immer gleichen Figuren, die eine Anzahl von sehr ähnlichen Varianten einer immer gleichen Geschichte erleben. Dieser Versuch einer Eingrenzung des Begriffs könnte aber auch in einem weiteren Sinne ein Versuch der Definition von »Alltag« sein. Für jeden von uns ist es sicher so, daß ein großer Teil dieses Alltags sich eben genau so abspielt: als eine Geschichte mit immer wiederkehrenden Orten, an denen eine begrenzte Anzahl von Figuren in immer wieder neuen Varianten ähnliche Geschichten erlebt.

Bei einem logistischen Wunderwerk einer Soap Opera kann es nicht anders sein, als daß auch die Herstellung der Drehbücher einer streng geordneten und zu befolgenden *Logistik* unterliegt. Diese Logistik ist relativ schnell erläutert: Die Geschichten für eine Soap Opera entstehen in einem Büro für Geschichten, einem Ort, an dem sich täglich zu geregelten Arbeitszeiten Autoren treffen; im Fall von »Verbotene Liebe« waren dies am Anfang sieben.

Was tun diese sieben Autoren? Sie bekommen zunächst einmal einen Titel, und der lautet »Storyliner«. Storyliner sind Autoren, die nicht Drehbücher schreiben, sondern Vorlagen zu diesen Drehbüchern liefern. Das bedeutet, daß sie Texte verfassen müssen, in denen Dialoge nur indirekt beschrieben werden, in denen alles, was in einer Szene passieren soll, möglichst knapp zu schreiben ist und die als Vorlage dienen für Autoren, die wiederum aus diesen Vorlagen Szenen machen, in denen der einzelne Schauspieler seine zu sprechenden Texte bekommt.

Welche Rollen gibt es bei der Drehbuchherstellung? Beginnen wir an einem beliebigen Montagmorgen in dem Autorenbüro von »Verbotene Liebe«: zwischen neun und zehn Uhr treffen die sieben Autoren ein. Nachdem man sich mit Kaffee und Papier versorgt hat, setzt man sich um einen Tisch herum. Damit nun an diesem Tisch mehr passiert, als daß man sich gegenseitig die Erfahrungen und Erlebnisse des letzten Wochenendes erzählt, muß diese Gruppe von jemandem geleitet werden, dem »Storyeditor«. Der Storyeditor ist eigentlich nicht mehr als ein Diskussionsleiter. Er hat vor sich ein oder mehrere Blatt Papier, auf denen die *Namen der Charaktere* stehen, die für unsere Soap Opera wichtig sind.

Da natürlich jeder einzelne dieser Charaktere in Geschichten mit anderen Charakteren eingebunden ist, stehen die Namen nicht alleine da, sondern in *Gruppen.* Zum Beispiel könnte auf seinem Papier ganz oben stehen »Arno, Iris, Susanne, Jan«.

Wer »Verbotene Liebe« etwas kennt, der weiß, daß Arno und Iris die Eltern von Jan sind und Jan dieser bedauernswerte Charakter ist, der sich am Anfang von »Verbotene Liebe« in seine Schwester Julia verliebt, ohne jedoch zu wissen, daß es sich bei ihr nicht nur um seine Schwester, sondern sogar um seine Zwillingsschwester handelt. Neben den großen Verwicklungen um diese beiden Hauptcharaktere war es natürlich nötig, auf Nebenschauplätzen ebenfalls interessante Geschichten zu erzählen.

Wie wird die Story entwickelt? Nehmen wir an, wir befinden uns irgendwo zwischen Folge 150 und 200. In der Zwischenzeit haben Jan und Julia erfahren, daß sie Geschwister sind, was allerdings nicht dazu geführt hat, daß die Liebe, die sie füreinander empfinden, beendet ist. Jans Vater, Arno, weiß zu dem Zeitpunkt, um den es hier geht, noch nicht, daß sein Sohn seine Tochter wiedergesehen hat und es damit eine Verbindung gibt zu Clarissa, der Frau, die er einmal sehr geliebt hat und die ihn verlassen hat, wobei sie Julia, seine Tochter, mitgenommen hat. Um mit dem *ganz großen Bogen* zu beginnen, geht es für Arno darum, daß er unvermeidlich seine Ex-Frau Clarissa wiedersehen wird und um die Frage, wie die beiden auf dieses Wiedersehen reagieren werden. Dieser Bogen allerdings ist so weit gespannt, daß alle Beteiligten wissen, es müssen noch mindestens 60-80 Folgen vergehen, bis es zu einem Treffen zwischen Arno und Clarissa kommen kann. Also geht es zunächst einmal um einen *kleinen Schritt* in dieser großen Geschichte, nämlich darum, wie können wir Arno in eine Situation bringen, in der sein Sohn Jan es für sinnvoll hält, Arno mit Clarissas jetzigem Mann, dem Baron von Anstetten, bekannt zu machen.

Entschieden worden ist bereits in einer vorherigen Sitzung, in der es um den größeren Bogen ging, daß wir Arno in große Schwierigkeiten bringen wollen.
Nun endete die letzte Woche damit, daß Arno einen sehr lukrativen Auftrag bekommen hat. Man muß hier wissen, daß Arno als kleiner Bauunternehmer tätig ist und sich wirtschaftlich zu diesem Zeitpunkt sehr nach der etwas zu kurzen Decke strecken muß. Es geht also in einem wiederum kleineren Stück darum, zu erzählen, daß Arno diesen Bauauftrag annimmt und beginnt, sich dafür in erhebliche Unkosten zu stürzen. Arno ahnt noch nicht, daß der Auftraggeber schließlich an einem kritischen Punkt seinen Auftrag zurückziehen wird, was für Arno eine erhebliche finanzielle Krise nach sich ziehen wird.
Die Frage, die der Storyeditor also nun seinen Storylinern als Diskussionsleiter stellen würde, ist: Was wird Arno für nächste Schritte unternehmen und wie wird er davon erfahren, daß der Bauunternehmer, der ihn beauftragt hat, längst vor dem Konkurs steht?

Die Storyliner machen Vorschläge. Unter diesen Vorschlägen kann sein: Arno kauft Baumaschinen, Arno stellt weitere Leute in seinem Büro ein, Arno zieht in ein größeres Büro um. Alles das wird kurz diskutiert: Der Storyeditor muß schnell entscheiden, was ist für unsere Geschichte nützlich, was eher nicht. Er entscheidet sich in diesem Fall z. B. dafür, daß Arno weiteres Personal einstellt.
Warum entscheidet er sich dafür? Arno hat nicht nur Jan als Sohn, sondern er hat auch noch eine Tochter namens Susanne, ein sehr attraktives Mädchen, das zu diesem Zeitpunkt in der Geschichte nach mehreren unglücklichen Liebesbeziehungen eigentlich davon überzeugt ist, daß es den richtigen Mann für sie auf dieser Welt einfach nicht geben wird.

Die einzelnen Handlungsstränge müssen verknüpft werden. Der Storyeditor denkt parallel zu Arnos Geschichte auch an Susanne. Er entscheidet, daß Arno einen attraktiven jungen Architekten einstellt und daß sich zwischen dem Architekten und Susanne eine Liebesgeschichte entwickeln wird. Es ist also klar: Wir wollen erzählen, wie Arno sich unter mehreren Bewerbern, nicht ohne den Einfluß von Susanne, für eben diesen jungen Architekten entscheidet, wie dieser Architekt eingestellt wird, wie es zu Verhandlungen über das Gehalt des Architekten kommt. Wir müssen sicher auch noch einmal Arno zeigen, wie er bereits jetzt sieht, was für enorme Kosten er sich aufgeladen hat, um diesen Auftrag ausfüllen zu können, und müssen nun entscheiden, an welchem Punkt wollen wir in der Woche, um die es hier geht, die Geschichte beenden.

Der Schluß einer einzelnen Folge ist jeweils eine große Herausforderung für das Team. Nun kommt ein Begriff ins Spiel, der Storylinern sowie -editoren viel Kopfschmerzen und bisweilen auch lange Nächte vor dem Computer beschert: der *Cliffhanger*. Ein Cliffhanger ist das, was jeder Zuschauer als die Szene kennt, mit der eine Folge endet, und in der er doch am liebsten gesehen hätte, wie diese Geschichte denn nun weitergeht. Wenn ein Cliffhanger wirklich gut funktioniert, dann kann der Zuschauer es kaum erwarten, am nächsten Tag seine Serie wieder einzuschalten. Er *muß* wissen, was sein Held oder seine Heldin, nachdem sie diese letzte Szene erlebt haben, unternehmen werden. Diese Szene garantiert dem Fernsehsender eine immer ähnlich hohe Einschaltquote für seine Serie und damit schlußendlich den Fortbestand derselben im Programm des Senders.

Verschiedene Varianten werden im Anschluß wiederum unter Anleitung des Storyeditors diskutiert. Der junge Architekt könnte Susanne eine Rose schenken. Dieses ist als Cliffhanger aber bei weitem nicht dramatisch genug. Er könnte ihr mitteilen, daß er sich in sie verliebt hat. Das verwirft der Storyeditor, da ihm dieses Ereignis für den gegebenen Zeitpunkt als viel zu früh erscheint. Es wird überlegt, ob Arno dem Architekten sagen kann, daß er ihn leider nicht einstellen kann, da er zu viel Geld verlangt und Susanne nun ihrerseits die Einstellung vornimmt. Auch dies wird als zu kompliziert verworfen. Schließlich fordert der Storyeditor seine Storyliner auf, zum Kern der Geschichte zurückzukommen, denn wir wollen ja vor allem Arnos finanziellen Ruin erzählen. Dies führt dazu, daß überlegt wird, wie man diesen Schritt in der Geschichte durchführen kann.

Schließlich kommt jemand darauf, daß Iris, also Arnos Frau zufälligerweise über eine Bekannte erfährt, daß der Auftraggeber von Arno längst Konkurs angemeldet hat. Dies erscheint allen Beteiligten und dem Storyeditor als ein gutes vorläufiges Ende dieser Geschichte.

Wie arbeitet man als Autor bei einer Soap? In dieser Art und Weise werden alle weiteren Handlungsstränge diskutiert und entwickelt. Hat nun der Storyeditor für alle Charaktere eine Geschichte in kurzen Worten auf seinem Blatt skizziert, geht es daran, diese Geschichten auf Folgen zu verteilen. Hier kommt wieder der Cliffhanger ins Spiel: Jede Folge muß, wie schon gesagt, mit einer solchen Szene enden. Die wichtigste Folge ist dabei die des Freitagabends, denn hier soll der Zuschauer dazu angehalten werden, das Wochenende über nicht zu vergessen, am Montag um dieselbe Zeit »Verbotene Liebe« wieder einzuschalten.

Also muß dieser Cliffhanger von *besonderer Dramatik* sein. Der oben beschriebene in der Geschichte von Arno und Iris würde sicher für einen Freitagabend nicht ausreichen, er würde von dem Storyeditor auf einen Montag oder Dienstag verlegt werden. Gewöhnlich und wenn die Zusammenarbeit der einzelnen Autoren gut funktioniert, sind auch mehr Cliffhanger zustande gekommen als man benötigt, so daß man eine *Auswahl* hat und relativ schnell in der Lage ist, eine Verteilung auf einzelne Folgen vorzunehmen.

Die Storyliner entwickeln anschließend aus dem vorher Besprochenen *einzelne Szenen;* im Fall von »Verbotene Liebe« ca. 17-18 pro Folge. Sie schreiben in aller Kürze, was in dieser Folge stattfinden soll, achten dabei natürlich genauestens darauf, daß vorher besprochene Erzählabschnitte eingehalten werden, besprechen sich mit ihren Kollegen darüber, wo in ihrer Geschichte ein Geschehen endet und wie es der Autor der folgenden Folge wieder aufnehmen will. Sie liefern schließlich nach ein bis zwei Tagen ihre Folgen beim Storyeditor ab, der überprüft, ob alles, was besprochen worden ist, in die einzelnen Folgen eingeflossen ist. Ist dies der Fall, übergibt er sein Paket an die nächste Abteilung, in der sich eine neue Art von Autoren befindet: die »Scripteditoren«.

Die Scripteditoren kennen zunächst einmal viele Autoren, die außerhalb des Produktionsgebäudes, nämlich bei sich zu Hause arbeiten. Diese werden regelmäßig von den Scripteditoren mit den nun fertig gewordenen Storylines versorgt und müssen in einer relativ kurzen Zeit, selten mehr als sieben Tage, aus einer Storyline von 17-18 Szenen ein Drehbuch mit Dialogen anfertigen.

Diese Dialogbücher werden an die Scripteditoren zurückgegeben. Diese achten darauf, daß jede Figur ihre eigene Sprache spricht, daß nicht zu dialoglastig erzählt wird, daß die Dialoge interessant sind und für die Schauspieler sprechbar bleiben. Ist dies geschehen, werden die Bücher noch einmal dem Headwriter vorgelegt. Der Headwriter überwacht das gesamte Geschehen in der Autorenabteilung, angefangen von der Entwicklung der Geschichte bis zum fertigen Drehbuch. Das muß er auch, da er derjenige ist, der schließlich mit den Büchern zur Redaktion geht; dieses ist im Produktionsablauf der Bücher für eine Soap der letzte Schritt. Die entstandenen Drehbücher werden mit Redakteuren besprochen. Die Redakteure melden ihre Kritik an, diese wird dann möglichst schnell in die Bücher eingearbeitet, so daß man sich mit der Arbeit an der folgenden Produktionswoche befassen kann.

Was hier zunächst ausgespart blieb sind Zwischenschritte. Natürlich werden auch schon Storylines mit der Redaktion besprochen und natürlich gibt es Konferenzen darüber, wie die eben erwähnten großen Bögen aussehen sollen, in die, es kann gar nicht anders sein, auch die Redaktion mit einbezogen wird. Ebenfalls ausgespart soll hier bleiben, darüber zu berichten, daß man als Storyliner wie auch als Storyeditor des öfteren ganze Nächte durcharbeiten muß, da Überarbeitung und Erstellung einer neuen Produktionswoche parallel passieren müssen. Alles dies wird derjenige, der sich für diese Tätigkeit interessiert, sehr schnell am eigenen Leib erfahren.
Ich erwähne dies nicht, um zu entmutigen. Im Gegenteil: Für mich als Autor war die Arbeit bei »Verbotene Liebe« ein unschätzbarer Gewinn.

Warum ich zur Soap gegangen bin: Ich habe erfahren, daß man in einer strukturierten Diskussion sehr schnell Geschichten entwickeln kann. Ich habe erkannt, daß es durchaus möglich ist, daß andere eigene Ideen aufnehmen, damit arbeiten und man wiederum auf das Ergebnis dieser Arbeit setzt, und so schnell sehr viel Material entstehen kann.

Vor allen Dingen aber habe ich bei dieser Arbeit eines gesehen: *Die Arbeit des Autoren ist vor allem Schreiben.* So banal dies auf Anhieb klingen mag, bei näherem Hinsehen ist es dies aber nicht. Man sollte als Autor die Disziplin haben, grundsätzlich alles, was auch nur den Ansatz einer Idee in sich birgt, aufzuschreiben. Man sollte versuchen, das weiter zu entwickeln: man sollte darüber nachdenken, wo ist der Anfang, was ist die Mitte, wie kann das enden. Und man sollte vor allem eins tun, und das lernt man bei Soap Operas ganz bestimmt: Man sollte darauf vertrauen, daß in *Zusammenarbeit* sehr viel entstehen kann, wozu man alleine an seinem Schreibtisch sehr viel länger bräuchte, wenn man denn überhaupt jemals zu einem Ergebnis kommt.

Soap-Schreiben hat zwei Seiten. Warum, wenn diese Arbeit doch so schön war, habe ich nach anderthalb Jahren oder ca. 350 Folgen bei »Verbotene Liebe« aufgehört? Zunächst einmal glaube ich grundsätzlich, daß jeder, der sich ernsthaft mit der Idee trägt, in einem solchen Zusammenhang als Autor zu arbeiten, sich vornehmen sollte, *nur eine begrenzte Zeit* zu bleiben. Das serielle, um nicht zu sagen, industrielle Schreiben ist sinnvoll, um die oben erwähnten Erfahrungen zu machen. Allerdings muß man durchaus auch die Gefahr sehen, daß man als Autor allzu leicht nach einem ›Schema F‹ Verwicklungen konstruiert, Charaktere aufeinanderprallen läßt und dann denkt, schon eine erzählenswerte Geschichte zu haben.

Bei der Soap zählt vor allen Dingen der Anteil an der Geschichte, in dem das immer Gleiche an immer ähnlichen Orten und so weiter passiert. Ich habe allerdings, um wirklich Geschichten erzählen zu können, auch nicht umhin gekonnt, mich mit den einzelnen Charakteren der »Verbotenen Liebe« wirklich auseinanderzusetzen, mich teilweise wirklich zu identifizieren. Und hier fing mein eigentliches Problem an: Für mich ist ein Held oder eine Heldin eine *starke Figur*, jemand, der sich nicht scheut, einem Konflikt ins Auge zu sehen, der zwar Angst hat, aber zielstrebig auf den Kern seines Konfliktes zugeht und versucht, und wenn es sein muß unter dem Einsatz seines Lebens, den Konflikt zu lösen. Vor allen Dingen aber ist für mich ein Held oder eine Heldin eine Person, die am Ende dieser Geschichte, die ich erzählen möchte, eine andere geworden ist als am Anfang. D. h. der größte Mut, und das gilt nicht nur für das Fernsehen, sondern auch für das wirkliche Leben, besteht darin, *sich zu ändern.* Dies ist aber für eine Soap Opera das Todesurteil. Niemand darf in einer Soap Opera wie »Verbotene Liebe« jemals seine grundsätzliche Haltung aufgeben, er muß ständig sich um seinen eigenen Konflikt drehen, wie sich ein Karussel um seine eigene Achse dreht. Er darf niemals auf diesen Konflikt zugehen; und wehe dem Charakter einer Soap Opera, der seinen Konflikt jemals löst. Denn das würde bedeuten, am nächsten Tag kann er in der Serie, die bis dahin sein Leben war, nicht mehr auftreten.

[1] Peter Hoff: »Versuch zur dramatischen Fernsehserie«. in: Beiträge zur Film- und Fernsehwissenschaft, Heft 4, 1982, S. 41
[2] Gunter Mahlke: »Dallas-Around and Around. Das Karussell dreht sich weiter«. in: Zwischenschritte, Heft 2, 1984, S. 46

Gunther Witte

Das deutsche Kino

Auch in den schwärzesten Zeiten des deutschen Films galt es Autoren, Regisseuren und Produzenten als höchstes Privileg, für das Kino zu arbeiten. Wie selbstverständlich betrachteten sie Fernsehen als zweitrangig. Kino war Torte mit Sahne, Fernsehen das tägliche Brot. Sie wußten natürlich, daß tägliches Brot zum Leben wichtiger ist als das köstlichste Feingebäck, aber sie sagten es nicht laut.

Woher kommt diese eigentlich widersinnige Einstellung, die dennoch offensichtlich unumstößlich ist? Sicher hat das sehr viel mit dem spezifisch deutschen Kunst- und Kulturbegriff, mit dem bis heute nicht wirklich aufgelösten Widerstreit zwischen »E« und »U«, »hoher Kunst« und »niederer Unterhaltung« zu tun. Über Kinofilme wird im Feuilleton geschrieben, über TV-Produktionen – auch anspruchsvolle – »nur« auf der Fernseh-Seite. Mit dem Kinofilm hat man die Chance, auf internationale Festivals, im besten Fall sogar zum »Oscar« zu kommen. Mit Fernseh-Produktionen bleibt man – von ganz wenigen Ausnahmen abgesehen – in den nationalen Grenzen. Der Kinofilm wird eben als Kulturgut gehandelt. Fernseh-Produktionen sind Teil dieses von den Kulturträgern immer etwas von oben herab betrachteten Massen-Mediums.

Was kann man nun angehenden Autoren in der beschriebenen Lage raten? Fernsehen oder Kino? Kino als die Krönung des Drehbuchschreibens? Hier kann es nicht darum gehen, nach der unterschiedlichen Ästhetik von Fernsehfilmen und Kinofilmen zu fragen, wobei einige Theoretiker die absolute Identität beider Medien sehen, andere ihre extreme Unterschiedlichkeit behaupten. Angehenden Autoren sollte geraten werden, *von der Situation in unserem Lande auszugehen,* in dem das große Kino à la Hollywood nur in Ausnahmefällen oder in internationalen Koproduktionen vorkommt. Sie sollten auch wissen, daß es in Deutschland kaum Autoren gibt, die nur für das Kino schreiben. Vermutlich werden viele unserer angehenden Autoren dennoch die Sehnsucht nach dem rauschenden Kino-Erfolg im Herzen tragen. Ganz *pragmatische Überlegungen* aber sprechen eher für einen kühlen Kopf und einen realistischen Blick auf die Dinge.

Gleichberechtigte Optionen: »Drehbuchschreiben für Fernsehen und Film« heißt unser Buch. Schon der Titel stellt beide Optionen gleichberechtigt nebeneinander. Der Beschluß, eines der beiden Medien auszuklammern, wäre für einen Autor grundfalsch, zumal sich gute Geschichten sowohl im Fernsehen als auch im Kino erzählen lassen. Die jeweilige Realisations-Perspektive ergibt sich dann schon aus der Besonderheit des Stoffes und seiner Strukturen.

Vorteile und Nachteile: Die Erstrangigkeit des Kinos in der Medienlandschaft läßt sich durchaus in einigen Punkten relativieren. Natürlich besitzt das Kino objektive Vorteile. So ist jeder Film ein Unikat, das als solches wahrgenommen wird und das nicht im unübersichtlichen Angebot der zahlreichen TV-Kanäle untergeht. Wenn der Film ins Kino kommt, läuft er tage-, wochen- oder monatelang. Fernsehfilme erscheinen einmal im Programm, sie werden gelegentlich wiederholt und verschwinden ansonsten in den Archiven.

Auf der anderen Seite sind die unterschiedlichen Erfolgsmaßstäbe zwischen Kino und Fernsehen geradezu absurd. 100 000 Besucher werden im Kino – bei anspruchsvollen Filmen – durchaus als Erfolg verbucht. Ein Fernsehfilm mit weniger als 3 Millionen Zuschauern gilt gemeinhin als Flop.

Davon abgesehen sind die Chancen, für das Fernsehen zu schreiben, weitaus größer als beim Kino. Dort entstehen ca. 100 Filme jährlich (darunter sind eine beträchtliche Zahl Dokumentarfilme). Das Fernsehen dagegen benötigt ein Vielfaches an neu zu produzierendem Programm.

Die Rolle des Autors: Wer kennt die Drehbuch-Autoren von – beispielsweise – »Psycho«, »Pretty Woman« oder »Die Blechtrommel«? Die Kino-Öffentlichkeit interessiert sich kaum für den Autor. Prägend ist der Regisseur, *sein* Name, *seine* Leistung. Im Fernsehen gibt es immer noch den Film von Wolfgang Menge, Sascha Arango oder Peter Zingler, obwohl sich auch hier das Primat des Autors zugunsten des Regisseurs mehr und mehr abgeschwächt hat.

Durchschnittliche Autoren-Honorare im deutschen Kino liegen keineswegs so gewaltig über den Fernseh-Normen, wie es oft behauptet wird. In den öffentlich-rechtlichen Sendern summieren sich die einhundertprozentigen Wiederholungs-Sätze schnell zu einem ansehnlichen Betrag. Auch die Einmal-Zahlung (Buy-Out) der Privaten nähert sich durchaus den Kino-Honoraren. Die beträchtlichen Gelder, die Serien-Autoren – besonders bei langlaufenden Serien – verdienen können, müßten sogar Kino-Autoren vor Neid erblassen lassen.

Also: ein Für und Wider, ein Abwägen der Vor- und Nachteile: Auf jeden Fall ein Plädoyer gegen das blinde Bekenntnis zum Kinofilm als alleinseligmachender Drehbuch-Leistung. Eines ist allerdings nicht zu leugnen: Gemessen am Fernsehen ist der Lohn für einen gelungenen Kinofilm so viel höher wie es die zu überwindenden Schwierigkeiten bei seiner Entstehung sind. Auch für den Autor gilt: Während im Fernsehen den Auftraggebern gute Quoten oder auch nur Qualität reichen, muß er im Kino die harte Mark in die Kasse holen. So ist das Schreiben von Kino-Drehbüchern für den Autor ohne Frage die größte Herausforderung.

Wie aber kommt man zu einem erfolgreichen Kinofilm? Keiner weiß das wirklich in Deutschland, außer vielleicht Horst Wendlandt und Bernd Eichinger. Wäre das anders, gäbe es auch bei uns viele steinreiche Filmtycoons. Und wenn die Produzenten, bei denen es immerhin um Millionenbeträge geht, schon ratlos sind, wie sollen dann die Autoren die Treffer landen.

Mutmaßungen lassen sich allerdings anstellen. Die banalste heißt: Der Film muß dem Zuschauer die Anreise ins Kino, die nicht geringen Aufwendungen für Ticket und Erfrischungen, die möglicherweise eingeschränkte Sicht durch den dicken Kopf eines Zwei-Meter-Mannes vor ihm wert sein. Da er nie wirklich weiß, was ihn erwartet, da er auf Mundpropaganda, Kritiken und eine vage eigene Vorstellung vom Film angewiesen ist, geht er immer ein Risiko ein.

Die Geschichte: Dieses Risiko wird er am ehesten akzeptieren, wenn ihm der Film eine originelle oder spektakuläre Geschichte verspricht. Diese Geschichte muß sich *in knapper Form* vermitteln lassen. Das hat zum Beispiel den Erfolg des »Bewegten Mannes« wesentlich bestimmt, und es erklärt ebenso die enorme Resonanz auf das Kammerspiel »Der Totmacher« im Kino.
Wie ein gewievter Börsenspekulant muß der Autor mit den *Trends* umgehen können. Wenn er Glück hat, hängt er sich gerade noch rechtzeitig an eine erfolgreiche Genre-Welle. Kommt er zu spät, bestraft ihn das Publikum. So mußte der deutsche Film sehr schnell erleben, daß Beziehungs-Komödien nicht unbegrenzt verkaufbar sind. Möglicherweise kommt es – um ein anderes Beispiel zu nennen – zu einer Renaissance des historischen Films, in den über Jahre niemand zu investieren gedachte.

Es gibt Genres, die im deutschen Film in der Regel keine Chance haben. Der Kinozuschauer hat offensichtlich an Krimis, die im eigenen Lande hergestellt werden, kaum Interesse. Allzu übermächtig ist die Konkurrenz aus Hollywood: Wenn Krimi, muß er schon aus den USA sein. Dazu kommt, daß der Krimi in allen seinen Erscheinungsformen vom deutschen Fernsehen total abgedeckt wird.

Auch überdrehte, überzogene Formen, Satiren, Kriminalkomödien u. Ä. funktionieren nur selten im Spielfilm. Die Schneider-Satire »Peanuts« war im Kino ein Mißerfolg, im Fernsehen dagegen erzielte sie eine besonders hohe Zuschauer-Beteiligung.

Hollywood: Wenig Sinn macht es, Genres zu nutzen, die der amerikanische Film optimal und mit Etats, über die deutsche Produzenten nicht verfügen, bedient. Das betrifft ebenso große Science-Fiction-Filme wie die schon erwähnten spektakulären Action-Thriller.

Emotionen: Ein Autor kann die dramaturgischen Techniken noch so gut beherrschen, er kann glänzende Dialoge schreiben, wenn er nicht – das ist so simpel wie wahr – die Menschen zum Lachen oder Weinen bringt, wird der Erfolg ausbleiben. Oberstes Kriterium der Autoren-Arbeit muß die *Emotionalität* der Geschichte und ihrer Personen sein.

Drehbuchförderung: Dieses Buch bietet eine umfangreiche Zusammenfassung der *Autoren-Förderungen* im deutschsprachigen Bereich. Hier sind in der Tat Projekte mit Kino-Perspektive im Vorteil. Die wichtigsten Institutionen – wie Filmförderungsanstalt (FFA) und der Beauftragte der Bundesregierung für Angelegenheiten der Kultur und der Medien beim Bundeskanzleramt (BKM, früher BMI) – fördern nur Drehbücher zu Spielfilmen.

Dazu einige praktische Tips:
- Wichtig ist nicht der Umfang des vorzulegenden Manuskripts, sondern die überschaubare und verständliche Darstellung des Stoffes, bzw. der Geschichte.
- Wichtig sind nicht Handlungs-Details, sondern die Beschreibung der grundlegenden Handlungs-Strukturen.
- Die Präsentation muß deutlich machen, daß der Stoff einen abendfüllenden Spielfilm trägt.
- Die Bedeutung der Dialog-Probe sollte keinesfalls unterschätzt werden.

- Bei einer literarischen Vorlage kommt es nicht auf die kompri-
mierte Inhaltsangabe an, sondern auf das filmische Konzept
der Umsetzung.
- Es sollten keine Stoffe ausgewählt werden, deren Realisation
als deutscher Film aus Etat- oder anderen Gründen von vornherein ausgeschlossen ist.
- Ein Exposé sollte nicht mehr als 10, ein Treatment nicht mehr
als 40 Seiten Umfang haben. Dringend abzuraten ist von eng-
zeilig oder beidseitig beschriebenen Manuskripten!

Gebhard Henke

Schreiben für die Öffentlich-Rechtlichen

In der heutigen Medienlandschaft gibt es für Film- und Fernseh-
autoren so viele Möglichkeiten zum Schreiben wie noch nie zuvor. Die Unübersichtlichkeit und die Anforderungen haben aber
ebenso zugenommen. An wen kann und darf sich ein Autor mit
wem oder was wenden und was wollen und erwarten die Auftraggeber?

Durch die Konkurrenz mit den kommerziellen Sendern haben sich die öffentlich-rechtlichen Sender verändert, den eigenen Qualitätsbegriff, die Erfolgskriterien und den Bezug zum Publikum überdacht. Das Hineinwachsen in diese Marktsituation
hat nach einer Phase der Verunsicherung auf dem Feld der Fernsehfilme und Serien zu *stärkerem Konkurrenzbewußtsein* und
dem *Willen zu mehrheitsfähigen Formen* geführt. In den letzten
Jahren aber auch zu einem Wiederaufleben der Tradition öffentlich-rechtlicher Fernsehfilme, die an den inhaltlichen Anspruch
des guten alten *Fernsehspiels* anknüpfen, dieses aber ästhetisch
und formal auf eine neue Ebene gehoben haben. Dieses zeigen
avancierte Beispiele aus der politischen Geschichte wie z. B. »Todesspiel« von Heinrich Breloer, deutsche Biographien wie »Die
Bubi-Scholz-Story« oder die in den spannenden und unterhaltsamen ARD-»Tatorten« erzählten Fälle deutscher Wirklichkeit.
Das gilt auch für preisgekrönte Fernsehfilme wie »Schande«, den
Film über den Mißbrauch eines Kindes oder das Alkoholikerin-
Drama »Dunkle Tage«. Filme dieser Art machen folgendes deut-

lich: Problemorientiertheit und emotionale Durchdringung eines Stoffes, öffentliche Anerkennung, Reputation und Zuspruch eines großen Massenpublikums, Qualität und Quote müssen sich nicht ausschließen.

Auf zwei unterschiedliche Arbeitsfelder fiktionaler Produktionen trifft grundsätzlich, wer als Autor für die öffentlich-rechtlichen Sender (ich beziehe mich hier insbesondere auf den WDR) schreiben will:

1. Auf Programme, die als Auftragsarbeiten mit klaren Vorgaben und Auflagen versehen sind,
2. auf Filme, die von einer weitgehenden künstlerischen Originalität und Selbstbestimmtheit ausgehen.

Wer z. B. für die ARD-»Tatort«-Reihe, die »Lindenstraße« oder die regionale WDR-Weekly »Die Anrheiner« ernsthaft schreiben will, hat vorab eine Menge zu beachten und zu klären und kann dadurch viel Energie und Lebenszeit sparen.

Serien, die sich entweder an für die Werbekunden relevante Zuschauerzielgruppen oder aber zur Prime-Time an ein großes Zuschauerspektrum wenden, zeigt die ARD im Vorabend- und auch im Hauptabendprogramm. Da das Wesen des Seriellen immerzu nach der *Fortsetzung* verlangt, werden erfolgreiche Serienformate fortgeschrieben. Schon qua Definition gilt dieses für Langlaufserien wie die »Lindenstraße« und »In aller Freundschaft« und für regionale Serien wie »Die Fallers« und »Die Anrheiner«.

Das bedeutet für Autoren, daß zum einen ein *eingespieltes Team* bereits an diesen Langlaufserien schreibt, vielleicht sogar am Entstehungsprozeß beteiligt war, und so grundsätzlich *wenig Bedarf an neuen Autoren* existiert. Andererseits kommt jede lang laufende Serie an den Punkt, an dem *Autoren wechseln* und sich Arbeitsmöglichkeiten für nachwachsende Autoren auftun. Um sich für eine solche Tätigkeit ins Gespräch zu bringen, ist es empfehlenswert sich (mit guter Programmkenntnis) bei den zuständigen Produzenten, Produktionsdramaturgen und Sendern um die Möglichkeit zu bemühen, einmal ein Probedrehbuch zu schreiben. Jede verantwortungsvolle Produktion wird in Newcomer investieren. Nur auf diesem Weg kann sich ein angehender Autor für renommierte Serien ins Gespräch bringen.

Auf 13teilige Serien mit unterhaltsamen, familienorientierten Stoffen setzt der ARD-Serientermin (dienstags um 20.15 Uhr). Es sollen möglichst in sich abgeschlossene Episoden mit einem durchgehenden Figurenensemble sein. Das Krimi-Genre hat hier eher keine Chance. Produktionen wie »Adelheid und ihre Mörder«, »Auf eigene Gefahr«, »Happy Birthday«, »Liebling Kreuzberg«, aber auch Ereignisse wie »Klemperer – Ein Leben in Deutschland« haben diesen Termin geprägt.

Mit Einreichungen und Entwicklungen befaßt sich eine zentrale Gemeinschaftsredaktion der ARD. Die Kriterien für Serien-Präsentationen haben sich bei den unterschiedlichen Sendern in Deutschland stark angeglichen. In der Regel wird eine Konzeptionsbeschreibung mit einem detaillierten Figurenprofil, einem ausgeschriebenen Buch und 12 weiteren Folgen-outlines als Grundlage für eine Entscheidung erwartet. Ermutigungen, aber auch Kritik werden natürlich schon auf der Grundlage kleinerer Papiere ausgesprochen.
Serienentwicklungen werden in der Regel von Produzenten gemeinsam mit Autoren vorgenommen. Der Aufwand und die Investition, die allein die Entwicklung eines Serienstoffes betreffen, aber auch der Nachweis, eine Serie überhaupt inhaltlich wie organisatorisch umsetzen und herstellen zu können, legt fast zwingend nahe, daß Autoren sich damit nicht direkt an Sender, sondern an *Produzenten* wenden. Erwärmt sich der Produzent für eine Idee, wird er nach Bearbeitungen und Veränderungen entscheiden, wann und welchem Sender er den Stoff anbieten wird (s. Werner Kließ, »Die Fernsehserie«).

Ein neuer Autor steht sowohl bei den langlaufenden Serien als auch bei den 13-teiligen Serien im Hauptabendprogramm meistens vor der Herausforderung, sich in ein bereits vorhandenes Team von anderen Autoren, Regisseuren, Produzenten und Redakteuren zu integrieren und sich innerhalb vorgegebener Figuren und Handlungsstränge zu bewegen. Seine *Kreativität* muß eine *geleitete* sein, die bereits Vorhandenes aufnehmen und phantasievoll ausformen und weiterentwickeln kann. Dieser Job ist also nichts für Einzelkämpfer, die unbedingt nur ihre persönlichen Anliegen und Stoff-Ideen umsetzen wollen.

Reihen stellen andere Anforderungen an den Drehbuchautor. Am Sonntagabend, dem durchgehenden Krimi-Termin der ARD, gibt es in erster Linie die Reihen »Tatort«, »Polizeiruf 110«, hin und wieder auch Folgen von »Schimanski«, »Stahlnetz« und »Die Männer von K3«. Am Mittwochabend, dem Termin für den Fernsehfilm in der ARD, gibt es neben individuellen Einzelstücken und mehrteiligen Fernsehfilmen (z. B. »Todesspiel«, »Der Laden«, »Liebe und andere Katastrophen«) die Reihe »Wilde Herzen«. Neben der seit 30 Jahren existierenden »Tatort«-Reihe gibt es seit der Wende das aus der ehemaligen DDR stammende Format »Polizeiruf 110«, das sich im Unterschied zum spannungsreichen und eher actiongeladenen »Tatort« besonders der Psychologie der Figuren und der Täter-Opfer-Beziehung widmet.

Für alle Krimireihen gilt, daß neben den spannenden Plots, bei denen natürlich thematische Doubletten vermieden werden sollen, die verschiedenen Kommissare und Kommissarinnen in ihrer unterschiedlichen Charakteristik hervorragend bedient werden müssen. Die die Kommissarin verkörpernde Ulrike Folkerts vom SWR verlangt nach anderen Binnen-Geschichten als Manfred Krug beim NDR oder die rauhbeinigen Kommissare Bär und Behrendt beim WDR. Das Spezifische der unterschiedlichen Kommissar-Typen ist für das Profil der einzelnen Sender von großer Bedeutung, der Charme der privaten Geschichten der Kommissare mindestens genauso wichtig wie der jeweils zu lösende ›Fall‹.

Den Auftrag, ein neues Format oder neue Kommissare zu erfinden, wird ein junger Autor auch hier nicht bekommen. In der Regel wird er vor dem Problem stehen, wie er sich als potentieller Autor für ein spezielles »Tatort«- oder »Polizeiruf«-Team ins Gespräch bringen kann. Produzenten und Redaktionen haben *Konzeptions-Papiere,* die über die grundlegenden Verabredungen und Besonderheiten ihrer Kommissare Auskunft geben. Über neue Stoffe und Fälle wird meistens nicht aufgrund ausgeschriebener Bücher entschieden, sondern angesichts ausführlicher *Exposés* und *Treatments*. Dieses Feld kann man durchaus als einigermaßen chancenträchtig für Nachwuchs-Autoren ansehen. Ein gut geschriebenes und durchdachtes Exposé für einen »Tatort« von einem unbekannten Nachwuchsautor wird ein

Produzent oder Redakteur berücksichtigen (müssen). Andererseits wird angesichts des immensen Produktions- und somit Zeitdrucks, der alle regelmäßigen Reihen-Produktionen beherrscht, Skepsis bestehen, ob ein nicht erprobter Autor auch innerhalb der festgelegten Fristen ein drehfertiges Buch wird liefern können. Um diese Ängste ausräumen zu können, muß also wenigstens einmal ein in Vorleistung erbrachtes Drehbuch Verantwortlichen vorgelegen und sie überzeugt haben.

Um mehr jüngere Zuschauer für die ARD zu gewinnen, haben die ARD-Fernsehfilmredaktionen im Jahr 1994 die Reihe »Wilde Herzen« eingerichtet. Pro Jahr werden diese Filme in zwei Staffeln mit vier bis sechs Prime-Time- und ebenso vielen Spätterminen ausgestrahlt. Fast alle ARD-Sender beteiligen sich an dieser Reihe und sind deshalb neben den Produzenten Ansprechpartner für Vorschläge. Innerhalb der »Wilde Herzen« sind Stoffe für genuine Fernsehfilme wie auch Kino-Co-Produktionen willkommen. Erwartet werden *unterhaltsame, spannende* (abseits des klassischen Krimi-Genres) und *sozial relevante* Geschichten, die den Nerv der jüngeren Generation treffen und eine filmische Formensprache sprechen, die der Kinoleidenschaft der Zielgruppe nicht zuwiderläuft. Trotz des Reihencharakters gibt es hier kein Formatfernsehen, da individuelle *Einzelstücke* erlaubt und erwünscht sind. Innerhalb der ersten fünf Jahre dieser Reihe sind 100 Filme ausgestrahlt worden. Die Reihe prägten Kino-Co-Produktionen wie »Kleine Haie«, »Nur über meine Leiche«, »Männerpension«, »Nach fünf im Urwald« und »Das Leben ist eine Baustelle« und Fernsehfilme wie »Willi und die Windzors«, »Svens Geheimnis«, »Gefährliche Freundin«, »Der Sohn des Babymachers« und »Single sucht Nachwuchs«.

Mit der Tradition des Fernsehspiels, der Gattung, die mit dem neuen Medium Fernsehen in den fünfziger Jahren als genuine erzählerische Form entstand, setzen sich auch heute noch die Redaktionen, Produzenten und Kreativen auseinander. Seit längerem heißen die Abteilungen in der ARD nicht mehr Fernsehspiel-, sondern *Fernsehfilmredaktionen,* weil ein großer Teil der Zuschauer im Zeitalter der weitverbreiteten TV-Movies nichts mehr mit der Kategorie Fernsehspiel verbinden kann und die überwiegende Zahl der Produktionen nicht unter den Begriff *Fern-*

sehspiel im herkömmlichen Sinne subsumiert werden können. Als ›echte‹ Fernsehspiele können m. E. heute z. B. die semi-dokumentarischen Arbeiten Heinrich Breloers (der selbst lieber von der »offenen Form des Fernsehspiels« spricht) oder auch der auf der Biographie Manfred Krugs basierende Film »Abgehauen« von Frank Beyer bezeichnet werden.

Die meisten in Deutschland produzierten Fernsehfilme entstehen bei ARD und ZDF (insbesondere am Montag / Fernsehfilm der Woche und im Krimi-Genre am Samstagabend). Meistens erzählen sie auf emotionale und kritische Art und Weise in der deutschen Wirklichkeit angesiedelte Geschichten. Diese besitzen im Gegensatz zum deutschen Kino eine *hohe Akzeptanz beim Zuschauer.* Die Zeiten, in denen Filme durch Internationalisierung von Handlung und Figuren und durch exotische Schauplätze Attraktivität erlangen sollten, scheinen vorbei zu sein. In Deutschland herrscht ein Trend wie in anderen europäischen Ländern auch: *Regionalisierung der Programme.* Diese allgemeinen Entwicklungen müssen einem angehenden Autor bewußt sein, wenn er für die öffentlich-rechtlichen Sender schreiben will. Bei den verschiedenen ARD-Fernsehfilmredaktionen wird er auf Redakteure treffen, die unterhaltsame oder sozialkritische Stoffe, die dunkle Dramen oder für einen deutschen Star wie Veronika Ferres oder Harald Juhnke auf den Leib geschriebene Geschichten bevorzugen. Manche Redakteure werden ihn erst ernstnehmen, wenn er durch einen Agenten oder Produzenten vertreten sein Exposé vorlegt. Andere Redakteure werden hingegen den Anspruch erheben, daß sie selbst die angebotene Geschichte als Dramaturg mit dem Autor entwickeln wollen, um dann später gemeinsam auf die Suche nach einem Produzenten zu gehen.

Ein Bedürfnis nach der Form des Komischen und Unterhaltsamen wird in Zukunft im deutschen Fernsehfilm weiter bestehen, auch wenn das Ende der deutschen Beziehungskomödie gekommen zu sein scheint. Autoren sollten auf Geschichten setzen, die auf authentische und bewegende Art und Weise deutsche Wirklichkeit erzählen oder auf der Grundlage von Biographien (»Die Bubi-Scholz-Story«) oder Literatur (»Der Laden«, »Der Trinker«, »Jahrestage«) zu Filmen führen. Nach einer Hochphase von historischen und politischen Stoffen und Literaturverfilmungen in den siebziger und achtziger Jahren herrschte ab dem Ende der achtziger und in den neunziger Jahren eine strikte Hinwendung zum *Originaldrehbuch* vor. Erst mit dem Ende der neunziger Jahre und dem wiedererwachten Selbstbewußtsein öffentlich-rechtlicher Fernsehfilmredaktionen, die sich deutlich von der kommerziellen Konkurrenz unterscheiden wollen, hat das Interesse an historischen Stoffen und literarischen Vorlagen (»Klemperer-Tagebücher«) wieder zugenommen.

Kino-Co-Produktionen stellen die Sender vor andere Herausforderungen. Auch wenn in der veröffentlichten Meinung oft ein *Gegensatz* zwischen den Interessen des Kinos und des Fernsehens behauptet wird, so stellt sich das zum Glück in der tagtäglichen Zusammenarbeit anders dar. Die im FFG (Filmförderungsgesetz) geregelte Zusammenarbeit zwischen Kinoproduzenten und Fernsehsendern wird immer eine abstrakte Formulierung bleiben, die trotz aller Konflikte im Einzelfall nicht die *intensiven persönlichen Arbeitsbeziehungen* zwischen Kinoschaffenden und Fernsehredakteuren, die sich nicht auf die Rolle von Co-Finanziers reduzieren lassen, erfassen kann. Tatsächlich reicht die Zusammenarbeit von der im Sender entwickelten Geschichte, die schließlich zum Kinofilm wird, bis hin zum fertigen ›package‹, das nur noch einen Sender als Finanzier gegen Lizenzvergabe benötigt. M. E. werden in dieser Debatte die ästhetischen und inhaltlichen Unterschiede zwischen Kino- und Fernsehfilm überschätzt, spielen aber im Blick auf die wirklichen Gründe für die künstlerischen und kommerziellen Probleme des deutschen Kinofilms keine große Rolle.
Ich denke, daß Fernsehen und Kino *aufeinander angewiesen* sind, im künstlerischen wie im ökonomischen Sinne. Was wäre das deutsche Fernsehen ohne den kreativen Input der Kinoseite, die mit dazu beigetragen hat, die ästhetischen Standards des Fernsehens zu ändern? Was würden die meisten Filmschaffenden machen, wenn sie nicht neben den wenigen Kinofilmen das Fernsehen als Partner und Arbeitsmöglichkeit hätten? Die vormals ideologische Formel »Das Kino lieben, vom Fernsehen leben«, gehört ohnehin der Vergangenheit an, da es diese Berührungsängste nicht mehr gibt. Einen guten »Tatort« zu schreiben oder zu inszenieren läuft nicht gegen einen wie auch immer definierten Kunstanspruch oder disqualifiziert nicht für das Kino (s. Gunther Witte »Das deutsche Kino«).

Die erfolgreichen wie auch aufgrund ihrer Qualität herausragenden Kinofilme der letzten Jahrzehnte sind in der Regel mit dem öffentlich-rechtlichen Fernsehen produziert worden. Die Liste der erfolgreichen Zusammenarbeit reicht von der »Blechtrommel« über »Die Ehe der Maria Braun« bis zu »Schtonk«, dem »Totmacher«, »Wir können auch anders«, »Winterschläfer« und »Lola rennt«.

Nachwuchsfilmer wie junge Autoren und Regisseure finden – aus nachvollziehbaren Gründen – in den teuren Prime-Time-Programmen nicht die Möglichkeit, ihre ersten Projekte unterzubringen. Für angehende *Regisseure* stellt sich die Situation dramatischer dar als für Autoren. Der Regisseur, der ohne große Vorleistungen einen Verantwortlichen davon überzeugen muß, daß er das Regiehandwerk beherrscht, steht vor einem viel größeren Problem, zumal er erst einmal ein geeignetes Buch auftreiben muß, um antreten zu können.
Der *Autor* kann ein fertiges Buch vorlegen und an dessen Qualität – falls sie vorhanden ist – kann eigentlich niemand vorbei gehen. Bei den »Wilden Herzen« gibt es zwar hin und wieder auch erste Filme, aber vorrangig stehen für diese andere Möglichkeiten zur Verfügung.
In der ARD bieten einige der Dritten Programme und im ZDF »Das Kleine Fernsehspiel« *etablierte Nachwuchsschienen* an: »Debüt im Dritten« beim SWR, »Der Teleclub« beim BR oder »Avanti Debütanti« beim WDR. Hier sind in den letzten Jahren viele der ersten Filme von Autoren und Regisseuren entstanden, die heute bekannt und gefragt sind (z. B. Sönke Wortmann, Nico Hoffmann, Nina Grosse, Romuald Karmarkar). Mit der Reihe »Sixpack« wollen z. B. der WDR und die Filmstiftung NRW möglichst schnell und unbürokratisch jungen Filmemachern die Möglichkeit zum ersten Filmprojekt anbieten.

Alicia Remirez

Schreiben für die Privaten

SAT.1 läßt ca. 20 TV-Movies im Jahr produzieren, die unter dem Label »Der Große SAT.1-Film« dienstags um 20.15 laufen. Nicht alle von uns entwickelten Filme sind auf diesem Sendeplatz zu sehen: Eventprogramme werden allein dadurch herausgehoben, daß sie am Sonntag laufen. *Der Sendeplatz bestimmt den Inhalt:* Filme, die am Wochenende laufen, müssen *gegen etablierte Marken* wie den »Tatort« *konkurrieren* und *die ganze Familie unterhalten* können. Es muß für den Zuschauer einen guten Grund geben, an einem Sonntag nicht die Lieblingskommissare in der ARD zu sehen, sondern SAT.1 einzuschalten. Das kann entweder eine Family-Entertainment-Story sein, wie »Ein Hund namens Einstein«, eine Geschichte mit einer herausragenden Besetzung wie »Jack's Baby« (V. Ferres/J. J. Liefers) oder ein besonders aufwendig hergestellter Film wie »Der Opernball«. Das Versprechen, etwas Außergewöhnliches, Einmaliges zu sehen, macht den Film zum Event.

Je nach Sendeplatz wechseln die Inhalte. Der Dienstagabend hingegen muß andere Bedürfnisse befriedigen: Innerhalb der Woche will sich unser Publikum bei einem ebenso unterhaltsamen wie gefühlvollen Film *entspannen* – es will sich von Dienstag zu Dienstag zwar auf eine neue, aber berechenbare Geschichte einlassen. *Kontinuität* ist für den Dienstag-Film eines der wichtigsten Kriterien.

Mittlerweile wissen wir, daß wir vor allem mit *frauenaffinen* Filmen hohe Quoten erreichen. Hinter dem Modebegriff »frauenaffin« verbirgt sich eine einfache Überlegung: Unsere Konkurrenten zeigen entweder Action-Serien, (RTL »Der Clown«, Pro 7 »Jets«) oder es laufen Fußballspiele. Verständlich, daß wir für jenes Publikum Programm machen, das sich bei anderen Sendern möglicherweise nicht unterhalten fühlt: die Frauen. Genauergenommen die jungen Frauen, da wir als kommerzieller Sender darauf achten müssen, mit unseren Filmen vorrangig die werberelevante Zielgruppe der 14-49jährigen anzusprechen.

Folglich lassen sich allein von dem Sendeplatz viele Eigenschaften des Stoffes, den man sucht, ableiten: Brauchen wir für einen bestimmten Sonntag einen eigenproduzierten Film, muß es sich um eine Geschichte handeln, die »Kino-Qualität« hat, die der Zuschauer als etwas besonderes wahrnimmt und die nach Möglichkeit die ganze Familie interessiert.

Mit den 20 Dienstag-Filmen hingegen sprechen wir gezielt unser weibliches Publikum an.

Welche Frauen sehen SAT.1? Auf der Suche nach den frauenaffinen Geschichten hilft es, sich ein Bild unserer Zuschauerin zu
machen: Unsere imaginäre Zuschauerin ist 25-45, arbeitet acht
Stunden, z. B. an der Kasse eines Supermarktes, hat zwei Kin-
der, die sie nach ihrem Vollzeitjob versorgen muß, und ist abends
zu müde, um ins Kino zu gehen oder ein Buch zu lesen. Sie sitzt
vor dem Fernseher, um sich entspannen zu können – sie will eine
Geschichte erleben, die sie emotional und intellektuell erfüllt,
ohne sie allzusehr anzustrengen, denn der Alltag ist anstrengend
genug. Unsere Zuschauerin wird sich nicht unbedingt für einen
Film entscheiden, der das Alkoholproblem eines 60jährigen Ar-
beitslosen thematisiert. Die Geschichte einer jungen Kommissarin, die ein erotisches Verhältnis zu dem Hauptverdächtigen
eingeht und dadurch selbst in Gefahr gerät, dürfte sie hingegen
interessieren.

Alle Stoffe werden auf die »Frauentauglichkeit« hin geprüft.
Beinharte Action-Angebote fallen daher ebenso schnell durch
das Raster wie Sportgeschichten. Krimis werden in den Serien
bedient und kommen als 90-minütige Filme nicht in Frage, mit My-
stery-Geschichten haben nicht nur wir schlechte Erfahrungen
gemacht und Horror-, bzw. Porno-Filme sind nicht jugendtaug-
lich. Die von uns bevorzugten Genres sind der Thriller, die Liebeskomödie und das Melodram.

Die Konzentration auf bestimmte Genres ist für manche Autoren und Produzenten ein Ärgernis, da sie sich in ihrer Kreativität
eingeschränkt fühlen. Wir haben hingegen die Erfahrung gemacht,
daß der Zuschauer *Genreklarheit* honoriert: in den ersten fünf
Minuten sollte die Atmosphäre des gesamten Films deutlich sein,
damit das Publikum weiß, worauf es sich einläßt (Schließlich fällt
der erste Werbeblock in Minute 20!).

Der Sender bestimmt nicht nur die gewünschten Genres,
sondern er setzt die Stückzahl fest. Von den 20 Filmen sind etwa
die Hälfte Thriller, der Rest teilt sich zu gleichen Teilen in ›Melos‹
und Liebeskomödien auf. Oft genug müssen wir gute Stoffe ab-
sagen oder verschieben, weil wir zu viele Thriller vorliegen haben
und dringend Liebesgeschichten suchen. Daher sind bei uns vor
allem die Produzenten gefragt, die stets über unser Programm

informiert sind und sich auf unsere spezifischen Bedürfnisse einlassen. Ein Thriller bei SAT.1 unterscheidet sich von dem bei Pro 7
(was im übrigen auch mit dem Movie-Sendeplatz des Münch-
ner Senders zusammenhängt). Wir erwarten von Autoren und
Produzenten, *daß sie die Charakteristika eines »Großen SAT.1-
Films« erkennen und bedienen.* Je besser informiert ein Autor
oder Produzent ist, desto größer die Chance, einen Stoff zu verkaufen.

Genreklarheit – Genremix? Oder: Was ist ein modernes Melodram? Noch vor fünf Jahren suchte man händeringend nach
Autoren für kommerzielle Geschichten und landete aus Mangel
oft im angelsächsischen Raum. Mittlerweile gibt es eine neue
Generation von Autoren, wie z. B. Holger Carsten Schmidt oder
Timo Berndt, die schon seit geraumer Zeit »Genre-Bücher«
schreiben. Für die Bedürfnisse des Marktes ist der Pool zwar immer noch zu klein, doch er wächst beständig. Die Veränderung
kam mit einem Generationswechsel in vielen Bereichen der Film-
und Fernsehlandschaft: an die »Macht« kamen jüngere Produzenten, Regisseure, Autoren und Senderbeauftragte, die mit
amerikanischem Genre-Kino großgeworden sind und die selber
Lust darauf haben, solche Filme zu erzählen.

**Die Wirkung der Drehbuch- und Filmhochschulen ist deut-
lich spürbar.** Die Absolventen, vor allem die der Ludwigsburger
Filmakademie, haben zumindest einen Einblick in die Anforderungen des Marktes bekommen. Die Professionalisierung der
letzten Jahre zeigt sich allein an der Haltung zu den von Autoren
und Regisseuren verhaßten *Werbeinseln.* Vor fünf Jahren war es
geradezu eine Beleidigung, in einem Buchgespräch über die
Werbeunterbrecher zu reden. Mittlerweile ist es für junge Autoren selbstverständlich, sich Gedanken zu machen, wo man den
ersten Break plazieren soll.

Das Medium Fernsehen wird im Vergleich zum Kino in den
Hochschulen stiefmütterlich behandelt, obschon sich vieles ge-
tan hat: Die meisten Studenten träumen von Filmen für die große
Leinwand und stehen dem kleinen Bildschirm eher ablehnend
oder zumindest skeptisch gegenüber. Versäumt wird meiner
Meinung nach die Chance, den Studenten die *Gesetze der Fern-*

sehdramaturgie in dem Maße näher zu bringen, in dem sie sie später in ihrem beruflichen Leben brauchen werden.

Bei aller Freude über die Entwicklung der letzten Jahre sollte man nicht vergessen, daß dies erst der Anfang der Professionalisierung ist. Es wäre wünschenswert, wenn in Zukunft die Filmstudenten eine tiefergehende Einsicht in die Bedürfnisse der verschiedenen Sender hätten und beim Verlassen der Filmschulen wüßten, wie man eine emotionale Geschichte erzählt, die drei Werbeunterbrecher verträgt.

Bei Plot-orientierten Thrillern merkt man den größten Fortschritt. Die meisten Treatments junger Autoren, die wir bekommen, sind fast perfekt gebaut. Der Opener fängt immer mit einem Knall-Effekt an, die Plotpoints sind sauber gesetzt und der Midpoint ist immer ein Tiefpunkt in der Geschichte unseres Helden. Technisch hat man in diesem Genre wie in keinem anderen eine bemerkenswerte Perfektion erreicht. Der Thriller ist aus verschiedenen Gründen *ein in allen Privatsendern gern entwickeltes Genre.* Er ist vorausschaubar in seiner Buchentwicklung: Hat man den Stoff, kann man davon ausgehen, daß man bis zum Drehstart maximal ein Jahr braucht. Das bedeutet eine hohe Planungssicherheit, sprich, kaum daß der Stoff genehmigt wurde, kann man bereits planen, wann er ungefähr laufen wird.

Zum anderen erfreut sich der Thriller gerade bei Frauen großer Beliebtheit und ist, wenn eine Frau die Protagonistin der Geschichte ist, extrem frauenaffin. RTL hat unter Movie-Chef Sam Davis unzählige »woman-in-jeopardy«-Filme gemacht – alle nach dem gleichen Muster: Frau gerät in Gefahr, merkt zu spät, wer der Täter ist und befreit sich dennoch. Die Quoten waren bei allen Filmen mehr als zufriedenstellend – eine Beobachtung, die wir bestätigen können. Auch bei uns laufen Thriller hervorragend.

Erst recht, wenn sie mit Elementen anderer Genres gemischt werden. Erotikthrilller oder Thriller mit starken melodramatischen Momenten sind wesentlich erfolgreicher als kalte »Serienkiller-Thriller«. Deswegen bestehen wir in der Redaktion darauf, daß unsere Thriller immer durch einen starken emotionalen Strang unterstützt werden, sei es eine Liebesgeschichte wie in »Der Tod in Deinen Augen« von Benjamin Parmentier oder ein Familiendrama wie in Holger Baduras »Die Todesgrippe von Köln«.

Erst die emotionale Reise unserer Helden macht das Unverwechselbare der Thriller aus.

Ein weiterer Grund, weshalb sich der Thriller in privaten Sendern als wichtigstes Genre durchgesetzt hat, ist bereits erwähnt worden: *er läßt sich geradezu schematisch bauen.* Junge Autoren, die noch wenig geschrieben haben, können sich wie bei keinem anderen Genre ein Gerüst konstruieren, an dem sie die Geschichte entlang bauen können.

Doch Technik alleine macht noch kein gutes Drehbuch aus.
Es ist die Lebendigkeit und Authentizität der Charaktere, die einen dazu bringt, eine Geschichte als gelungen zu empfinden – ganz gleich wie abenteuerlich die Handlung sein mag. Gerade der Zugang zu den Figuren fällt jungen Autoren schwer: Die Handlung ist mehr oder minder schnell gefunden. Im besten Fall ist sie tatsächlich originell, im schlechtesten ist sie amerikanischen Kinofilmen entnommen. Was man jedoch nicht »borgen« kann, sind die Charaktere. Ganz gleich wie gut angelsächsische Drehbücher sein mögen, spätestens bei der Übersetzung spürt man das Fremde in dem Stoff: nicht nur der Dialoge wegen, die in den Übersetzungen immer den Charme des englischen Originals verlieren, sondern weil die Charaktere nicht deutsch sind. Sie verhalten sich wie New Yorker und nicht wie Kölner. Immer, wenn wir ein amerikanisches oder englisches Drehbuch gekauft haben, war die Bearbeitung durch den deutschen Autor so umfangreich, daß wir quasi ein neues Buch schufen.

Das »Melo« ist ein reines Charakter-Genre, anders als der Thriller, wo ein starker Plot über die Schwächen der Charaktere hinwegtäuschen kann. Der Autor muß wissen, was Sehnsucht, Schmerz und Verlust ist, will er den Figuren Leben einhauchen, will er erreichen, daß das Publikum mitleidet. Jungen Autoren fällt es schwer, einen Zugang zu solchen und ähnlichen Gefühlen zu entwickeln. Und es mag von daher keine Überraschung sein, daß wir bei Melodramen, die wir in der letzten Zeit entwickelt haben, die jungen Autoren zu Gunsten von (lebens-)erfahrenen Kollegen austauschen mußten.

Lehrreich, was das Problem »Autoren – Gefühle« angeht, war ein in der Berliner dffb veranstaltetes Seminar: Trotz intensiver Betreuung von seiten des Senders, gelang es uns bei keinem der 20 Teilnehmer, ein für unser Publikum taugliches Treatment für ein Melodram zu entwickeln. Wir hatten mit zwei Monaten viel zu wenig Zeit für eine Entwicklung anberaumt und die meisten Teilnehmer waren zu jung. Das Schmerzvollste, was eine 20jährige Seminarteilnehmerin erlebt hatte, war Liebeskummer. Kein Wunder, daß die meisten Stoffe zu oberflächlich waren!

Das Melodram geriet bei allen privaten Sendern ins Hintertreffen und wurde zugunsten des Thrillers verdrängt. Die Gründe ergeben sich aus dem bereits Dargelegten: Zum einen bedarf es beim Melodram einer langen Exposition. Am Anfang fliegt kein Auto in die Luft, kein Mensch wird verfolgt, kein Eye-Catcher, der einen sofort in die Handlung katapultiert. Der Anfang eines Melos ist langsam, weil erst die Charaktere detailliert eingeführt werden müssen. Je besser der Zuschauer die Figuren kennt, desto mehr berührt ihn ihr Schicksal. Mit der »Werbebreak-Dramaturgie« der Privaten ist das Melodram meist schwer vereinbar, denn noch in der Exposition liegt die erste Werbeinsel und zerschlägt den Stoff. Daher greift man beim Erzählen von melodramatischen Geschichten verstärkt zur Struktur des Thrillers oder Krimis.

Was weiter vorn für den Thriller behauptet wurde, daß nämlich ein *Genremix eine Bereicherung des Genres* ist, gilt erst recht für das »Melo«. Er wirkt wie eine Verjüngungskur. Um dies an einem Beispiel festzumachen, sei hier H. C. Schmidts und C. Bergers Buch »Seitensprung in den Tod« erwähnt. Der Film fängt mit einem Sprung unseres Helden Martin in die Tiefe an. Er stellt sich noch in der Titelsequenz als Bungee-Jump heraus. Der erste Akt endet mit der Entdeckung, daß der Seitensprung vielleicht tödliche Folgen gehabt hat – die unbekannte Frau, mit der Martin einen One-Night-Stand hatte, ist HIV-positiv. Bis zum Ende des dritten Aktes schwebt diese Ungewißheit über dem Kopf Martins. Bis das Ergebnis seines Tests da ist, muß er gefährliche Kontakte mit seiner Frau, seiner Tochter und seinen Kollegen verhindern. Der vierte Akt steht unter der Frage: wird Martin, jetzt da er weiß, daß er infiziert wurde und die Identität der Unbekannten kennt, sie erschießen? Spannend wie ein Krimi, ist der Stoff von höchster Melodramatik.

Ein modernes Melodram unterscheidet sich jedoch nicht nur in der Struktur von einem traditionellen Melodram, sondern auch in der Themenauswahl. Das »Melo« hat es als Genre in der heutigen Zeit nicht nur wegen des immer schneller werdenden Erzähltempos schwer, sondern weil es immer weniger gesellschaftliche Tabus gibt. Je mehr Verbote in einer Gesellschaft, desto mehr Stoff für Dramen. Kein Wunder, daß zölibatbrechende Priester immer wieder als Helden für Melodramen herhalten müssen!

Ein modernes Melodram setzt sich mit den Konflikten unserer Zeit auseinander: ein Vater, der fälschlicherweise des Kindesmißbrauchs angeklagt wird, eine Frau, die mit dem Mann ihrer Tochter eine erotische Affäre anfängt, ein Bankangestellter einer Kleinstadt, der sich in eine Hure verliebt, eine Frau, die aus Leistungsdruck Bulimikerin wird ... all diese Stoffe spiegeln Probleme unserer modernen Zivilisation wieder. Die Zukunft des Melos liegt darin, den Finger auf die Stellen unserer Gesellschaft zu legen, die nur der Oberfläche nach liberaler geworden sind. Und tatsächlich ist der Bedarf nach solchen Geschichten in den privaten Sendern gestiegen, ganz so als sei man ein bißchen müde, permanent Frauen in Gefahr zu schicken.

Schwächen des Drehbuchs oder der Inszenierung können je nach Genre überspielt werden. Wie wichtig die Qualität eines Buches für das Gelingen eines Filmes ist, zeigt sich beim »Melo« stärker als beim Thriller. Während der Thriller unabdingbar von der Inszenierung lebt, und ich selber schon erlebt habe, daß aus mittelmäßigen Büchern spannende Filme entstanden sind, ist dies beim »Melo« nicht möglich. Genau wie bei der Komödie bestimmt das Buch die Qualität des Films. Ohne Dialogwitz, Situationskomik und liebevolle Beobachtung der Charaktere im Buch, kann selbst der beste Regisseur keine Komödie inszenieren.

Die Komödie ist das anspruchsvollste Genre. Schon Aristoteles wußte, daß es schwieriger ist, Menschen zum Lachen zu bringen als zum Weinen. Deshalb wurde in der Antike die Komödie über der Tragödie angesiedelt. Mit Komödien hat SAT.1 bisher wenig Glück gehabt – alle Filme liefen unter den Erwartungen. Nach einer längeren Ruhepause haben wir erst kürzlich wieder das Genre aufgegriffen. Allerdings sind alle Komödien, die wir z. Z. entwickeln, Liebeskomödien. Sollte die Komödie nicht funktionieren, sei es, weil der Humor zu eigen ist oder die Inszenierung den Witz des Buches nicht wiedergibt, erzählen wir immerhin noch eine Liebesgeschichte. Und über die Frauenaffinität von Romanzen braucht man wohl kaum ein Wort zu verlieren!

Überraschenderweise hat sich herausgestellt, daß die Entwicklung einer Liebeskomödie ähnlich lange dauert, wie die eines »Melos«. Immer wieder geht man an das Buch, um über die Figuren zu reden. Hinzu kommt die Bedeutung des Dialoges: Ohne Sprachgefühl und Sinn für Timing kann man keine Komödie schreiben.

Als Redakteur ist man bei keinem anderen Genre so hilflos wie bei der Komödie: Man kann lediglich dramaturgische Hilfestellung leisten; doch der Esprit der Dialoge muß vom Autor kommen.

Gutes Drehbuch, hohe Quote? Es gibt leider keine Garantie für hohe Einschaltquoten – auch nicht durch das beste Drehbuch. Oft ist nicht die Qualität des Buches ausschlaggebend für den Erfolg eines Filmes, *sondern das Thema an sich.* Um einige Beispiele zu nennen: »Ich liebe eine Hure«, »Das verflixte Babyjahr – nie wieder Sex«, »Die Mädchenfalle – der Tod kommt online« (beide RTL), »Natalie – Endstation Babystrich«, die Liste ließe sich lange fortführen. Nicht die feine Ausarbeitung der Geschichte bringt die Zuschauer dazu, einzuschalten, sondern die *Marketing-Idee.*

Warum also werden nicht alle Filme vom Marketing her entwickelt? Warum macht man sich die Mühe einer intensiven Bucharbeit? Zum einen, weil auch in den Redaktionen privater Fernsehanstalten Liebhaber des Films sitzen und jeder Redakteur den Anspruch hat, dramaturgisch so gut wie möglich zu arbeiten. Zum anderen, weil wir bei SAT.1, anders als bei RTL, jeden Film dreimal in der Prime-Time ausstrahlen müssen. Spätestens bei der Zweitausstrahlung lohnt sich die zeitaufwendige Bucharbeit. *Eine substantielle Geschichte* schaut man sich gerne ein zweites und drittes Mal an. Sprich: der Film kann gleich mehrfach hohe Marktanteile erreichen.

Ein weiterer Vorteil eines guten Drehbuches ist die *Positionierung im Markt:* Eine originelle, humorvolle, emotionale Geschichte hat größere Chancen, einen guten *Regisseur* zu finden. Beliebte und gute *Schauspieler* kriegt man nicht nur durch hohe Gagen, sondern auch durch gute Rollen. Gelingt alles, kann man – wie oben erwähnt – den Film mehrfach ausstrahlen.

An den Inszenierungen leidet man manchmal mit den Autoren – manchmal weiß man allerdings auch, daß ein Regisseur Lücken im Stoff überbrückt hat. Ob ein Buch gelungen ist, zeigt sich bei der Lektüre der letzten Fassung: Ist ein Thriller so, daß man die Seiten verschlingt, ein Melo so, daß man selbst im Flugzeug weint und eine Komödie so, daß man laut lacht – hat der Autor seine Arbeit gut gemacht.

Ganz gleich wie der Film wird oder läuft, der Autor wird nach Möglichkeit mit Nachfolgeprojekten bedacht. Tatsächlich kommt es immer wieder vor, daß wir von unseren Lektoren auf besonders gut geschriebene Bücher aufmerksam gemacht werden. Nicht immer sind es Stücke, die zu SAT.1 passen, doch die Lektüre gut geschriebener Drehbücher freut einen.

Und nochmal: Wenngleich ein gutes Drehbuch nicht immer zu hoher Quote führt, ist es der erste Weg dorthin.

Andrea Hanke

Der Lektor

Professioneller Leser – ein wenig merkwürdig klingt es schon, wenn *Lesen,* wenn das Beurteilen des kreativen Outputs anderer zum *Beruf* wird. Anders als bei Kritikern, die sich selbst wieder mit ihren Texten einer Öffentlichkeit und damit auch einer Beurteilung aussetzen, bleibt der Lektor *anonym, unbekannt, verborgen.* Der Autor scheint ihm und seinem Urteil ausgeliefert, ohne ihn selbst je zu sehen zu bekommen. Aber genau diese Anonymität ist auch *unabdingbar* für die Arbeit des Lektors, denn er muß sein Urteil ohne Rücksicht auf die Gefühle des Autors fällen können, im Idealfall allein der Qualität und dem Potential des angebotenen Stoffes verpflichtet. Die diplomatische Vermittlung der Einschätzung ist Aufgabe eines Redakteurs oder Producers, nicht aber die des Lektors.

Diese völlige Unabhängigkeit im Urteil klingt recht selbstherrlich, wie ein untastbarer Schonraum erscheint das Arbeitsfeld des Lektors. Da ist es nur verständlich, daß gewisse Vorbehalte gegenüber diesem Berufszweig bei Autoren mitschwingen. Doch zum einen wird die Macht des Lektors damit weit überschätzt, zum anderen liegt es nicht im Interesse des Lektors, Willkür walten zu lassen. Wer die Lektorentätigkeit als Machtausübung ansieht, sollte noch einmal überdenken, ob er sich das richtige Betätigungsfeld gewählt hat.

Betreibt man die Lektorentätigkeit ernsthaft – und auf Dauer ist es nur so möglich – überwiegt eindeutig der Wunsch, wenigstens einmal *das perfekte Buch zu entdecken.* Was sonst sollte einen Lektor antreiben, sich durch Stapel von Drehbüchern höchst unterschiedlicher Qualität zu wühlen? Und diese Sehnsucht nach dem großen Wurf verspürt man bei jeder Lektüre aufs Neue. Selbstverständlich begleitet zugleich die permanente Enttäuschung dieser Hoffnung den Lektor bei seiner Arbeit. Aber auch die Angst, das perfekte Buch, das er sich so sehnlichst wünscht, am Ende zu übersehen, befällt einen Lektor in regelmäßigen Abständen.

Immer wieder selbstkritisch die eigenen Maßstäbe zu überprüfen ist wahrlich kein leichtes Unterfangen. Jeder Lektor kennt diesen Moment, wenn man sich nicht mehr sicher ist, ob man nun allzu kritisch (oder zu milde) gestimmt ist, oder ob das Buch tatsächlich so schlecht (bzw. gut) ist. Wenn der Verdruß über ein schlechtes Drehbuch schon nach wenigen Seiten die Lektüre zur Qual macht, hat man als Lektor einen Punkt erreicht, an dem man dringend eine Pause einlegen sollte. Hilfreich, um sowohl die Freude an der Arbeit wie auch das Vertrauen in die eigenen Kriterien wiederherzustellen, ist die Beschäftigung mit gelungenen Filmen und Drehbüchern. Auch die kontinuierliche Beobachtung der aktuellen Kino- und Fernsehlandschaft sowie die Auseinandersetzung mit der Film- und Fernsehkritik ist notwendig, um die eigenen Einschätzungen zu überprüfen. Doch was sind überhaupt die *Kriterien,* nach denen ein Lektor sein Urteil über ein Buch fällt?

Jedes Geschmacksurteil, und letztlich ist auch die Beurteilung eines Lektors eine Frage des Geschmacks, ist nach Kant ein *ästhetisches* Urteil und kann daher nicht anders als *subjektiv* sein. Damit ist jedoch keineswegs gemeint, daß *willkürlich* geurteilt wird. Zur Begründung des Urteils werden Kriterien herangezogen, die bis zu einem gewissen Grad *objektivierbar* sind.

Doch Schritt für Schritt: Am Anfang steht der unmittelbare, nicht wiederholbare Eindruck der ersten Lektüre. Auch wenn der Lektor jedem neuen Buch offen und unvoreingenommen entgegentritt, verfügt er doch über einen *Fragenkatalog,* der auch schon die erste Lektüre lenkt: Fesselt oder langweilt die Geschichte? Ist sie ungewöhnlich und neu, variiert sie geschickt bekannte Muster oder hat man sie schon unzählige Male besser gesehen und gelesen? Ist es eine Geschichte, die über das Individuelle hinaus auch einen allgemeingültigen Aspekt vermittelt? Wird von Menschen erzählt, für die man Sympathie entwickeln kann? Wirken die Figuren wie lebendige Charaktere oder wie fade Abziehbilder? Fiebert man mit den Figuren mit oder interessiert man sich nicht für ihr Schicksal? Sind die Dialoge treffend und individuell gestaltet? Spricht einen die Atmosphäre der Geschichte an? Ist die Geschichte dialogisch oder szenisch angelegt? Folgt die Geschichte eher einer klassischen Erzählweise oder verblüfft sie mit neuen Ansätzen? Wie ist die Auflösung der Geschichte? Steckt in dem Stoff ein Potential, das in der vorliegenden Ausführung noch nicht ausgeschöpft ist?
Weniger wichtig sind bei der ersten Lektüre Aspekte wie der genaue dramaturgische Aufbau des Drehbuches, der erst bei der detaillierten Beschäftigung, d. h. wenn beim Verfassen des Lektorats am Text argumentiert werden muß, eine entscheidende Rolle spielt.

Auch die äußere Form hat Einfluß auf die Beurteilung des Drehbuchs. Natürlich sollte mangelhafte Präsentation und fehlerhafte Rechtschreibung nicht den Blick auf eine geniale Geschichte verstellen, doch ist es jedem Autor zu empfehlen, in die Präsentation seiner Geschichte eine gewisse Sorgfalt zu legen. Eine ansprechende Präsentation unterstützt das Stoffangebot, der Blick wird erst gar nicht auf Nebenschauplätze abgelenkt.
Zum Aspekt der Präsentation gehört auch die Frage, wie sich das Stoffangebot eines Autors *gliedert.* Häufig werden einem Drehbuch Ausführungen zu den Figuren oder zur inhaltlichen Kon-

zeption beigefügt. Der Wunsch, dadurch die Lektüre zu lenken, ist verständlich, doch der Wert solcher Beschreibungen ist höchst ambivalent einzuschätzen. Letztlich kann für den Lektor nur das zählen, was aus dem Buch selbst herauszulesen ist. Werden z. B. die Figurenbeschreibungen im Buch nicht eingelöst, kippt der Versuch einer positiven Beeinflussung schnell in Enttäuschung und Verärgerung um. Wenn jedoch die Überlegungen zu den Figuren in die Geschichte eingeflossen sind, bedarf es auch keines gesonderten Hinweises in Form von Figurenbeschreibungen.

Die erste Einschätzung, die sicher am stärksten von subjektiven Vorlieben geprägt wird, ist jedoch nicht nur erstes Stimmungsbild, sondern zugleich Grundlage für die weitere Analyse, die dann auf weitgehend objektivierbare Kriterien zurückgreifen muß: Langweilt man sich bei der Lektüre, bleiben Zusammenhänge unklar, oder ist man immer wieder versucht, das Buch aus der Hand zu legen – all dies können Hinweise auf Schwachstellen im Drehbuch und auf eine noch nicht funktionierende Dramaturgie sein.

Der Lektor greift auf Erzählmodelle zurück, wie sie in den zahlreichen Drehbuchhandbüchern vorgestellt werden, um die aus der Lektüre gewonnenen Eindrücke argumentativ zu stützen und gegebenenfalls auch Hinweise zur Verbesserung liefern zu können. Die Kriterien, die in der Analyse an das Drehbuch angelegt werden, beruhen somit auf denselben Modellen, die auch Autoren als Grundlage zum Aufbau ihrer Drehbücher empfohlen werden.
Doch sollten in der Analyse diese Erzählmodelle nicht mechanisch den Geschichten übergestülpt werden. Es ist wenig sinnvoll, ein Buch allein daraufhin abzutasten, ob bestimmte Erzählmodelle erfüllt werden oder aber ob davon abgewichen wird. Zwar bietet sich gerade das weitverbreitete Drei-Akt-Modell nach Syd Field mit seinen präzisen Seitenangaben für die entscheidenden Wendepunkte der Geschichte für eine rein mechanische Überprüfung an. Doch ist eine solche Vorgehensweise bei der täglichen Arbeit nicht immer sinnvoll.
Differenzierter und stärker inhaltlich angelegte Modelle wie die *Hero's Journey,* die ein aus der Mythenforschung abgeleitetes

Konzept für die Entwicklung der Hauptfigur anbietet, liefern hier bessere Anhaltspunkte, um über die reine Kritik hinaus auch zu konstruktiven Veränderungsvorschlägen zu gelangen.

Der Blick auf andere Möglichkeiten des dramatischen Aufbaus darf nie verstellt werden, so hilfreich die Anwendung der Erzählmodelle für die tägliche Arbeit ist. Warum sollte nicht ein Buch, das mit der gewohnten Dramaturgie bricht, dennoch funktionieren und einen aufregenden Film ergeben? Der Lektor muß daher stets *abwägen*, inwieweit das Nicht-Erfüllen bestimmter dramaturgischer Standards einen Mangel oder aber ein bewußtes und auch gelungenes Abweichen darstellt.

Natürlich erwirbt man als Lektor auch eine gewisse Routine im Lesen wie Beurteilen von Drehbüchern. So vermerkt man schon bei der ersten Lektüre bestimmte strukturelle Schwachpunkte oder notiert sich Probleme in der Figurenzeichnung. Ein gewisser Grad an Routine ist für die tägliche Arbeit unerläßlich. Ebenso unerläßlich ist es aber auch, diese Routine immer wieder aufs Neue in Frage zu stellen.

Den Idealfall für den Lektor – er hat genügend Zeit, sich mit dem Buch intensiv auseinanderzusetzen, um zu einer möglichst fundierten Einschätzung des Stoffes und seines Potentials zu gelangen, die allein Qualitätskriterien verpflichtet ist – gibt es so nur in Ausnahmefällen.

Je nach Auftraggeber müssen *unterschiedliche Vorgaben* bei der Einschätzung berücksichtigt werden. Bei Sendern etwa ergeben sich diese Vorgaben aus der Programmplanung und dem sendereigenen Profil. Neben der Qualität eines Stoffes werden somit äußere Umstände wie die Eignung eines Stoffes für eine Sendereihe oder einen Programmplatz ausschlaggebend. Auch der zu erwartende Kostenaufwand kann zu einem solchen äußeren Kriterium werden.

Dennoch wird es einem Lektor, der seine Arbeit aus Begeisterung für Film und Fernsehen gewählt hat, immer in erster Linie um den Stoff und sein Potential gehen. Und letztlich ist er immer auf der Suche nach dem einen Buch, das die Lektüre all der schlechten Bücher vergessen läßt.

Margarete Deiseroth-Gores
Geld und Recht

In der Theorie und in der Rechtsprechung wird die Relation von Urheberrecht und Geld so gesehen, daß der Urheber an allen Arten der wirtschaftlichen Nutzung seines Werkes zu beteiligen ist. Da jedoch das Urhebervertragsrecht in der Bundesrepublik gesetzlich nicht detailliert geregelt ist, hat sich die *Vertragspraxis* immer mehr zugunsten der stärkeren Vertragspartner entwickelt. Die herrschende Vertragspraxis hat angesichts der Machtposition der *Verwerter* (Produzenten, Fernsehanstalten) einerseits, der Unaufmerksamkeit der *Urheber* andererseits dazu geführt, daß fast ausschließlich einseitig festgeschriebene *Formularverträge* vorgelegt werden und ein individuelles Verhandeln und Aushandeln der einzelnen Vertragsklauseln kaum noch vorgenommen wird.

Die Kenntnis der Üblichkeiten und Möglichkeiten in der Vertragspraxis kann erfahrungsgemäß die Position des Urhebers verbessern. Wir konzentrieren uns jedoch aus Platzgründen auf einige Grundfragen, die aus der Alltagserfahrung resultieren.

Sind auch Exposé- bzw. Treatmentaufträge honorarpflichtig? Dem endgültigen Drehbuchauftrag geht hin und wieder der Auftrag auf Erstellung eines Exposés oder Treatments voraus. Grundsätzlich sind dies honorarpflichtige Leistungen und keine kostenlosen Vorarbeiten.

Wird der Autor mit der Erstellung eines Exposés oder Treatments beauftragt, sollte er vereinbaren, daß er und nicht Dritte auch mit der Erstellung des darauf basierenden Drehbuchs zu beauftragen ist.

Muß ein Drehbuchvertrag schriftlich abgeschlossen werden? Der Abschluß des Drehbuchvertrages ist nicht an eine Form gebunden, er kann demnach auch mündlich erfolgen. Da jedoch im Zweifelsfalle der *Drehbuchautor* den Vertragsabschluß *beweisen* muß, empfiehlt es sich, auf eine schriftliche Fixierung des mündlich Vereinbarten zu achten.

Der Vertrag gilt dann als abgeschlossen, wenn Einigung über die wesentlichen Vertragspunkte erzielt worden ist: (a) den Gegenstand des Vertrages, d. h. es muß feststehen, *welches Drehbuch* erstellt werden soll; (b) das *Honorar;* (c) den *Umfang der Rechtsübertragung* und (d) das *Ablieferungsdatum,* nach Möglichkeit mit einer *Fristverlängerungsklausel.* Läßt sich eine termingerechte Ablieferung der Arbeit nicht bewerkstelligen, muß der Autor rechtzeitig um eine Fristverlängerung nachsuchen.

Wer ist der richtige Vertragspartner? Zu klären ist vorab, ob die verhandelnden Personen der Produktions- bzw. Auftragsproduktionsfirma oder der auftraggebenden Fernsehanstalt zum Vertragsabschluß bevollmächtigt sind. Die Verträge dürfen nur von den Personen unterschrieben werden, die mit entsprechenden Vollmachten ausgestattet sind.

Bei einem so wesentlichen Vertragsabschluß wie dem Drehbuchvertrag ist dies in der Regel der *Produzent selbst;* bei kleineren Produktionsfirmen der oder die Geschäftsführer, wenn es sich um eine Gesellschaft wie z. B. eine GmbH handelt; bei den Rundfunkanstalten die dazu Beauftragten innerhalb der *Honorar- und Lizenzabteilungen.*

Rechtsübertragung beim Kinofilm: Wie bereits eingangs erwähnt, werden von den auftraggebenden Produzenten und Fernsehanstalten für den Abschluß des Vertrages regelmäßig vorformulierte Vertragsbedingungen benutzt, und zwar sowohl bei Drehbuchverträgen für Kinofilme als auch für den Bereich des Fernsehens.

Der sogenannte *Filmmanuskriptvertrag* wird in der Regel im Kinobereich benutzt und sieht eine umfangreiche Rechtsübertragung vor. Neben dem Recht, auf der Basis des Drehbuchs einen Film herzustellen, sind das die ausschließlichen, zeitlich unbegrenzten Rechte zur *weiteren Auswertung.* Im Kino durch Vorführung, im Fernsehen durch Sendung (auch durch Drahtfunk, Pay TV und Satellit). Daneben das Recht zur audiovisuellen Verwertung durch *Filmkassette* oder *Bildplatte,* Abrufrechte (TV on demand) sowie das Recht der *Wiederverfilmung.*

Auf dem Verhandlungswege eine *Begrenzung* dieser umfangreichen Rechtsübertragung zu erreichen, hat sich als schwierig erwiesen. Die Übertragung des Wiederverfilmungsrechts wird der Drehbuchautor im Zweifel verweigern können. Hier sollte eine erneute Honorierung angestrebt werden.

Zu den vorgenannten Rechtsübertragungen wird seit einiger Zeit fast regelmäßig auch die Übertragung der sogenannten *Merchandising*-Rechte gefordert, das ist die selbständige Verwertung von Namen, Figuren, Motiven, Titel und Szenen des Werkes. Weiterhin die *Verlagsrechte,* auch Drucknebenrechte genannt, z. B. zur Herstellung des Buches zum Film bzw. des »Romans« auf der Basis des Drehbuches. Oder auch die Übertragung der *phonographischen* Rechte zur Herstellung von Schallplatten und Tonkassetten. Die Übertragung dieser nichtfilmischen Auswertungsrechte sollte reiflich überlegt sein und ist unter Umständen auch abzulehnen.

Das Rückrufrecht wegen Nichtausübung ist in diesem Formularvertrag, wie aber auch in den sonst üblicherweise benutzten vorformulierten Verträgen, auf fünf Jahre verlängert. Das ist das gesetzlich fixierte Recht des Autors, seine an die Produktion übertragenen Rechte dann zurückzurufen, wenn der Vertragspartner sie nicht innerhalb einer bestimmten Frist ausübt bzw. mit der Herstellung beginnt (1. Drehtag). Diese Frist beträgt nach dem Urheberrechtsgesetz in der Regel zwei Jahre nach Vertragsabschluß bzw. Ablieferung des Werkes mit der Möglichkeit, nach Ablauf dieser zwei Jahre zunächst dem Vertragspartner eine *Nachfrist* zur Ausübung der angestrebten Nutzung zu setzen und nach ergebnislosem Ablauf dieser Frist die Rechte zurückzurufen. Diese Nachfrist wird man bei einem Verfilmungsvertrag auf etwa ein weiteres Jahr ansetzen müssen.
Es empfiehlt sich also, die im Formularvertrag auf fünf Jahre verlängerte Frist durch Verhandlung zu verkürzen oder es bei der gesetzlichen Regelung zu belassen (durch Verzicht auf eine spezielle Vereinbarung).
Zu berücksichtigen ist, daß der Produzent sich in Verträgen regelmäßig ausdrücklich zur Herstellung eines Filmes *nicht verpflichtet.*

Honorierung im Kinobereich: Der Drehbuchautor wird sehr häufig mit einem *Pauschalhonorar* abgefunden. Dessen Höhe hängt ab von der Höhe der *Herstellungskosten,* dem *Bekanntheitsgrad* des Autors und nicht zuletzt den Richtlinien der »sparsamen Wirtschaftsführung« der Filmförderungsanstalt, die bei fast allen Förderungsarten des Bundes und der Länder in irgendeiner Weise direkt oder indirekt angewandt werden.
Die Größenordnung ist so unterschiedlich, daß hier feste Zahlen kaum genannt werden können. Die *Honorarhöhe* kann sich zwi-

schen DM 40 000/50 000 bei sogenannten Low-Budget-Projekten und Anfängern bis hin zu DM 200 000/250 000 bei Großprojekten und international renommierten Drehbuchautoren bewegen. Natürlich liegen diese Honorare immer noch erheblich unter den Beiträgen ($ 1-4 Mio.), die in den USA für Spitzendrehbücher gezahlt werden.

Rechtsübertragung beim Fernsehen: Die einzelnen Fernsehanstalten benutzen zum Abschluß von Drehbuchverträgen ebenfalls – allerdings jeweils voneinander verschiedene – *Allgemeine Honorarbedingungen* für Urheberberechtigte (das berühmte Kleingedruckte auf der Rückseite). Auf diese wird auch von den *Auftragsproduzenten* der Fernsehanstalten ausdrücklich verwiesen. Einige dieser Verträge sehen nach wie vor *lediglich eine Rechtsübertragung für Rundfunkzwecke* vor, allerdings mit der Möglichkeit der Sendung durch Kabel und Satellit, der Verwendung für Prüf-, Lehr- und Forschungszwecke und von Verkäufen an andere, z. B. ausländische Fernsehanstalten.
Auch bei den Honorarbedingungen der Fernsehanstalten besteht die Tendenz, die Rechtsübertragung zumindest dahingehend zu erweitern, daß die hergestellten Filmproduktionen in allen Nutzungsarten ausgewertet werden können (Kino-, Schmalfilm und audiovisuelle Verwertung).
Eine sonstige Einschränkung der Übertragung dieser Rechte sollte zumindest dort versucht werden, wo es sich *nicht um die rundfunkmäßige Verwertung handelt.* Eine weitergehende Rechtsübertragung ist immer im Verhältnis zur Vergütung bzw. Beteiligung zu werten.
Angesichts der Reichweite von grenzüberschreitenden Kabel- und Satellitensendungen ist es zu empfehlen, diese Rechte nicht zu übertragen. Es besteht seitens der Produzenten eine wachsende Tendenz, grenzüberschreitende Rechte international durch Verwertungsgesellschaften wahrnehmen zu lassen. Rechteübertragungen dieser Art sollten daher nicht ohne den Vorbehalt einer erst zur gegebenen Zeit zu vereinbarenden Honorierung oder Beteiligung des Drehbuchautors vorgenommen werden.

Honorierung bei Fernsehanstalten: Man unterscheidet zwischen der Zahlung eines *Pauschalhonorars* und der Zahlung eines *Grundhonorars mit Wiederholungshonoraranspruch.*

Die *Höhe der Honorare* richtet sich nach einem internen *Honorarrahmen,* der bei jeder Fernsehanstalt andere Größenordnungen vorsieht. Er enthält meistens *Von-bis-Sätze,* ist nach *Sendeminuten* gestaffelt und unterscheidet zwischen Drehbuch *nach eigener Idee, nach Vorgaben* des Senders bzw. Auftragsproduzenten oder *nach literarischer Vorlage.* Auch hier sind Zahlen schwer zu nennen, da die Sätze der Anstalten sehr differieren und auch in zeitlichen Abständen jeweils um ein paar Prozent steigen.

Bei einem 90-minütigen Fernsehspiel können sich die Honorarsätze in einem Ca.-Rahmen von DM 38 000 bis 50 000 bewegen. Für eine Serienfolge (50 Min.) werden ca. 23-27 000 DM gezahlt. Mitunter gewährt auch der Auftragsproduzent von sich aus noch einen Zuschlag (aus seinen Handlungskosten bzw. Gewinnanteilen). Schon der Honorarrahmen also gibt Veranlassung, Verhandlungen anzuraten.

Wie hoch sind die Wiederholungshonorare? Auch die Höhe des Wiederholungshonorars wird von den verschiedenen Fernsehanstalten unterschiedlich festgesetzt. Grundsätzlich bewegt es sich zwischen 50 und 100 Prozent des *Grundhonorars (vereinbarten Honorars).* Einige Anstalten differenzieren zwischen *Werk-* und *Sende*honorar und zahlen Wiederholungen nur auf der Basis des Sendehonorars; das beträgt meistens 50 Prozent des Gesamthonorars.

Diese Honorarsätze gelten bei *bundesweiten* Wiederholungen und sind bei *regional begrenzten* Wiederholungen (z. B. in den Dritten Programmen der ARD) entsprechend geringer. Von Wiederholungshonoraren ausgenommen sind in der Regel Vorabendprogramme. Ein Wiederholungshonorar in Höhe von 100 Prozent wird, wenn überhaupt, nur bei Stoffen nach eigener Idee bezahlt. Die meisten Honorarbedingungen der Fernsehanstalten sehen auch geringfügige Beteiligungen bei Auslandsverkäufen und nicht rundfunkmäßiger Verwertung vor.

Vor allem die privaten Fernsehveranstalter bevorzugen Pauschalabgeltungen, wie es sie bei europäischen Coproduktionen auch innerhalb der öffentlich-rechtlichen Anstalten immer schon gegeben hat. Im Rahmen von sogenannten *Buy-Out-Verträgen* werden in dieser Vertragsform alle Rechte vollständig und für immer übertragen. Das Honorar entspricht etwa der anderthalbfachen Summe eines Standardvertrages. Es dient auch der Abgeltung für Wiederholungen und Auslandserlöse und wird regelmäßig etwa hälftig während der Drehbuchentstehung und hälftig am ersten Drehtag ausgezahlt. Der Vorteil für die Sender besteht in einer Verminderung des Verwaltungsaufwandes und der völligen Dispositionsfreiheit bei der (auch: internationalen) Vermarktung. Der Nachteil für den Autor besteht im völligen Ausschluß von eben dieser lukrativen Möglichkeit (incl. Verlags- und Merchandising Rechte).

Wie steht es um die Zahlungsmodalitäten? Bei der Vereinbarung der Zahlungsmodalitäten werden insbesondere im Kinobereich Zahlungen von der endgültigen Finanzierung der Produktion abhängig gemacht. Hier ist stets zu beachten, daß die Arbeit des Drehbuchautors an sich grundsätzlich *mit der Abnahme des Drehbuchs* durch die Produktion beendet ist. Zahlungen müssen also auch dann erfolgen, wenn sich die Produktion des Films verzögert bzw. nicht realisieren läßt.

Folgende *Staffelung* ist zu empfehlen: Erste Rate bei *Abschluß* des Vertrages, zweite Rate bei *Ablieferung* des Drehbuches, letzte Rate nach der endgültigen *Abnahme* durch den Auftraggeber.

Kann die Abnahme eines Drehbuchs verweigert werden? Die Abnahme wird bei Verträgen mit freien Produzenten, Auftragsproduzenten und den Fernsehanstalten nach Ermessen des Auftraggebers entschieden. Einerseits ist dies eine besondere Härte für den Autor, andererseits gibt es bei der Beurteilung künstlerischer und literarischer Qualität eines Werkes grundsätzlich kaum objektive, universell geltende und entsprechend nachprüfbare Kriterien. Zu empfehlen ist daher, auf einer *schriftlichen Begründung* der Ablehnung zu bestehen, die zumindest eine Überprüfung in einem bestimmten Rahmen ermöglicht.

Vor einer endgültigen Ablehnung muß der Autor Gelegenheit zur Vornahme von Änderungen erhalten. Erforderlich ist auch, worauf besonders zu achten ist, daß die *Beanstandung innerhalb einer bestimmten Frist* erfolgt. Richtzeit: drei bis sechs Wochen nach Ablieferung. Auch für die *Überarbeitung* sollte eine Frist vorgesehen sein. Entsprechendes gilt für eine eventuell erforderliche *zweite Überarbeitung*.

Grundsätzlich sollten *Änderungen durch Dritte* nur vorgenommen werden können, wenn der Autor einer solchen Vorgehensweise zustimmt, oder wenn er von sich aus eine oder mehrere Überarbeitungen ablehnt, bzw. diese den berechtigten Anforderungen des Auftraggebers nicht genügen.

In diesem Bereich können Konfliktmöglichkeiten nie ganz ausgeräumt werden, da trotz schriftlicher Begründung der Ablehnung ganz objektive Beurteilungskriterien nicht gefunden werden können.

Wird eine Abnahme endgültig verweigert, so muß dem Autor ein Teil der vereinbarten Vergütung für die *geleistete Arbeit* und insbesondere die *Rechtsübertragung* verbleiben. Dieses Abfindungshonorar sollte mindestens 50 Prozent des ursprünglich vereinbarten Honorars betragen.

Gibt es einen Anspruch auf Namensnennung? Der Drehbuchautor hat grundsätzlich einen Anspruch auf Namensnennung, auch wenn dies nicht ausdrücklich vereinbart ist.

Was ist bei Teamarbeit zu beachten? Auch wenn das Drehbuch in Zusammenarbeit mit einem anderen Autor entsteht, werden Drehbuchverträge häufig nur mit einem der Co-Autoren abgeschlossen. Dieser muß dann dafür Sorge tragen, daß die Rechte – auch des Mitautors – bei ihm liegen (Freistellung von Rechten Dritter). Bei Co-Autorenschaft empfiehlt es sich immer, intern eine Vereinbarung über die *Aufteilung des Honorars* und der sonstigen Verwertungserlöse zu treffen. Auch über die Weiterarbeit im Konfliktfall zwischen den Co-Autoren und die Namensnennung sollte vorab Konsens erzielt werden. Ohne eine vernünftige interne Vereinbarung nämlich kann ein Autor gegen den Willen des anderen die Rechte am Buch nicht allein nutzen.

Gibt es Organisationsmöglichkeiten für Drehbuchautoren? Die hier aufgezeigten regelungsbedürftigen Punkte zeigen schon, daß es vor allem für junge, unerfahrene Drehbuchautoren schwierig ist, sich allein durchzusetzen. Hilfreich könnte hier die Mitgliedschaft im »Verband Deutscher Drehbuchautoren e. V.« sein (Rosenthaler Str. 39, 10178 Berlin). Auch eine Mitgliedschaft im »Verlag der Autoren« oder einem anderen Bühnenverlag ist empfehlenswert, da diese aufgrund besonderer Verträge mit den

Fernsehanstalten günstige Konditionen für ihre Mitglieder aus-
gehandelt haben. Eine Mitgliedschaft steht jedoch nicht jeder-
mann offen; die Verlage nehmen in der Regel nur Autoren eines
gewissen Bekanntheitsgrades auf.

Was die GEMA für Komponisten, ist die »Verwertungsgesellschaft Wort« für alle Schreibenden, also auch für Drehbuchautoren. Es empfiehlt sich, bereits vor dem ersten Drehbuchvertrag
einen (kostenlosen) Wahrnehmungsvertrag mit der VG Wort ab-
zuschließen (Goethestraße 49, 80336 München).

Schwierige Verhandlungen können auch spezialisierten Anwäl-
ten übertragen werden.

Horst Hartlieb, Handbuch des Film-, Fernseh- und Videorechts (Verlag C. H. Beck,
   München)
Fromm/Nordemann/Vinck, Urheberrecht (Verlag W. Kohlhammer, Stuttgart)

Andreas Meyer

Der Autor am Computer

Moderne Textverarbeitungsprogramme können ohne großen
Aufwand auch für die spezifischen Anforderungen des Drehbuchschreibens konfiguriert werden. Weitaus bequemer und
zeitsparender arbeitet man allerdings mit Applikationen, die ausschließlich für Drehbuchautoren entwickelt worden sind.

Automatische Formatierung und Ideen-Management: Zur
normgerechten Drehbuchformatierung sollte man vordefinierte,
gestaffelt abrufbare Druckformatvorlagen einrichten. Typische
Styles wie »Regie«, »Charakter« oder »Dialog« werden damit per
Zeilenschaltung oder Tastaturkürzel automatisch zugewiesen.
Szenenverzeichnisse, Personenregister oder Inhaltsangaben erscheinen auf Mausklick. Zum Standard gehören inzwischen auch
Indexierungen, detaillierte Versionsvergleiche oder Textverknüp-
fungen (Hyperlinks).

Ausgereifte Spezialanwendungen wie *Scriptor, PlayWrite, Movie Magic Screenwriter* oder *Script Thing* bieten eine Fülle wei-
tergehender Optionen. Gegenwärtig wohl konkurrenzlos ist
der Funktionsumfang von *Final Draft* (Version 5). Seine variab-
len Gliederungs- und Darstellungsmöglichkeiten gestatten ein

perfektes Ideen-Management. Ein integrierter »Scene Navigator« gliedert und reformatiert das gesamte szenische Material, schreibt die einzelnen Bilder auf digitale Karteikärtchen und nutzt den Monitor wie eine Pinwand. Vorteil: Strukturmuster treten plastisch hervor; dramatische Verlaufsformen können besser analysiert, experimentell durchgespielt, sofort übers Netz kommuniziert oder in anderen Anwendungen weiterverarbeitet werden.

Dramaturgiehilfen und Plotgeneratoren: Das überaus nützliche Programm *Collaborator* (Collaborator Systems Inc.) basiert auf den wegweisenden Arbeiten von Lajos Egri. Anhand fundierter Prüfkriterien und methodischer Fragestellungen wird die Struktur einer entstehenden Story ständig mit den Bauplänen klassischer Filmdramaturgie abgeglichen. Das umfängliche Manual ist zugleich ein vorzügliches Lehrbuch der Filmdramaturgie.

Plots Unlimited (Ashleywilde Publishers) ist auch in Buchform erhältlich. Seine integrierte Datenbank versammelt mehr als 5600 Konfliktsituationen und 13900 Handlungsalternativen; nach Multiple-Choice-Kriterien können damit unterschiedliche Charaktere, Story-Typen und sogar 200000 Szenenvarianten generiert werden. Wenngleich mehr Spielzeug als Profitool, wird dieser elektronische Zettelkasten in den USA zum Storybuilding im Serienbereich eingesetzt. Inzwischen reifen KI-Programme (Expertensysteme) heran, die als Plotgeneratoren und Storyliner die schlichten Formeln schematisierter Storybastelei (Daily Soap!) bald effzienter und kostengünstiger durchdeklinieren können als Autoren, deren Kreativität durch funktionale Ausdifferenzierung schon hinlänglich kastriert und maschinell reproduzierbar geworden ist.

Dramatica (Screenplay Systems), in jeder Hinsicht einzigartig, genießt auch hierzulande fast Kultstatus. Verschworene Anhänger dieser Mixtur aus Film- und Weltdeutung gebärden sich bisweilen wie »aufgeclearte« Jünger einer neuen Mysterienreligion. Nüchtern betrachtet ist Dramatica:
– ein komplexes, ständig weiterentwickeltes Programm mit beschreibenden, analytischen, wertenden und generativen Funktionen.

- ein filmhermeneutisches Instrumentarium mit fragwürdiger Theoriebasis und einer selbstgestrickten Fachterminologie, deren Glossarien bücherfüllend sind.
- eine per Internet global vernetzte »Loge«, deren Mitglieder durch eigene Publikationen, Ferntutorien, Diskussions- und Seminarveranstaltungen interaktiv animiert und betreut werden.

In welcher Relation stehen die Kosten zum Nutzen? Am Ende einer monatelangen Einarbeitungszeit hat der fleißige User weniger die Kunst des Drehbuchschreibens, sondern vor allem den richtigen Umgang mit der Software erlernt. Die hilft ihm dann gelegentlich bei der Lösung jener Probleme, die es ohne Dramatica nicht gäbe.

Die Softwarepakete können am günstigsten direkt aus den USA bezogen werden. Zum Beispiel über die mustergültige Homepage von: *The Writers' Store (www.writerscomputer.com).* Deutscher Partnervertrieb: *Film Software Pl@net* (Meiringer und Partner). Bestellfax 05 11-1 61 02 84. Netzadresse: *Filmsoft@aol.com.* Dort steht auch ein Online-Katalog zum Download bereit; die Demo-Versionen der angebotenen Programme (Windows/Mac OS) sind ebenfalls abrufbar.

Die Nutzung des Internet. Auch für Drehbuchautoren gilt: »Die Zahl derer, die durch zu viele Informationen nicht mehr informiert sind, wächst.« Berufsbedingte Aufenthalte im virtuellen Nirwana sollten zeitlich begrenzt und zielgerichtet durchgeführt werden. Einschlägige Kategorien wie »Film«, »Fernsehen«, »Drehbücher« oder »Genres« besetzen Stammplätze auf den Portalseiten großer Suchmaschinen wie YAHOO oder »Alta Vista«. Sie führen zu Linksammlungen, deren uferlose Verknüpfungen in Abertausende von einschlägigen Webseiten münden. Deutsche und amerikanische Sites stehen sich etwa im Verhältnis 1:30 gegenüber. Auch alle Surfwege führen nach Hollywood.

Infosüchtige Drehbuchautoren können ganze Downloadnächte in zwei Webbereichen verbringen.

1. Medienspezifische Information: Das Netz bietet rund um die Uhr (kostenlosen) Zugang zu jeder nur denkbaren Informationsquelle. Für unsere Zwecke empfehlen sich vor allem
- Internationale Fachzeitschriften, Film-Magazine, Mediendienste, Online-Lexika, Film-Datenbanken etc.

- Rezensionen, Film- und Drehbuchanalysen, filmtheoretische Abhandlungen, neuere wissenschaftliche Veröffentlichungen.
- Aktuelle Branchennews, Produktionsspiegel, Einspielergebnisse, Fernsehquoten, Marktanteile, Media-Statistiken, etc.
- Unzählige Drehbücher aus allen Epochen und Genres, oft sogar in verschiedenen Fassungen und Originalformatierungen.
- Filmclips, Drehberichte, Werbetrailer, Promotion-Materialien, Interviews (auch mit Autoren!). Neuerdings sind sogar brandneue Spielfilme als digitalisierte (Raub)Kopien abrufbar.

2. Online-Kontakte und globaler Chat im Net. Nützlich für Filmeschreiber sind unter anderem:
- Direkte Verbindungen zu Agenturen, Fachverbänden, Förderungseinrichtungen, Aus- und Weiterbildungsstätten, Fernsehsendern, Produktionsfirmen etc.
- Zugang zu speziellen Newsgruppen oder Mailing-Listen. Aktive Teilnahme an Diskussionsforen zu allen Aspekten des Drehbuchschreibens.
- Bilaterale Kontakte zu anderen Autoren, e-mail – Freundschaften. Transnationaler Gedanken- und Erfahrungsaustausch.
- Netzgestützte berufliche Partnerschaften, Teambildung, Kollegiale Hilfestellungen, Pitching und Marketing etc.
- Gezielte Nutzung zahlreicher (kommerzieller) Dienstleistungen für Filmautoren: professionelle Lektorate und Analysen, dramaturgische Scriptberatungen, Scriptdoctoring, Film- und Literaturagenten u. a.

An dieser Stelle nur zwei Beispiele für informative Webadressen, die in keiner Bookmarksammlung fehlen sollten: *www.script-o-rama.com* und *www.writerswebsite.com*.

Anhang

Andrea Hanke

Aus- und Fortbildung für Drehbuchautoren

Drehbuchschulen/werkstätten

Die Plots-Akademie in Köln bietet zum einen Script doctoring und Consulting, zum anderen ein intensives Ausbildungsprogramm an. Die Ausbildung erfolgt im Einzelunterricht. Die Teilnehmer erhalten Unterstützung durch Lektorate, Übungen und Praxisbeobachtung. Charaktere, Figurenführung, dramatischer Bogen der Geschichte werden in persönlichen oder telefonischen Sitzungen analysiert. Der Austausch der Texte erfolgt per e-mail. Eine Hotline steht für dringende Fragen zur Verfügung.
Die Seminare werden für vier Levels angeboten. Der Kurs *Fresh & Free* richtet sich an Einsteiger. Kursziel ist ein einreichfähiges Exposé. Im Kurs *Milestone One* wird aus einem Exposé ein Treatment geformt. Ziel des Kurses ist ein tragfähiges Grundgerüst für einen Film oder ein Serienkonzept. Im anschließenden Kurs *Highspeed* wird aus einem Treatment ein Bildertreatment entwickelt. Ziel ist das Erarbeiten einer szenisch spannenden Gestaltung der Geschichte. Im Kurs *Silverscreen* wird schließlich ein Drehbuch erarbeitet. Hauptaugenmerk liegt dabei auf den Dialogen. Die Kursgebühren liegen zwischen Euro 720,– zzgl. MwSt. für den Einsteigerkurs bis Euro 1180,– zzgl. MwSt. für den Silverscreen-Kurs. Die Kursdauer beträgt 10 Wochen. Informationen können auch über einen Newsletter (per e-mail oder Fax) bezogen werden.
Adresse: Plots-Akademie, Untere Dorfstraße 68, 50829 Köln, T: (02 21) 9 50 58-88, F: -99, e-mail: akademie@plots.de, die homepage befindet sich im Aufbau.

Die Medienwerkstatt Linden in Hannover bietet ein Grundlagenseminar, themenbezogene Seminare sowie eine zweitägige Drehbuchberatung an.
Das *Grundlagenseminar* richtet sich an Teilnehmer, die sich über Techniken des Drehbuchschreibens, Prozeduren der Plotent-

wicklung und Techniken des Filmischen Erzählens informieren möchten. Themenschwerpunkte sind dabei: Struktur von Geschichten, Entwicklungsphasen von Drehbüchern, Präsentationsformen. Ziel des Seminars ist, ein theoretisch fundiertes und in der Praxis erprobtes Wissen über Techniken des Drehbuchschreibens zu vermitteln und dieses in Analysen und praktischen Übungen zu erproben. Das Seminar wird für max. 12 Teilnehmer angeboten und geht über drei Tage, die Kursgebühr beträgt DM 350,–/DM 300,– erm.

Die *themenbezogenen Seminare* (z.B. »Die melodramatische Liebesgeschichte«) sind als Aufbauseminare gedacht. Ziel ist es, anhand der Analyse bestimmter Filme, die Teilnehmer zu neuen Story-Konzepten anzuregen. Die Seminarbedingungen und -kosten entsprechen den Grundlagenseminaren.

Die zweitägige *Drehbuchberatung* wird für max. acht Teilnehmer angeboten, die Kursgebühr beträgt hier DM 250,–/DM 200,– erm. Hier sollen von den Teilnehmern eingereichte Entwürfe, Exposés oder Treatments daraufhin analysiert werden, wie sie optimiert werden können. Die Analyse erfolgt in der Gruppe.

Adresse: Medienwerkstatt Linden e.V., Charlottenstraße 5, 30449 Hannover, T: (0511) 440500 od. 455732, F: 453930, I: www.nananet.de/medienwerkstatt-linden.

Die Drehbuchwerkstatt Rhein/Ruhr bietet Seminare zur Aus- und Weiterbildung im Bereich *Filmdramaturgie* an. Zielgruppe sind neben Autoren auch Producer, Redakteure und Regisseure. Das Lehrprogramm wurde in kritischer Auseinandersetzung mit amerikanischen Ausbildungskonzepten und unter Einbeziehung kognitivistischer Filmtheorien von dem Filmwissenschaftler Dr. Möller-Naß entwickelt.

Das Seminarangebot gliedert sich in drei Stufen: *Grundkurse, weiterführende Seminare* zu bestimmten Genres oder speziellen Themen wie Adaption oder Remake. Daneben werden auch Workshops zum Dialogschreiben oder zur Charakter- und Plotentwicklung durchgeführt. Die dritte Stufe ist schließlich die Teilnahme an einem *Kreativseminar* oder *Arbeitsgruppen,* die ein konkretes Projekt entwickeln. Die Drehbuchwerkstatt Rhein/Ruhr arbeitet mit der Drehbuchwerkstatt Hamburg zusammen (vgl. zudem das Seminarangebot der Medienwerkstatt Linden). Drei Grundkurse werden angeboten: zwei zur Struktur filmischer Er-

zählungen und Plotentwicklung sowie ein Kurs zur Dramaturgie der Szene, Charakter und Dialog. Die Seminargebühr beträgt - auch für die themenbezogenen Aufbaukurse (1999 z. B. zum Thema *Filmschlüsse*) – jeweils DM 350,–.
Adresse: Drehbuchwerkstatt Rhein/Ruhr e. V., Fliednerstraße 32, 40489 Düsseldorf.

Die Drehbuchwerkstatt Hamburg arbeitet eng mit der Drehbuchwerkstatt Rhein/Ruhr zusammen, über die auch Informationen über das Seminarangebot zu beziehen sind. 1999 wurde z. B. ein Seminar zu Melodramatischen Liebesgeschichten angeboten (vgl. hier auch das Angebot der Medienwerkstatt Linden).
Adresse: Drehbuchwerkstatt Hamburg, Gabriel Bornstein, Große Brunnenstraße 73, 22763 Hamburg, T: (0 40) 3 90 37 22 bzw. Klaus Weller, Am Felde 28, 22765 Hamburg, T: (0 40) 39 34 79.

Die Master School Drehbuch ist eine Initiative der Filmboard Berlin-Brandenburg. Sie versteht sich als Aus- und Weiterbildung für Drehbuchautoren, Dramaturgen und Produzenten und hat sich zum Ziel gesetzt, die Stoffentwicklung zu professionalisieren.
Angeboten werden Seminare zur »Kunst des Drehbuchlesens«, ein einjähriges Stoffentwicklungsprogramm *Step by Step* sowie ein Ausbildungsprogramm für Script Consultants. Diese Programme werden zum Teil in Zusammenarbeit mit europäischen Institutionen durchgeführt. Daneben fördern Initiativen wie netz!werk, kurz!film oder pitchpoint.org den Kontakt der Autoren untereinander.
Das *Stoffentwicklungsprogramm Step by Step* bietet jeweils zwölf Autoren und ihren Produzenten über ein Jahr die Möglichkeit, ihren Stoff vom Exposé bis zum fertigen Drehbuch unter der Beratung von Script Consultants zu entwickeln. Die Bewerbung geht von den Produktionsfirmen aus, die auch die Seminarkosten übernehmen. Drei ausgewählten Nachwuchsautoren bietet Step by Step auch ohne Produktionsfirma die Chance zur kostenlosen Teilnahme. Daneben können junge Dramaturgen, Redakteure und Producer als Teamassistenten an dem Programm teilnehmen.
Das *Seminar Die Kunst des Drehbuchlesens* wendet sich an Producer, Redakteure und Produzenten. In Gruppen von max. 12

Teilnehmern werden Grundlagen und Feinheiten von Drehbuch-Struktur, Dramaturgie und Didaktik des Autorengesprächs vermittelt. Das Seminar dauert vier Tage, die Kosten betragen rund DM 1000,–.

Daneben bietet die Master School *Drehbuch-Seminare* und *Workshops* mit international bekannten Drehbuchautoren und Scriptdoctoren an.

Adresse: Master School Drehbuch, August-Bebel-Straße 26-53, 14482 Potsdam-Babelsberg, T: (0331) 743887-60, F: -99, I: www.filmboard.de.

Die Drehbuchwerkstatt Nürnberg lädt die zehn besten Teilnehmer eines im Turnus von zwei Jahren ausgeschriebenen Drehbuchförderpreis-Wettbewerbs zu einem *Workshop*, wo sie unter professioneller Anleitung ihre Stoffe weiterentwickeln und die handwerklichen Grundlagen des Drehbuchschreibens erlernen können. Außerdem werden in unregelmäßiger Folge *Schreibseminare* für Nachwuchsautoren angeboten.

Adresse: Drehbuchwerkstatt Nürnberg, c/o Ernst Gortner, Rieterstraße 4, 90419 Nürnberg, T: (0911) 397343, F: 333825.

Die KMA-Katholische Medienakademie veranstaltet eine dreiteilige *Fernseh-Autoren-Werkstatt* »Talente« für zwölf Teilnehmer. In den einwöchigen Seminaren wird Gelegenheit geboten, die Dramaturgie filmischen Erzählens kennenzulernen und an Exposé, Treatment und Drehbuchentwicklung für TV-Film oder TV-Serie mitzuarbeiten. Einzelne Szenen werden im eigenen Fernsehstudio exemplarisch realisiert. Von den Sujets her wird eine Orientierung am christlichen Menschenbild angestrebt. Es folgen freiwillige *Aufbaukurse.* Für die Kurse wird eine Pauschale in Höhe von DM 640,– pro Woche incl. U/VP in Rechnung gestellt. Die Reisekosten müssen selbst übernommen werden.

Adresse: KMA–Katholische Medienakademie, Frankenthaler Straße 229, 67059 Ludwigshafen, T: (0621) 59172, F: 516809, I: www.kath.de/ifp.

An der Drehbuch-Werkstatt Niedersachsen werden in Zusammenarbeit mit deutschen und europäischen Partnern eine Reihe von intensiven, zum Teil berufsbegleitenden Seminaren im

Bereich professionelles Drehbuchschreiben, Filmregie, Schauspielführung und Filmfinanzierung angeboten. Ziel ist es, das bestehende Fortbildungsangebot stärker den tatsächlichen Bedürfnissen und Defiziten der deutschen Filmautoren und Produzenten anzupassen, Zugang zu den Entwicklungstrends in der europäischen Filmwirtschaft zu bekommen und Nachwuchsautoren mit potentiellen Partnern zusammenzuführen.

Es gibt *Seminare* zu Themen wie »Gute Idee für eine TV-Serie: Was nun?« oder »Das Schreiben von Filmdialogen«. Die Anforderungen, Seminarkosten und -dauer sowie Teilnahmebedingungen differieren je nach Seminar.

Daneben bietet die Drehbuch-Werkstatt Niedersachsen für Fortgeschrittene auch *Development Workshops* an. Dabei handelt es sich um ein sechsmonatiges Stoffentwicklungsprogramm. Die Teilnehmerzahl ist auf sieben Personen beschränkt. Die Teilnahmegebühr beträgt DM 2550,– (incl. Unterkunft und Verpflegung). Die Reihe »Development Workshop« wird in Kooperation mit der Bundesakademie für Kulturelle Bildung Wolfenbüttel veranstaltet.

Adresse: Drehbuch-Werkstatt Niedersachsen (des Film- und Medienbüros Niedersachsen), Gerberstraße 16, 30169 Hannover, T: (05 11) 1 34 80, F: 7 01 15 54, I: www.osnabrueck-net.de/fmb/.

Der Verband Deutscher Drehbuchautoren führt in unregelmäßigen Abständen *Weiterbildungs-Workshops* zu sehr spezifischen Fragen des professionellen Drehbuchschreibens in kleinen Gruppen durch. Teilnahmeberechtigt sind ausschließlich Mitglieder des Verbandes.

Adresse: Verband Deutscher Drehbuchautoren e. V., Rosenthaler Straße 39, 10178 Berlin, T: (0 30) 2 82 42 05, F: 2 83 17 96, I: www.drehbuchautoren.de.

Die Schreibschule Köln versteht sich als Entwicklungslabor für neue Film- und Fernsehstoffe. Ziel ist die Professionalisierung von Nachwuchsautoren und die Entwicklung marktfähiger Stoffe aller Genres. Das Fortbildungsprogramm orientiert sich an der Praxis der Film- und Fernsehproduktion und wird in Zusammenarbeit mit international anerkannten Dozenten und einem Team von erfahrenen Autoren, Produzenten und Redakteuren durchgeführt. Jeweils drei mehrtägige *Workshops* vermitteln die theoretischen Grundlagen des Schreibens in verschiedenen Genres und die Kenntnisse zum Verständnis der Produktionsrealität und der Marktsituation. Ein persönlicher Tutor garantiert die kontinuierliche und individuelle Betreuung eines jeden Autors. Die Zusammenarbeit erstreckt sich über ein Jahr zur *Entwicklung eines produktionsreifen Drehbuchs*, das Produktionsfirmen und Sendern angeboten werden kann. Das Programm richtet sich an Autoren mit professioneller Schreiberfahrung.

Adresse: Schreibschule Köln e. V., St.-Apern-Straße 20-26a, 50667 Köln, T: (02 21) 92 01 88-11, F: -12, I: www.filmschule.de.

Die ZFP (Zentrale Fortbildung der Programmmitarbeiter ARD/ ZDF) Drehbuchcamps finden zweimal jährlich in Zusammenarbeit mit dem Goethe-Institut Freiburg und abwechselnd der MFG-Filmförderung Baden-Württemberg und der Taunus Film GmbH statt. Das Kursangebot umfaßt unterschiedliche Trainings und Workshops, die zum Teil aufeinander aufbauen und kontinuierlich erweitert werden. Zur Zeit wird die Dramatische Werkstatt »Grundkurs – the hero's journey« angeboten. Dieser *Basiskurs* vermittelt das Grundwissen zu Aufbau, Struktur und Dramaturgie fiktionaler Stoffe. Er wird in leicht verständlichem Englisch gehalten. Der Basiskurs dauert 2 1/2 Tage und kostet DM 600,–. Die Teilnehmerzahl liegt bei ca. 35 Personen.

Neben diesem Basiskurs werden *Intensivkurse* zu einzelnen Genres (z. B. Thriller) oder Aspekten des Drehbuchschreibens wie Dialoge, Script-Entwicklung und Charakter-Entwicklung für maximal 15 Teilnehmer angeboten. Diese Werkstätten kosten jeweils DM 500,– und dauern in der Regel drei Tage.

Adresse: ZFP Trainingszentrum Wiesbaden, Unter den Eichen 5, 65195 Wiesbaden, T: (06 11) 59 05 04, F: 52 08 53, I: www.zfp.de.

Das Kölner Filmhaus bietet in regelmäßigen Abständen 5-tägige *Intensivworkshops* zur Drehbucharbeit an. Im Mittelpunkt stehen die handwerklichen Aspekte des Drehbuchschreibens. In einer Filmanalyse wird an konkreten Filmen der Aufbau, Akt- und Szeneneinteilung sowie die Unterschiede von Storyline und Plotline herausgearbeitet. Die Teilnehmerzahl beträgt max. 12 Personen, der Kurs kostet DM 750,–.

Darüber hinaus bietet das Kölner Filmhaus auch ein *Pitching-Seminar* für Autoren an. Seminarinhalte sind juristisches Grundwissen für Autoren, die verschiedenen Stadien eines Drehbuchs,

Einschätzung von Verhandlungsstärken und -schwächen. Der Kurs dauert drei Tage, die Teilnehmerzahl ist auf 12 Personen festgelegt, die Teilnahmegebühr beträgt DM 550,–.
Neben diesen Seminarangeboten bietet das Kölner Filmhaus mit der *Drehbuch-Werkstatt* die Möglichkeit, ein konkretes Projekt unter fachkundiger Leitung bis zum einreichfähigen Treatment zu entwickeln. Das theoretische Wissen hinsichtlich Drehbuch und Treatment wird vorausgesetzt. Die Werkstatt findet einmal im Monat statt und läuft über 6 Monate. Die Drehbuch-Werkstatt kostet für Mitglieder DM 760,– und für Nichtmitglieder DM 950,–. Die Teilnehmerzahl ist auf maximal 12 begrenzt.
Adresse: Kölner Filmhaus e. V., Maybachstraße 111, 50670 Köln, T: (02 21) 22 27 10-0; F: -99, I: www.k-filmhaus.de.

Die Medienakademie Köln ist eine Initiative der Bertelsmann Stiftung und wird durch das Land NRW unterstützt. Sie bietet ausschließlich berufsbegleitende Seminare an. Alle Seminare zeichnet eine Mischung aus Forums- und Trainingscharakter aus, d. h. Vorträge, Diskussionen, Workshops und Praxisphasen wechseln sich ab. Die Teilnehmerzahl ist auf 15 Personen begrenzt. Zwingende Voraussetzung ist eine Berufstätigkeit in dem entsprechenden Umfeld, auf das sich das jeweilige Seminar bezieht. Je nach Seminarthema dauern die Kurse ein bis sechs Tage. Im Bereich Drehbuch wird z. B. ein *Seminar zur Drehbuch- und Stoffentwicklung* für erfahrene Producer angeboten. Seminarziel ist das Erlernen von Managementkonzepten zur Konzeption und Produktion fiktionaler und nichtfiktionaler Stoffe. Inhalte des Seminars sind Analyse von Drehbüchern, Beurteilungsinstrumente und -kriterien, Kreativitätstraining und Brainstorming-Techniken, Pitching.
Adresse: Medienakademie Köln GmbH, Im Mediapark 5b, 50670 Köln, T: (02 21) 45 43 58-0, F: -1, I: www.medienakademie-koeln.de.

Die Adolf Grimme Akademie in Marl und Köln versteht sich als praxis- und serviceorientierter Partner der Medienbranche. Die Seminare und Veranstaltungen reflektieren thematisch deren Anforderungen an kompetentes Personal und sind dementsprechend marktgerecht konzipiert. Schwerpunkte sind Programmentwicklung und -gestaltung, Redaktions- und Produktionsmanagement sowie Stoffentwicklung.

Andrea Hanke

Zentrale Anliegen der Veranstaltungen, die sich mit der *Stoffent-wicklung* beschäftigen, sind Drehbuchanalyse, Visuelles Dreh-buch und tiefenpsychologische Wirkungsprozesse, Reflexion ei-nes Kriterienkatalogs für erfolgreiche Stoffe sowie Storyboarding und Preproduction Visualisation. Themen sind z. B. »Von der Idee zur Fernsehserie« oder »Unbewußte Wirkungsprozesse und vi-suelles Drehbuch«.
Die Seminare dauern in der Regel zwei Tage, die Teilnehmerzahl ist auf zwölf Personen beschränkt. Die Teilnahmegebühren lie-gen zwischen DM 550,– zzgl. MwSt. und DM 990,– zzgl. MwSt. Daneben bietet die Grimme Akademie in Kooperation mit der Filmstiftung NRW einmal im Vierteljahr Werkstattgespräche an, in denen bekannte Autoren, Produzenten oder Regisseure ver-mitteln, wie sie konzeptionelle oder dramaturgische Probleme behandeln.
Speziell für den Bereich Comedy gründete die Grimme Akade-mie mit der Kölner Produktionsfirma Brainpool die *Gag Academy,* in der systematisch Nachwuchsautoren gefördert werden sollen. Zweimal jährlich werden Autorenworkshops für jeweils 15 Teil-nehmer ausgeschrieben.
Adresse: Adolf Grimme Akademie, Eduard-Weitsch-Weg 25, 45768 Marl, T: (0 23 65) 91 89-45, F: -89, I: www.grimme-institut.de/akademie, oder: im Mediapark 5b; 50670 Köln, T: (02 21) 45 43 50-0, F: -9, e-mail: AGACologne@aol.com.

Die Filmwerkstatt Münster ist ein regionales Zentrum für den Film in Münster. Eigene Produktionen, Seminare, das Filmfesti-val Münster, einzelne Medien- und Filmprojekte sowie der Film-club Münster sind laufende Schwerpunkte der Arbeit. Im halb-jährlichen Abstand bietet die Filmwerkstatt Münster ein aktuelles *Seminarprogramm* zur Aus- und Weiterbildung in allen Bereichen der Filmproduktion und auch im Bereich Drehbuchschreiben an. Im Vordergrund steht dabei die praktische Arbeit am eigenen Text. Die Kosten für die Seminare liegen zwischen DM 300,– und 400,–.
Adresse: Filmwerkstatt Münster, Gartenstr. 123, 48147 Münster, T: (01 25) 2 30 36-21, F: -09, I: www.buergernetz.muenster.de.

Bei SAGAs handelt es sich um eine gemeinschaftliche Initiative des MEDIA II Training Programms der EU, der Hochschule für

Fernsehen und Film und der Drehbuchwerkstatt München. Ziel ist die Förderung von Autoren speziell für den *interaktiven Medienmarkt*. Die Beschäftigung mit Multimedia steht daher im Vordergrund. 1999 war das Programm von SAGAs Writing Interactive Fiction ausgerichtet auf Drehbuch-Lehrer mit Interesse am Bereich Multimedia sowie auf fortgeschrittene Studenten im Bereich Multimedia bzw. Absolventen der Film- und Fernseh-Hochschulen.

Die Kurse sind aufgeteilt in je zwei Module, die Kosten für jedes Modul betragen DM 280,– für Lehrer, Studenten und Freiberufler. Vertreter von Produktionsfirmen können in begrenzter Zahl teilnehmen und bezahlen DM 3000,– pro Kurs. Arbeitssprache ist Englisch.

Adresse: SAGAs Writing Interactive Fiction, Hochschule für Fernsehen und Film, Brecherspitzstraße 8, 81541 München, T: (0 89) 69 70 81-45, F: -90, I: www.sagas.de.

Das Frankfurter Filmhaus bietet ca. 8-10 Seminare pro Jahr an. Das Angebot reicht von *Wochenend-Kursen für Neueinsteiger* über *einwöchige Kurse* zu speziellen Themen bis zu einer *halbjährigen Drehbuchwerkstatt*. Themen der einwöchigen Kurse sind z.B. »Vom Exposé zum Treatment« oder »Drehbuchschreiben für Kurzfilme«. Die Kosten für die Einsteigerkurse und die längeren Seminare liegen zwischen DM 300,– bis DM 500,–. Die Drehbuchwerkstatt bietet die Betreuung eines Projektes von der Idee bis zum fertigen Spielfilmdrehbuch. Anschließend bietet das Filmhaus den Autoren auch Unterstützung, um das Interesse von Produzenten und Redakteuren für die entwickelten Stoffe zu gewinnen. Die Drehbuchwerkstatt kostet DM 2000,–.

Adresse: Filmhaus Frankfurt e. V., Hamburger Allee 45, 60486 Frankfurt, T: (0 69) 70 78 07-2, F: -4.

Die MSH in Lübeck (Gesellschaft zur Förderung audiovisueller Werke in Schleswig-Holstein mbH) führt regelmäßige *Drehbuchseminare* in Zusammenarbeit mit dem Nordkolleg Rendsburg durch. Die Seminare, bei denen der Rowohlt-Verlag Mitveranstalter ist, dauern jeweils vier Tage. Im Sommer werden die Grundsteine eines Drehbuchs (Opening und Plot) gelegt. Im Winter geht die Arbeit in der Gruppe weiter mit Erfahrungsberichten über das im Sommer erarbeitete Opening und der Fort-

führung der Drehbucharbeit. Die Teilnehmerzahl ist auf 12 Personen beschränkt. Die Kosten betragen je Seminar DM 500,–.
Adresse: Gesellschaft zur Förderung audiovisueller Werke in Schleswig-Holstein mbH, Schildstraße 12, 23552 Lübeck, T: (04 51) 1 22 41 09, F: 7 19 78.

Der Verein Medien und Kulturarbeit im Filmhaus Hamburg bietet Berufseinsteigern und Fortgeschrittenen ein Fort- und Weiterbildungsprogramm an. Schwerpunkte sind: Drehbuchschreiben, Film-Workshops und die Fortbildung »Videojournalist«. Eine weitere Aufgabe besteht in der Beratung von Autoren und Regisseuren bei der Stoffentwicklung sowie Unterstützung bei der Vermittlung geeigneter Stoffe an Produktionsfirmen und Sender. Hierbei kooperiert der Verein mit den Hamburger Produktionsfirmen Multimedia, Polyphon und Trebitsch.
Im Bereich Drehbuchschreiben liegt die Hauptaufgabe in der Betreuung und Beratung von Autoren bei der *Entwicklung von Projekten.* Daneben gibt es *Einführungs-* und *Aufbaukurse* zum Handwerk des Drehbuchschreibens.
Angeboten wird ein Grundkurs zur Einführung in das Drehbuchschreiben (Schwerpunkte: von der Idee zum Script, Geschichten, Regeln, Ausführung. Ziel ist die Erarbeitung der Struktur und der Form eines Exposés) sowie ein Grundkurs zum Exposé (Erarbeitung eines professionellen Exposés). Dazu Aufbaukurse, in denen die Entwicklung vom Exposé zum Treatment und vom Treatment zum Drehbuch behandelt wird. Absolventen der Aufbaukurse können eine *Einzelberatung* zur Fertigstellung von Drehbüchern nutzen. Ergänzend werden *Seminare zu wechselnden Themen* wie Dialog, Urheberrecht oder Sitcom angeboten.
Die Seminare dauern in der Regel zwei Tage und kosten zwischen DM 500,– für Grundkurse bis zu DM 800,– für die Aufbaukurse. Die Einzelberatung kostet DM 350,–. Die Teilnehmerzahl für die Grundkurse liegt bei 20 Personen, für die Aufbaukurse zwischen vier bis acht Teilnehmern.
Adresse: Medien und Kulturarbeit e. V., Filmhaus, Friedensallee 7, 22765 Hamburg, T: (0 40) 39 82 62 82, F: 3 90 95 00, e-mail: medienundkulturarbeit@t-online.de.

Das Filmbüro Baden-Württemberg ist die Interessenvertretung der Filmschaffenden des Landes mit den Aufgaben: Vernetzung von Filmschaffenden wie Produzenten, Autoren, Regisseuren und Filmtechnikern untereinander; Vermittlung von Kontakten zu Ämtern und Institutionen; Information über das Geschehen in der Filmbranche mittels des FilmFacts Südwest; Vertretung der Interessen der Branche gegenüber Politikern und Sendern und schließlich Organisation der Filmschau Baden-Württemberg.

Adresse: Filmbüro Baden-Württemberg, Friedrichstraße 23a, 70174 Stuttgart, T: (07 11) 2 21 06-7, F: -9.

Studiengänge

Das Billy Wilder Institute of Film and TV Studies in Bonn bietet ein *dreijähriges Vollzeitstudium* mit maximal 15 Studierenden pro Fach an. Studienfächer sind neben Drehbuch auch Animation, Medienübersetzung, Produktion und Medienmanagement.

Zulassungsbedingung ist in der Regel die allgemeine Hochschulreife (Abitur oder eine gleichwertige ausländische Qualifikation). Die studiengangbezogene Eignung wird in einem Aufnahmeverfahren (Beurteilung der Bewerbungsunterlagen und Vorstellungsgespräche) festgestellt.

›Learning by teamworking with professionals‹ ist das Motto der Drehbuchausbildung. Es werden kleine Teams aus Studierenden und Fachleuten gebildet, die, bei der Ideenfindung von Journalisten und bei der Recherche von Datenbanken unterstützt, an praktischen Projekten gemeinsam arbeiten und alle Stationen von der Idee über Exposé, Treatment, Drehbuch und Storyboard durchlaufen. Ausbildungsziele sind dabei: Kreative Schreibkompetenz (fiktional und nonfiktional); Anwendungsorientierte Kenntnis von wichtigen theoretischen Positionen im Drehbuchbereich; Kenntnis erfolgreicher Drehbücher der Film- und TV-Geschichte und der Erfolgsgründe; Beherrschung von Geräten und Techniken, die im Scriptproduktionsbereich relevant sind (z. B. Onlinerecherche, Storyboardzeichnen etc.); Heranführung an und Einbindung in die kommerzielle Praxis durch allgemein medienbezogene sowie fachorientierte Praktika und durch gemeinsame Projekte mit der Medienwirtschaft.

Ausbildungsorte sind Bonn und Los Angeles.

209

Adresse: Billy-Wilder-Institute of Film and Television Studies oHG, Kaiserstraße 113; 53113 Bonn, T: (02 28) 21 41 68, I: www.billy-wilder-institute.de.

Die Hochschule für Film und Fernsehen »Konrad Wolf« in Potsdam bietet im *Studiengang Dramaturgie* eine künstlerisch-wissenschaftliche Ausbildung für verschiedene Berufsfelder wie Dramaturg oder Redakteur, Autor, Film- und Fernsehkritiker und Medienberater an. Eine Teilnahme an den praktischen Übungen der Studiengänge Film- und Fernsehregie und Kamera ist möglich. Übungen in den künstlerisch-kreativen Fächern des Studiengangs bis hin zur selbständigen Erarbeitung von Filmszenarien sind Bestandteil des Studiums. Die Regelstudienzeit beträgt 8 Semester, das Studium wird mit dem Grad Diplom-Film- und Fernsehdramaturg abgeschlossen. Zulassungen finden nur zum Wintersemester statt. Im Grundstudium werden wesentliche theoretisch-wissenschaftliche Kenntnisse vermittelt, die für die Film- und Fernsehanalyse erforderlich sind. Das Hauptstudium konzentriert sich auf selbständiges Arbeiten in den Bereichen wissenschaftliche Analyse, Kritik, film- und fernsehpraktische Werkstattarbeit und eigenschöpferische Autorentätigkeit. Die Diplomprüfung besteht aus einer künstlerischen und einer wissenschaftlichen Diplomarbeit sowie einem Kolloquium zum Themenkreis der künstlerischen und der wissenschaftlichen Diplomarbeit.
Adresse: Hochschule für Film und Fernsehen »Konrad Wolf«, Karl-Marx-Straße 33/34, 14482 Potsdam-Babelsberg, T: (03 31) 74 69-0, F: -2 02, I: www.hff-potsdam.de.

Der Drehbuchpool ist ein Angebot der Studierenden der Hochschule für Film und Fernsehen »Konrad Wolf« Studiengang Dramaturgie/Drehbuchschreiben. Angeboten wird eine katalogisierte Sammlung von Stoffen in allen Stadien, Formaten und Genres. Die Kataloge enthalten Drehbücher, Treatments, Exposés und Prosatexte, die sich für eine filmische Bearbeitung eignen. Ziel ist der Aufbau einer agenturähnlichen Struktur, die externen Interessenten, Produktionsfirmen und Sendern den Zugang zu studentischen Filmideen erleichtern, den Studiengang Dramaturgie/Drehbuchschreiben nach außen öffnen und so eine kontinuierliche Zusammenarbeit ermöglichen soll.

Daneben wird als Serviceangebot die Besprechung von Film-
ideen und die Vermittlung von Drehbuchautoren, Co-Autoren und
Dramaturgen für die Weiterarbeit geboten.
Adresse: Drehbuchpool, Hochschule für Film und Fernsehen
»Konrad Wolf«, Karl-Marx-Str. 33, Raum 304, 14482 Potsdam-
Babelsberg, T: (03 31) 74 69-2 14, F: -2 02, e-mail: johnson@hff-
potsdam.de.

Das Filmstudium der Universität Hamburg ist ein *vierseme-
striges weiterführendes Studium* mit starker Praxisorientierung.
Das Studium gliedert sich in vier Bereiche: Produktionsmanagement, Regie, Bildregie/Kamera und Drehbuch. In der Regel wird
von den Bewerbern ein abgeschlossenes Hochschulstudium erwartet. Lehrende sind in allen Bereichen erfahrene Praktiker. Die
Studenten erarbeiten im ersten Studienjahr Bücher für Kurzfilme,
die in Team-Arbeit mit den Kommilitonen der anderen Bereiche
realisiert werden. Im zweiten Studienjahr entstehen ein Buch zu
einem 90-Minuten-Kinofilm und ein Buch für einen TV-45-Minü-
ter für eine laufende Serie.
Adresse: FilmStudium, Hamburger filmWerkstatt e. V., Weiterführendes Studium der Universität Hamburg, Friedensallee 9,
22765 Hamburg, T: (0 40) 42 83 84 16-3, F: -8, I: www.rrz.uni-
hamburg.de/as-film.

In der Drehbuchwerkstatt München werden im Laufe eines Jahres Grundkenntnisse in Dramaturgie, Filmsprache, Filmproduktion
und Medienrecht vermittelt. Im Mittelpunkt steht die *Entwicklung
eines eigenen Drehbuchs.* Hierzu stellt die Drehbuchwerkstatt
einen professionellen Gesprächspartner als persönlichen Betreuer. Neben diesem Arbeitskontakt treffen sich alle Autoren und
Betreuer in bestimmten Abständen, um den Entwicklungsstand
der einzelnen Bücher in *Kolloquien* zu besprechen.
Darüber hinaus arbeiten die Teilnehmer in *Gruppen* an bestimmten Aufgaben und erhalten dort von Praktikern (Drehbuchautoren, TV-Redakteuren, Produzenten, Agenten …) Einblick in Ge-
füge und Hintergründe der Film- und Fernsehwirklichkeit. Diese
Kontakte sollen nach Abschluß des Ausbildungsjahres den
Autoren einen reibungsloseren Übergang ins Berufsleben ermöglichen. Jährlich betreut die Drehbuchwerkstatt ungefähr
zehn Autoren.

Adresse: Drehbuchwerkstatt München, Hochschule für Fernsehen und Film, Brecherspitzstraße 8, 81541 München, T: (0 89) 69 70 81 74, I: www.drehbuchwerkstatt.de.

Die Drehbuch-Akademie der dffb in Berlin hat als Ziel, Nachwuchsautoren im Bereich Drehbuch sowohl für Spielfilme als auch für Fernsehen auszubilden, eine Professionalisierung des Berufsbildes zu erreichen und den Zugang zur Filmwirtschaft zu erleichtern. Das *Vollzeit-Studium* dauert zwei Jahre.

Das *erste Studienjahr* beinhaltet u. a.: Allgemeine Grundlagen, Struktur, Konzeption, Figuren, Charaktere, Konflikt, Dialog, Szenen, Auswahl der Stoffe, Mythen und Märchen, Genre, Motivationspsychologie, Improvisationstheater, Film- und Drehbuchanalyse und Creative Writing. An Seminaren wird z. B. angeboten: Struktur und Analyse, Neue dramatische Erzählformen, Menschendarstellung oder Mythos heute. Im *zweiten Studienjahr* liegt der Schwerpunkt auf der Erarbeitung eines 90-Minuten Drehbuchs und der Entwicklung einer 45-Minuten-Folge zu einer Fernsehserie. Außerdem werden Genres wie Thriller, Literaturverfilmung, Sitcom, Daily Soaps, Comedy etc. behandelt.

Voraussetzung für die Bewerbung ist Schreiberfahrung als Prosaautor, Journalist o. ä. Pro Jahr werden 10 Studenten an der Drehbuch-Akademie angenommen, die Studiengebühr beträgt DM 2000,– pro Studienjahr.

Adresse: Drehbuch-Akademie der dffb, Herrstraße 18-20, 14502 Berlin, T: (0 30) 30 09 04-34/-54, F: -6 72/6 71, I: www.dffb.de.

Die Kunsthochschule für Medien Köln ist die erste Kunsthochschule für alle audiovisuellen Medien in der Bundesrepublik. Die Ausbildung für künstlerische Tätigkeiten in und mit den fortgeschrittenen Medien wird dabei in der Symbiose von Kunst/Kultur, Poesie, Wissenschaft und Technik angesiedelt. Die Ausbildung im Bereich Drehbuchschreiben fällt in den Fachbereich Fernsehen und Film und ist ein *grundständiges* achtsemestriges Studium. Sie wird mit der Diplomprüfung abgeschlossen.

Im *Grundstudium* lernen die Studierenden die große Bandbreite an möglichen kreativen, technischen und medialen Orientierungen kennen. Einführungskurse, theoretische und historische Veranstaltungen geben einen Überblick über die diversen medialen Felder und ihre Zusammenhänge.

Das *Hauptstudium* gestaltet sich in erster Linie projektbezogen in eigenständigen kreativen Arbeiten.

Jährlich zum Wintersemester können insgesamt bis zu 45 Bewerberinnen und Bewerber aufgenommen werden. Entscheidendes Auswahlkriterium ist die künstlerische Eignung. Voraussetzungen für den 8-semestrigen Studiengang sind die allgemeine oder fachgebundene Hochschulreife sowie der Nachweis über ein 4-monatiges Praktikum im Medien-/Kunstbereich.

Für das viersemestrige *Weiterbildungsstudium* ist neben der Hochschulreife eine mindestens zweijährige künstlerisch-gestalterische Berufspraxis, für das viersemestrige *Zusatzstudium* ist der Nachweis über ein abgeschlossenes Studium an einer Hochschule in einem für den Studiengang Audiovisuelle Medien relevanten Bereich erforderlich.

Der Bereich Drehbuch bietet z. B. folgende Seminare: Übungen zum Drehbuchschreiben, Drehbuchentwicklung, Kurzfilm-Projekt.

Adresse: Kunsthochschule für Medien Köln, Peter-Welter-Platz 2, 50676 Köln, T: (02 21) 2 01 89-0, F: -17, I: www.khm.de.

An der Filmakademie Baden-Württemberg wird nicht nur Regie gelehrt, die Bereiche Drehbuch, Kamera, Filmgestaltung/Animation, Produktion und Filmmusik haben die gleiche Bedeutung. Die *Drehbuchwerkstatt* soll eine spezifische und qualifizierte Auseinandersetzung mit den Gesetzmäßigkeiten des Drehbuchschreibens für den Film ermöglichen.

Nach dem Grundstudium lernen die Drehbuchstudenten in den einzelnen Projektstudiengängen und in Verbindung mit der Drehbuchwerkstatt Drehbuchschreiben für verschiedene Filmgenres. Die ausgearbeiteten Drehbücher werden im Drehbuchpool gesammelt und, soweit sie das Interesse der Regie- und Produktionsstudenten finden, an der Filmakademie produziert. Die Drehbuchautoren lernen so auch, in Studien- und Drittmittelproduktionen ihre Arbeit zu überprüfen.

Die Ausbildung reicht von der erzählenden Literatur bis zum Filmdrehbuch. Der zweimonatige Grundkurs des ersten Studienjahres wird zunächst von der richtigen Stoffauswahl aufgrund von Ereignissen oder Figuren bestimmt. Anschließend werden erste

213

Stoffe dramatisiert und in Form von Exposés beschrieben. Unterstützt wird diese Arbeit durch das Analysieren von Filmbeispielen. Weitere Themen sind die verschiedenen Grade der Mystifizierung, die Kunst des Weglassens und Hinzufügens, das Dehnen dramatischer Momente zur Spannungserzeugung, die Komprimierung von Handlung an den Zentralstellen der Geschichte.

Um die stilistischen Fähigkeiten der Autoren zu unterstützen und zu entwickeln, wurde der *Lehrbereich für Creative Writing* (Sprache, Dramaturgie, Stoffentwicklung) eingerichtet. In diesen Seminaren gibt es zwei inhaltliche Schwerpunkte: die Vermittlung von Techniken des kreativen Schreibens und die Stoffentwicklung. Dabei wird auch den unterschiedlichen Anforderungen verschiedener Filmgenres Rechnung getragen.

In einer Aufnahmeprüfung müssen Bewerber mit Abitur oder fachbezogenem Abitur ihre Eignung für den jeweiligen Studiengang nachweisen. Zum Studium werden bevorzugt Bewerber zugelassen, die mindestens 12 Monate praktische Erfahrung (Praktikum, Hospitanz etc.) im Medienbereich vorweisen können.

Adresse: Filmakademie Baden-Württemberg, Mathildenstr. 20, 71683 Ludwigsburg, T: (0 71 41) 9 69-0, F: -2 99, I: www.filmakademie.de.

Das Drehbuchforum Wien ist die einzige Organisation, die sich in *Österreich* intensiv um die Aus- und Weiterbildung von Drehbuchautoren kümmert. Ziel des Drehbuchforums ist es, die Qualität des österreichischen Films durch fundierte Aus- und Weiterbildung und durch gezielte Förderung der Buchentwicklung zu verbessern. Für Anfänger bietet das Drehbuchforum Wien Schreibworkshops sowie punktuelle Basisseminare an. Professionelle Drehbuchautoren können in mehrtägigen oder -wöchigen Kursen unter der Leitung international renommierter Dramaturgen an ihren Drehbüchern arbeiten. Neben den Seminaren wird auch eine dramaturgische Begleitung bis zur letzten Drehbuchfassung angeboten. Seit 1997 gibt es darüber hinaus die Drehbuch-Akademie. Hier lernen sechs ausgewählte Autoren innerhalb von sieben Monaten das Handwerk des Drehbuchschreibens in 12 mehrtägigen Praxisseminaren unter der fachkundigen Anleitung von Dramaturgen.

Adresse: Drehbuchforum Wien, Stiftgasse 6, A-1070 Wien, T: (01) 52 68 50 35-01, F: -50.

Andrea Hanke

Drehbuchförderung

Deutschland

Die Filmförderungsanstalt (FFA) in Berlin kann zur Herstellung von Drehbüchern für programmfüllende Filme Förderungshilfen gewähren, wenn ein Film zu erwarten ist, der die Qualität und Wirtschaftlichkeit des deutschen Films zu verbessern hilft. Die Förderungshilfen werden nicht gewährt, wenn das Drehbuch von anderer Stelle gefördert wird. Die Förderungshilfen werden als Zuschüsse bis zu höchstens DM 50 000,– gewährt, in besonderen Fällen bis zu DM 100 000,–. Die FFA kann für die Fortentwicklung des Drehbuchs weitere Förderungshilfen bis zu DM 30 000,– gewähren. Antragsberechtigt ist der Autor in Verbindung mit dem Filmhersteller. Die Auszahlung der Förderungshilfe erfolgt zur Hälfte nach ihrer Zuerkennung, im übrigen nach Prüfung und Abnahme des Drehbuches.

Adresse: Filmförderungsanstalt (FFA), Budapester Straße 41, 10787 Berlin, T: (0 30) 2 54 09 05-2, F: -7, I: www.ffa.de.

Der Bundesbeauftragte für Angelegenheiten der Kultur und der Medien (BKM) betreibt Filmförderung mit dem Ziel, den künstlerischen Rang des deutschen Films zu steigern und zur Verbreitung deutscher Filme mit künstlerischem Rang beizutragen. Die Förderung umfaßt im Bereich Drehbuch die Drehbuchförderung und den Drehbuchpreis des BKM. Gefördert wird durch Verleihung von Auszeichnungen und Vergabe von Prämien sowie sonstige Förderungshilfen, die grundsätzlich als nicht rückzahlbare Zuwendungen bewilligt werden. Die Drehbuchförderung des BKM betrifft die Entwicklung von Drehbüchern mit künstlerischem Rang für programmfüllende deutsche Spielfilme. Dafür kann eine Drehbuchförderung in Höhe von bis zu DM 50 000,–, in besonderen Fällen bis zu DM 100 000,– vergeben werden. Die Förderung wird grundsätzlich nicht gewährt, wenn das Drehbuch von anderer Seite gefördert wird. Antragsberechtigt ist der Autor in Verbindung mit einem Filmhersteller. Die Zahlung erfolgt in zwei Raten: 50 % bei Bewilligung und 50 % bei Annahme des Drehbuchs. Der Bundesbeauftragte für Angelegenheiten der Kultur und der Medien stellt auf Antrag Mittel für die dramaturgische Beratung der im Rahmen der Drehbuchförderung geförderten Autoren bei der Herstellung des Drehbuchs zur Verfügung. *Die Anträge sind beim Bundesarchiv, Potsdamer Straße 1, 56075 Koblenz, T: (02 61) 5 05 42 10, F: 50 53 68, einzureichen,* und zwar der Drehbuchentwurf und eine Bio- und Filmographie. Antragsformulare können dort angefordert werden. Der Drehbuchpreis des BKM wird jährlich für bis zu zwei herausragende Drehbücher verliehen. Dabei ist einer der beiden Preise Drehbüchern vorbehalten, die zum Zeitunkt der Jury-Sitzung noch nicht Bestandteil einer Filmproduktion sind.

Adresse: Der Beauftragte der Bundesregierung für Angelegenheiten der Kultur und der Medien (BKM), c/o Bundesministerium des Innern, Postfach 170290, 53108 Bonn, T: (0 18 88) 68 10, F: 38 97 und 38 85.

Der Film Fernseh Fonds Bayern (FFF) kann für die Herstellung von Drehbüchern für Kinofilme einen Zuschuß gewähren. Antragsberechtigt sind Autoren. Dem Antrag ist ein Treatment mit mindestens einer ausgearbeiteten filmischen Szenenfolge mit Dialogen beizufügen, das einen qualitativ förderungswürdigen Film erwarten läßt. Im Antrag ist anzugeben, mit welchem Produzenten das Filmvorhaben verwirklicht werden soll. Eine entsprechende Absichtserklärung eines in Bayern ansässigen Produzenten ist beizufügen. Der Zuschuß soll im Einzelfall einen Betrag von DM 30 000,–, bei mehreren Autoren DM 40 000,– nicht überschreiten. Er wird in zwei Raten ausgezahlt: die erste Hälfte nach Billigung des Treatments, die zweite Hälfte nach Vorlegung des fertigen Drehbuchs. Die Gewährung der ersten Rate begründet keinen Anspruch auf Bewilligung der zweiten Rate. Der Förderempfänger verpflichtet sich, das Drehbuch dem im Antrag genannten oder einem anderen in Bayern ansässigen Produzenten zur Herstellung eines Kinofilms anzubieten.

Adresse: FilmFernsehFonds Bayern, Schwanthaler Straße 69, 80336 München, T: (0 89) 54 46 02-15, F: -21, I: www.fff-bayern.de.

Bei der Filmstiftung NRW sind antragsberechtigt Produzenten und/oder Autoren, die ihren ersten Wohnsitz in NRW haben.

Zum Antrag gehören ein Treatment und eine ausgearbeitete Dialogszene. Ein Autor/Produzent kann bis zu DM 40 000,– (bei zwei Autoren max. DM 80 000,–) Förderung als zinsloses und bedingt rückzahlbares Darlehen erhalten; das heißt, daß bei einem Verkauf des Buches bzw. der Verfilmung des Stoffes durch den Produzenten das Darlehen an die Filmstiftung zurückfließt.

Adresse: Filmstiftung NRW, Kaistraße 14, 40221 Düsseldorf, T: (02 11) 9 30 50-0, F: -5, I: www.filmstiftung.de.

Die FilmFörderung GmbH Hamburg gewährt für die Herstellung von Drehbüchern oder für die Ausarbeitung einer projektgerechten Beschreibung ein erfolgsbedingt rückzahlbares Darlehen. Antragsberechtigt sind Produzenten, die bei Antragstellung bereits mit Autoren zusammenarbeiten, oder Autoren.
Dem Antrag ist ein Treatment mit einer ausgearbeiteten Dialogszene bzw. eine Projektskizze beizufügen. Das Darlehen soll im Regelfall DM 100 000,– nicht überschreiten und ist in der Regel bei Drehbeginn oder bei Veräußerung von Rechten an dem geförderten Stoff zurückzuzahlen.
Durch die Drehbuchförderung entsteht kein Rechtsanspruch auf eine weitere Förderung. Wird das geförderte Filmvorhaben innerhalb von 36 Monaten nach Auszahlung der letzten Rate nicht realisiert, so fallen die mit Mitteln dieser Förderung erworbenen Rechte an die Förderungsgeberin. Gegen Rückzahlung des Förderungsbetrages kann die Rückübertragung der Rechte am Drehbuch erfolgen.

Adresse: FilmFörderung GmbH Hamburg, Friedensallee 14-16, 22765 Hamburg, T: (0 40) 3 98 37-28, F: -10, I: www.hamburg.de/economy/filmfoerderung.

Die Hessische Landesregierung fördert die hessische Film- und Kinokultur mit dem Ziel, Vielfalt und Qualität zu steigern und zum Aufbau eines Medienstandortes Hessen beizutragen. Sie strebt dabei eine möglichst enge Koordination mit der Filmförderung des Hessischen Rundfunks an.
Projekte, die keinen Bezug zum Land Hessen haben, können nur ausnahmsweise (z. B. Länderförderverband) gefördert werden. Hessenbezug liegt insbesondere vor, wenn der Antragsteller den Mittelpunkt seines künstlerischen Schaffens in Hessen hat, das

Projekt überwiegend in Hessen verwirklicht wird oder die Thematik des Projektes das Land Hessen betrifft.

Zur Auszeichnung erfolgreicher Drehbuchautoren und Drehbücher mit Hessenbezug wird der mit DM 15 000,– dotierte Hessische Drehbuchpreis verliehen. Die Bewerbungsfristen für die Preise werden vom Hessischen Ministerium für Wissenschaft und Kunst festgesetzt und vom »Sekretariat Hessische Filmförderung« veröffentlich.

Adresse: Hessische Filmförderung, Schweizer Straße 6, 60594 Frankfurt, T: (0 69) 62 01 67, F: 1 55 45 14, I: www.hmwk.hessen.de/film/default.htm.

Die LTS Wirtschaft – Bereich Filmförderung in Hannover nimmt für Niedersachsen Aufgaben auf dem Gebiet der kulturellen Filmförderung sowohl aus Mitteln des NDR als auch aus Mitteln des Landes Niedersachsen wahr. Sie ist zuständig für die gesamte Abwicklung der beantragten und zugesagten Fördermaßnahmen. Die Förderung aus *Mitteln des NDR* umfaßt Stoff- und Projektentwicklungen, Drehbuchherstellungen, Herstellung von Film- und Fernsehproduktionen sowie sonstige Vorhaben, die aus filmkultureller und filmwirtschaftlicher Sicht von besonderer Bedeutung sind. Gefördert werden Produktionsunternehmen, Produzenten, Drehbuchautoren und - bei Anträgen auf sonstige Vorhaben – Personen des bürgerlichen Rechts, die ihren Sitz bzw. ihren ständigen Wohnsitz in Niedersachsen haben oder die das zur Förderung beantragte Projekt überwiegend in Niedersachsen realisieren wollen.

Die Förderung aus *Mitteln des Landes Niedersachsen* umfaßt Stoff- und Projektentwicklungen, Drehbuchherstellungen, Film-/Videoproduktionen, Verleih- und Vertriebsmaßnahmen, Veranstaltungen und Festivals, Filmprogrammpreise, investive und institutionelle Maßnahmen, Herstellung von Zusatzkopien sowie sonstige Vorhaben, die aus kultureller Sicht von besonderer Bedeutung sind.

Adresse: Niedersächsische Landestreuhandstelle, Bereich Filmförderung, Postfach 3767, 30037 Hannover, T: (05 11) 3 61 57-76, F: -06, I: www.lts-nds.de.

Die Drehbuch-Werkstatt Niedersachsen beteiligt sich an der Initiative *Drehbuch-Café* des Filmfests Oldenburg. Unter den dort eingereichten Stoffen für einen abendfüllenden Spielfilm wird ein junger Autor aus Niedersachsen ausgewählt und ihm die Möglichkeit geboten, kostenlos an vier intensiven Development-Seminaren teilzunehmen. Beim Film Festival *Up and Coming* in Hannover stiftet die Drehbuch-Werkstatt Niedersachsen einen Spezialpreis für das originellste Drehbuch junger Filmer (Höchstalter 27 Jahre), ebenfalls in Form von Development-Hilfe für das nächste Projekt und Teilnahme an Fortbildungsseminaren für professionelle Autoren.

Adresse: Drehbuch-Werkstatt Niedersachsen, Gerberstraße 16, 30169 Hannover, T: (0511) 13480, F: 7011554, I: www.film-buero-nds.de.

Die Filmboard Berlin-Brandenburg GmbH setzt stark auf Drehbuch- und Projektentwicklung. Sie fördert erfolgversprechende Projekte: anspruchsvolle, künstlerische Spielfilme und Dokumentarfilme genauso wie populäre Unterhaltung. Bei der Filmboard Berlin-Brandenburg können nur Produzenten Filmförderung beantragen, die sich bei dem jeweiligen Projekt bereits finanziell engagiert haben. Der Produzent muß seinen Wohn- und Firmensitz in der Bundesrepublik Deutschland haben. Die Mitfinanzierungsquote der Filmboard kann bis zu 70 % der kalkulierten Kosten betragen. Der antragstellende Produzent muß belegen, daß 30 % der entstehenden Kosten von ihm getragen werden. Bei Anträgen auf Förderung der Stoffentwicklung ist in der Regel ein Treatment beizufügen, das eine Beschreibung der Filmhandlung, die dramaturgische Entwicklung und den filmischen Aufbau sowie mindestens eine ausgearbeitete filmische Szenenfolge mit Dialogen enthält. Das Darlehen ist am ersten Drehtag zurückzuzahlen.

Adresse: Filmboard Berlin-Brandenburg GmbH, Postfach 900402, 14440 Potsdam-Babelsberg, T: (0331) 74387-0, F: -99, I: www.filmboard.de.

Die MFG Baden-Württemberg fördert in den Bereichen Drehbuch, Produktionsvorbereitung, Postproduktion, Produktion und Vertrieb/Verleih. Einzureichen sind ein Treatment mit Dialogszene sowie eine Produzentenerklärung.

Adresse: MFG Baden-Württemberg, Friedrichstraße 24, 70174 Stuttgart, T: (0711) 122283-3; F: -4, I: www.mfg.de.

219

Andrea Hanke

Die Kulturelle Filmförderung Mecklenburg-Vorpommern (Kultusministerium des Landes Mecklenburg-Vorpommern und Mecklenburg-Vorpommern-Film e. V.) fördert Drehbücher und Stoffentwicklungen; dabei wird die Förderung von Nachwuchstalenten besonderes berücksichtigt. Die Durchführung liegt beim Filmbüro (Bereich Kulturelle Filmförderung) des Filmvereins. Die Fördermittel für Stoff- und Projektentwicklung sollen in der Regel für nicht programmfüllende Filme DM 10 000,– und für programmfüllende Filme DM 30 000,– nicht überschreiten. Die Förderungsbeträge werden als nicht rückzahlbare Zuschüsse gewährt. Bedingung für die Filmförderung ist ein Bezug des Projektes zu Mecklenburg-Vorpommern, der gegeben ist, wenn der Antragsteller seinen Wohnort in Mecklenburg-Vorpommern hat oder wenn der Dreh- oder Handlungsort in Mecklenburg-Vorpommern liegt. Antragsberechtigt sind Autoren und Filmemacher. Gefördert werden können nur Stoffe und Projekte, die vom voraussichtlichen Umfang der Finanzierung eine wirkliche Chance haben, realisiert zu werden.
Adresse: Kulturelle Filmförderung Mecklenburg-Vorpommern, Röntgenstraße 22, 19055 Schwerin, T: (03 85) 55 50 77, F: 5 57 41 47, I: www.hs-wismar.de/lfz/filmfoerderung/index.html.

Das Sächsische Wissenschaftsministerium fördert die Entwicklung von Drehbüchern und andere produktionsvorbereitende Maßnahmen für Filmvorhaben. Antragsberechtigt sind Filmautoren und Produzenten. Die Antragsteller müssen grundsätzlich ihren Wohn- und Geschäftssitz im Freistaat Sachsen haben. Die Zuwendungen der Drehbuchförderung sollen grundsätzlich die Höhe von DM 15 000,– pro Projekt nicht überschreiten.
Adresse: Staatsministerium für Wissenschaft und Kunst Sachsen, Albertstraße 8, 01097 Dresden, T: (03 51) 5 64 64 82, I: www.smwk.de/foerderung/foerderung-fr.html.

Das Thüringer Ministerium für Wissenschaft und Kunst unterstützt Thüringer Künstler und künstlerische Projekte. Gefördert werden Film- oder Videoproduktionen, Entwicklung und Herstellung von Drehbüchern sowie der Verleih und Vertrieb geförderter Produktionen.
Antragsberechtigt sind Künstler mit Wohnsitz in Thüringen und im Rahmen der Nachwuchsförderung Studenten, die sich noch

in der Ausbildung befinden. Die Filmförderung wird grundsätzlich als Anteilsfinanzierung von bis zu DM 50 000 gewährt.
Adresse: Ministerium für Wissenschaft und Kunst Thüringen, Juri-Gagarin-Ring 158, 99084 Erfurt, T: (03 61) 5 96 62 67.

Die MSH Schleswig-Holstein fördert die Herstellung von Film-, Fernseh- und Hörfunkproduktionen mit Landesbezug. Die Förderung umfaßt neben produktionsfördernden Maßnahmen auch eine Drehbuchförderung. Mindestens die Fördermittel müssen in Schleswig-Holstein ausgegeben werden.
Adresse: MSH Schleswig-Holstein, Schildstraße 12, 23552 Lübeck, T: (04 51) 1 22 41 09, F: 7 19 78.

Ziel der Mitteldeutschen Medienförderung ist die Entwicklung, Pflege und Stärkung der Film-, Fernseh- und Medienwirtschaft in Sachsen, Sachsen-Anhalt und Thüringen. Gefördert werden die Vorbereitung, Herstellung, Verbreitung und Präsentation von Film-, Fernseh-, Video-, Computer- und weiteren audiovisuellen Medienproduktionen, sofern sie wirtschaftlich erfolgversprechend sind.
Gefördert werden in der Regel Projektträger, die in Sachsen, Sachsen-Anhalt oder Thüringen ihren Sitz haben. Die Förderung erfolgt meist in Form von erfolgsbedingt rückzahlbaren Darlehen. Fördermittel der MDM und Mittel aus anderen Förderungen (z. B. die kulturellen Filmförderungen der Länder Sachsen, Sachsen-Anhalt und Thüringen sowie die Stiftung Kuratorium Junger Deutscher Film) können einander ergänzen. Für die Entwicklung eines Stoffes kann eine Förderung für die Herstellung eines Drehbuchs, die Ausarbeitung einer projektgerechten Beschreibung und Recherchen gewährt werden.
Antragsberechtigt sind Autoren, Filmemacher, Multimedia-Entwickler, Regisseure und Produzenten. Dem Antrag ist ein Treatment mit einer ausgearbeiteten Dialogszene bzw. eine Projektskizze beizufügen. Grundsätzlich hat ein Antragsteller, sofern er nicht selbst Produzent ist, zur Antragstellung die Absichtserklärung eines Produzenten, der das entstehende Projekt realisieren will, vorzulegen. Das Darlehen soll im Regelfall DM 30 000,– nicht überschreiten und ist bei Beginn der Projektrealisierung oder bei Veräußerung von Rechten an dem geförderten Stoff zurückzuzahlen.

Andrea Hanke

Adresse: Mitteldeutsche Medienförderung GmbH, Hainstraße 19, 04109 Leipzig, T: (03 41) 2 69 87-0, F: -65, I: www.mdm-foerderung.de.

Beim Kuratorium Junger deutscher Film können Drehbuchautoren, die in Deutschland wohnen und arbeiten, Förderung beantragen, um einen Kinderfilm oder ein Drehbuch, das der sog. Talentförderung zugeordnet wird, zu schreiben. Die Bezeichnung Talentförderung umschreibt ambitionierte Anfängerprojekte, die ein erwachsenes Kinopublikum ansprechen. Die geförderten Filmvorhaben werden von Projektbetreuern begleitet, die mit dem Auswahlausschuß zusammenarbeiten. 1998 hat der Auswahlausschuß acht Drehbuchautoren Darlehen in Höhe von insgesamt DM 250 000,– gewährt. Mindestens zehn Prozent der Etatmittel des Kuratoriums sollen in Zukunft für Drehbuchförderung aufgewendet werden.
Adresse: Kuratorium Junger deutscher Film, Rheingaustr. 140, 65203 Wiesbaden, T: (06 11) 60 23 12.

Das Filmbüro Nordrhein-Westfalen ist die kulturelle Filmförderung dieses Bundeslandes mit einem aktuellen Jahresbudget von ca. 3,5 Mio. DM. Gefördert werden Projekte, die nicht von vornherein in einem kommerziellen Verwertungszusammenhang stehen und die von kultureller Relevanz sind. Bedingung ist ein sogenannter Nordrhein-Westfalen-Bezug, d. h. der Antragsteller muß seinen Hauptwohnsitz in NRW haben. Der speziellen Förderung des filmischen Nachwuchses fühlt sich das Filmbüro NRW besonders verpflichtet.
Adresse: Filmbüro NW e. V., Postfach 100534, 45468 Mühlheim/Ruhr, T: (02 08) 44 98 41, F: 47 41 13, I: www.filmbuero-nw.de.

Auch folgende Institutionen bieten Ausbildung bzw. Förderung an: *Filmwerkstatt Essen*, Schloßstraße 101, 45355 Essen, T: (02 01) 68 40 97, F: 67 95 04, e-mail: filmwerkstatt-essen@t-on-line.de.
Saarländisches Filmbüro, Nauwiesener Str. 19, 66111 Saarbrücken, T: (06 81) 3 60 47.
Filmförderung Bremen, Waller Heerstraße 46, 28217 Bremen, T: (04 21) 3 87 67-40, F: -42, I: www.mz-bremen.de.
Filmbüro Rheinland Pfalz e. V., Prinzregentenstr. 51, 67063 Ludwigshafen, T: (06 21) 52 88 64, F: 3 21 22 75.

Österreich

Das Bundeskanzleramt fördert innovative österreichische Nachwuchs-, Dokumentar- und Experimentalfilme durch Herstellungs-, Drehbuch-, Kinostart- und Verwertungsförderungen sowie durch Arbeitsstipendien.
Adresse: Bundeskanzleramt, Kunstsektion, Abteilung II/4, Schottengasse 1, A-1014 Wien, T: (01) 5 31 20-75 40.

Das Österreichische Filminstitut wurde zum Zweck der umfassenden Förderung des österreichischen Filmwesens nach kulturellen und wirtschaftlichen Aspekten sowie zur Weiterentwicklung der Filmkultur in Österreich eingerichtet. Gegenstand der Förderung sind insbesondere die Konzept-, Drehbuch- und Projektentwicklung, produktionsvorbereitende Maßnahmen, Verleih und Vertrieb, die berufliche Weiterbildung und Vorhaben zur Strukturverbesserung des österreichischen Films. Das Filminstitut kann finanzielle Förderungen, aber auch fachlich-organisatorische Hilfestellungen gewähren.
Als finanzielle Förderung gewährt das Filminstitut zinsbegünstigte Darlehen, bedingt rückzahlbare oder nicht rückzahlbare Zuschüsse. Bewerber müssen die österreichische Staatsbürgerschaft besitzen und ihren ständigen Wohnsitz in Österreich haben. Staatsbürger von Mitgliedsstaaten des Europäischen Wirtschaftsraumes (EWR) sind österreichischen Staatsbürgern gleichgestellt. Das Filmprojekt muß ohne die Gewährung einer Förderung undurchführbar sein. Gefördert werden österreichische Filme, österreichisch-ausländische Gemeinschaftsproduktionen oder die österreichische Beteiligung an einem ausländischen Film. Von der Förderung ausgenommen sind Kinofilme, für die eine Kinoauswertung nicht zu erwarten ist, und Fernsehfilme, die im Auftrag von Fernsehunternehmen hergestellt werden.
Adresse: Österreichisches Filminstitut, Spittelberggasse 3, A-1070 Wien, T: (01) 52 69 73-0, F: -04 40, I: www.filminstitut.or.at/.

Schweiz

Das Bundesamt für Kultur der Schweiz verfügt über vier verschiedene Filmförderungen: Die selektive Förderung, Qualitäts-

und Studienprämien, Succes Cinema sowie den Schweizer Filmpreis.

Die *selektive Filmförderung* unterstützt Drehbücher, Projektentwicklungen und die Produktion von Filmen. Jährlich wird eine Liste der Höchstbeiträge publiziert, die 1999 für Projektentwicklung bei SF 50 000 lagen.

Als zweite Förderungsform vergibt das Bundesamt für Kultur *Studienprämien* an hervorragende Nachwuchsfilme und *Qualitätsprämien* an Filme von erfahrenen Regisseuren. Die Vergabejury tagt vierteljährlich, eine Liste über die Höhe der Prämien wird jährlich publiziert.

Adresse: Bundesamt für Kultur der Schweiz, Hallwylstr. 15, CH-3003 Bern, T: (0 31) 3 22 92-66, F: -73.

Bei Succes Cinema handelt es sich um eine erfolgsabhängige Unterstützung. Schweizer Filme und Koproduktionen erhalten eine Fördergutschrift aufgrund der Publikumszahlen, die die Filme im Kino erzielen.

Adresse: Peter Fankhauser, PF 8175, 3001 Bern, T: (0 31) 3 87 37-08, F: -07, e-mail: succinema@dial.eunet.ch.

Der Schweizer Filmpreis wird getragen vom Bundesamt für Kultur, der SRG, den Filmfestivals von Locarno, Lyon und Solothurn und dem Schweizerischen Filmzentrum. Er will herausragende Schweizer Filme als Gesamtwerk auszeichnen und damit das Interesse der Medien und des Schweizer Publikums wecken und gleichzeitig die Filmschaffenden für ihre Leistung ehren.

Adresse: Schweizer Filmpreis, Schweizerisches Filmzentrum, Neugasse 6, 8031 Zürich, T: (01) 2 72 53-30, F: -50, e-mail: swissfilm@filmnet.ch.

Suissimage ist eine Selbsthilfeorganisation der schweizerischen Film- und AV-Branche zur gemeinsamen Verwaltung von Urheberrechten. Mitglieder sind vor allem Angehörige der Funktionen Drehbuch, Regie, Produktion und Filmverleih.

Zu ihren Aufgaben gehört auch die Kulturförderung durch den Kulturfonds Suissimage. Er unterstützt Förderungsmodelle von Bund, Kantonen und SRG und gibt daneben Impulse für neue Förderungsmodelle. Gefördert wird nicht die Realisierung von einzelnen Filmprojekten. Die spezifischen Förderungskonzepte in Form von Schwerpunktförderungen bestanden bisher etwa in der Drehbuchförderung (Drehbuchwettbewerb und Drehbuchseminare) und im »Fonds für die Entwicklung von Filmprojekten« (Förderung von Produktionsprogrammen von Filmproduktions-gesellschaften).

Daneben bietet Suissimage seinen Mitgliedern sowie anderen Interessierten die Möglichkeit, das sogenannte *Script-Register* zur Hinterlegung von Drehbüchern gratis zu nutzen. Titel und Ideen genießen in der Regel keinen Urheberrechtsschutz. Sie sind keine selbständigen literarischen Werke und können deshalb gleichzeitig von mehreren Personen verwendet werden. Gleiches gilt für Konzepte von Sendungen oder Spiel-Shows, Anekdoten oder Tagesaktualitäten. Die Hinterlegung ist somit im audiovisuellen Bereich nur bei ausgearbeiteten Treatments oder Drehbüchern sinnvoll. Die Zusendung eines Drehbuchs zu einem bestimmten Datum an das Bureau romand von Suissimage in Lausanne kann im Streitfall bescheinigt werden.

Adresse: Suissimage, Schweizerische Gesellschaft für die Urheberrechte an audiovisuellen Werken, Neuengasse 23, CH-3001 Bern, T: (0 31) 3 12 11 06, F: 3 13 11 21 04, bzw. Rue du Maupas 2, CH-1004 Lausanne, T: (0 21) 3 23 59-44, F: -45, I: www.suissimage.ch.

Die Zürcher Filmförderung unterstützt zur Erhaltung eines unabhängigen Zürcher Filmschaffens die Entwicklung, Produktion und Auswertung audiovisueller Werke. Entscheidend für die Zusprechung eines Beitrages ist der künstlerische und kulturelle Wert eines Projektes. Eingabeberechtigt ist, wer seit mindestens drei Jahren im Kanton Zürich seinen gesetzlichen Wohn- oder Geschäftssitz hat.

Adresse: Zürich Film, Kommission des Zürcher Filmförderungs-modell, Präsidialdepartement der Stadt Zürich, Postfach, 8022 Zürich, T: (01) 2 16 31 36, F: 2 12 29 83.

Europäische Fördereinrichtungen

Das Media Development bietet Unterstützung in folgenden drei Bereichen: Aus- und Weiterbildung (MEDIA Training mit einem Budget von 5 Mio. EURO fördert europäische Aus- und Fortbildungsinitiativen); Entwicklung (MEDIA Development fördert mit einem Budget von 60 Mio. EURO die Projektentwicklung von europäischen Spiel-, Fernseh-, Dokumentar-, Animationsfilmen und Serien) sowie Verleih und Vertrieb (durch MEDIA Distribution). In jedem Land gibt es mindestens ein Informationsbüro des MEDIA Programms. In Deutschland ist der nationale MEDIA Desk in Hamburg angesiedelt, außerdem gibt es drei regionale MEDIA Antennen in München, Potsdam und Düsseldorf. Sie informieren und beraten in erster Linie die Antragsteller aus Deutschland und versenden die Richtlinien und Antragsformulare.

Kriterien für die Förderung von Spiel-, Fernseh- und Dokumentarprojekten (Mindestlänge 50 Minuten) sind Qualität und Originalität des Projektes, Durchführbarkeit sowie grenzüberschreitendes Potential. Gefördert wird in Form von Darlehen. Zum Entwicklungsprozeß gehören: Verfassen des Drehbuchs, Suche nach Finanzierungspartnern, Marketing- und Vertriebsplan, Erstellen des Kostenplans. Förderempfänger sind unabhängige europäische Produktionsfirmen, d. h. die Beteiligung eines TV-Senders darf 25 % nicht überschreiten. Für Spielfilme kann eine Fördersumme von EURO 30 000,– beantragt werden. Für alle Projekte, die eine Development-Förderung von MEDIA II erhalten haben, bietet die European Media Development Agency (EMDA) in London mit dem »Script Analysis Service« kostenlos eine professionelle Unterstützung bei der Überarbeitung des Drehbuchs an. (European Media Development Agency (EMDA), Catherine Deville, 39c, Highbury Place, UK-London N5 1QP, T: (0171) 2269903, F: 3542706, e-mail: mail@emda.org)

Im Bereich Aus- und Weiterbildung unterstützt MEDIA sechs Trainingsinitiativen in Deutschland. Im Bereich Drehbuch gehören dazu: die mehrsprachige *Screenwriting Academy* der dffb Berlin; die Drehbuch-Workshops von *Sources 2* und das Seminar *Sagas* zum Schreiben von interaktiver Fiction (HFF und Drehbuchwerkstatt München).

Adresse: Media Development, media desk Hamburg, Friedensallee 14-16, 22765 Hamburg, T: (040) 3906585, F: 3908632, I: www.mediadesk.de.

Eurimages unterstützt europäische Co-Produktionen, den Vertrieb von Filmen und Abspielstätten in ausgewählten Ländern. Gefördert werden Spiel-, Animations- und Dokumentarfilme von mindestens 60 Minuten Länge und mit mindestens zwei Coproduzenten aus unterschiedlichen Eurimages-Mitgliedsstaaten. Dabei werden sowohl Projekte mit kommerziellem Potential wie auch weniger kommerziell ausgerichtete Projekte mit besonderem Wert im Hinblick auf die kulturelle und ökonomische Vielfalt in Europa berücksichtigt.

Adresse: Conseil de l'Europe – Eurimages, Avenue de l'Europe, 67075 Strasbourg Cedex, T: 03 88 41-26 40, F: -27 60, I: www.culture.coe.fr/Eurimages/.

Andreas Meyer

Glossar wichtiger Fachbegriffe

Syd Field weist mit sanfter Ironie darauf hin, daß die Überfrachtung der Drehbücher mit technischen Angaben in der Regel auf einen nur geringen Professionalisierungsgrad des Autors schließen läßt. Das gilt vor allem für die Aufgabenfelder von Kamera und Regie (optische Auflösung).

Wir haben uns in der nachfolgenden Auflistung darum auch bewußt auf elementare Termini (deutsch/englisch) beschränkt. Die Angaben zu Einstellungsgrößen, Kameraperspektiven und -bewegungen sollten im Drehbuch nur dann erfolgen, wenn sie sich aus dem Kontext nicht von selbst ergeben, sondern *vom Autor gezielt als Stilmittel eingebracht* werden (Akzentuierung, besondere Effekte). Auch dann jedoch kommt ihnen nur ein *Vorschlagscharakter* zu.

1. Orts- und Zeitbestimmungen

Die Angabe genauer Orts- und Zeitbestimmungen in der Kopfzeile eröffnet die Beschreibung jeder Szene. Dabei ergibt sich folgendes Muster:

1. (BILD) WALDWEG　　　　　　　　　　　　AUSSEN/NACHT

Anzugeben sind nach der jeweiligen Szenen-Nr. also:

HANDLUNGSORT (LOCATION)

AUSSENDREH ODER INNENDREH: INNEN/AUSSEN (INT./EXT.)

HANDLUNGSZEIT: TAG/NACHT (DAY/NIGHT)

2. Einstellungsgrößen

Innerhalb des Bildformates können die Einstellungsgrößen wechseln. Man unterscheidet Einstellungen, die am Dekor und solche, die an abgebildeten Personen orientiert sind. In der folgenden tabellarischen Auflistung bildet die in einer Einstellung dominierende *Person* die Bezugsgröße innerhalb des von der Kamera erfaßten Raumes.

WEIT ODER PANORAMA / LONG SHOT
extreme Totale, z. B. ein einsamer Reiter im Monument Valley;

TOTAL / FULL SHOT
Viel Raum um eine abgebildete Person. Alle Personen innerhalb einer Szene werden erfaßt;

HALBTOTAL / MEDIUM LONG SHOT
Eine Person von Kopf bis zum Oberschenkel;

HALBNAH
Eine Person vom Kopf bis zur Taille;

NAH / CLOSE SHOT
Eine Person vom Kopf bis zur Brust;

GROSS / CLOSE UP
Eine Person vom Kopf bis zum Hals bzw. bis zur Kinnspitze;

DETAIL (bzw. GANZ GROSS) / EXTREME CLOSE UP
Einzelne Körpersegmente, z. B. ein Auge, das bildfüllend ist.

3. Einstellungsperspektiven

Standpunkt und Neigungswinkel der Kamera ergeben ein weiteres wichtiges Gestaltungsmittel für die Bildwirkung: die *Kameraperspektive*. Man unterscheidet:

VOGELPERSPEKTIVE / EXTREME HIGH ANGLE SHOT
Große Höhe, starke Neigung;

HOCH / HIGH ANGLE SHOT
Über Augenhöhe, geringe Neigung;

BAUCHHÖHE / LOW ANGLE SHOT
Unter Augenhöhe, geringe Hebung;

FROSCHPERSPEKTIVE / EXTREME LOW ANGLE SHOT
Große Tiefe, starke Hebung.

4. Kamerabewegungen

SCHWENK / PAN

Ist die Kamera fest verankert, z. B. auf einem Stativ, sind horizontale oder vertikale Bewegungen (Schwenks) möglich.

FAHRT / MOVING SHOT, TRAVELING SHOT, TRUCKING SHOT
Befindet sich die Kamera auf einem beweglichen Untergestell (Schienenwagen, »Dolly«) oder wird sie getragen (»Handkamera« bzw. »Steadycam«), sind Fahrbewegungen (vor-zurück, parallel, seitwärts, im Kreis) möglich.

ZOOM
Wird nur die Brennweite des Objektivs kontinuierlich verändert (zoomen), ergeben sich Scheinbewegungen (Fahreffekte durch den Gebrauch des Varioobjektivs). Beim »Zoom« verändert sich also die Einstellgröße ohne Perspektivwechsel, da die Kamera ihre Position nicht verläßt.

KRAN / CRANE SHOT
Die Kamera kann auch auf einem Kran montiert sein, was Hebungen, Senkungen und kombinierte Bewegungen ermöglicht.

5. Schnitte und Blenden

Schnitte und Blenden sind die Gelenke zwischen Bildern, Szenen oder Sequenzen. Eine Szene kann durch *(harte) Schnitte* oder durch *(weiche) Blenden* mit der nächsten verbunden werden.
Bei den Angaben zu solchen Übergängen empfiehlt sich größte Sorgfalt. Blenden sind in der Regel bedeutungsstärker als Schnitte und erfordern zudem einigen technischen Aufwand. Schon deswegen ist sparsamer Gebrauch dieses Mittels angezeigt.

SCHNITT AUF / CUT TO
Das abrupte Ende einer Szene und zugleich der Beginn der nächsten Einstellung. Der Normalfall eines Übergangs. Die Angabe »Schnitt auf« ist darum nur dann im Drehbuch zu verwenden,

wenn der Schnitt besonders akzentuiert werden soll (Montage als spezieller Bedeutungsfaktor).

AUF- UND ABBLENDE / FADE IN – FADE OUT
Das Bild erscheint – langsam heller werdend – aus dem Schwarz. Oft am Anfang eines Films oder zu Beginn einer Sequenz.
Der umgekehrte Vorgang – die Abblende – steht oft am Ende des Films oder als signifikanter Abschluß eines szenischen Komplexes, dem ein anderer von vergleichbarer Bedeutung folgt. In ihrer Wirkung ähneln diese Blenden den Kapitelanfängen oder -enden eines Buches.

ÜBERBLENDUNG / LAP DISSOLVE
Ein Bild wird abgeblendet. Das nachfolgende Bild wir parallel dazu aufgeblendet. Bildende und -anfang gleiten ineinander über. Die Überblendung ist die weichste Form des Übergangs. Sie verzahnt, parallelisiert oder wirkt wie ein Kontrapunkt. Oft markiert sie eine größere zeitliche Zäsur.

6. Einige häufig angewendete anglo-amerikanische Termini und ihre deutschen Entsprechungen

P.O.V. (»Point of view«) – Blickwinkel einer Person bzw. der Kamera. Dieser Fachbegriff findet zunehmend auch in deutschsprachigen Drehbüchern Verwendung und ersetzt die frühere »Subjektive Einstellung«.
Eine »Subjektive« ist eine Einstellung aus einer Kameraposition, die der Perspektive des Handlungsträgers entspricht. Das Publikum sieht gleichsam mit »den Augen des Darstellers«.

OVER THE SHOULDER SHOT – »Blick über die Schulter«. Ähnelt oder ersetzt den P.O.V. Allerdings ist der Handlungsträger (Beobachter) selbst – von hinten – im Bild sichtbar.
Die Kamera ist hinter dem Darsteller positioniert. Sie zeigt häufig einen Teil seiner Schulter bzw. seines Hinterkopfes im Vordergrund und entspricht seinem Blickfeld im Hintergrund der Einstellung.

TWO SHOT – »Zweier-Einstellung«.
Die Kamera erfaßt zwei Personen in einer Einstellung. Häufig in einer Dialogsituation.

INSERT – »Einblendung«. Eingeschnittene Filmszene bzw. Einstellung (oft Graphik, Schrift).

Im Drehbuch weist dieser Begriff auf einen Zwischenschnitt hin, der ein für die Szene wichtiges Detail besonders hervorhebt. Beispiel: Ein Mann liest Zeitung und stutzt – Insert: Schlagzeile »Massenmörder immer noch auf freiem Fuß!« – Der Mann reißt die Seite heraus ...

SPLIT SCREEN – »Gesplittetes Bild«.
Das Gesamtbild setzt sich aus mehreren Einzelbildern zusammen, die über- oder nebeneinander gesetzt sind (Kaleidoskop-Effekt).

O.S. (= OFF SCREEN) – »Außerhalb des Bildes«.
Eine Handlung geschieht, bzw. ein Sachverhalt existiert außerhalb des Raumes, den die Kamera gerade erfaßt.

Filmregister

Die Titel sind in der Reihenfolge der Nennung bei Syd Field aufgelistet.

Original	Deutscher Verleihtitel	Drehbuchautoren und Regisseure
Chinatown	Chinatown	(D: Robert Towne; R: Roman Polanski) USA 1974
Annie Hall	Der Stadtneurotiker	(D: Woody Allen/Marshall Brickmann; R: W. Allen) USA 1977
L'Année dernière à Marienbad	Letztes Jahr in Marienbad	(D: Alain Robbe-Grillet; R: Alain Resnais) Frankreich/Italien 1961
Citizen Kane	Citizen Kane	(D: Herman J. Mankiewicz/Orson Welles; R: Orson Welles) USA 1941
Hiroshima, mon amour	Hiroshima, mon amour	(D: Marguerite Duras, R: Alain Resnais) Frankr./Japan 1959
Midnight Cowboy	Midnight Cowboy	(D: Waldo Salt nach Roman von James Herlihy; R: John Schlesinger) USA 1969
Bonnie and Clyde	Bonnie and Clyde	(D: David Newman/Robert Benton; R: Arthur Penn) USA 1967
Dog Day Afternoon	Hundstage	(D: Frank Pierson; R: Sidney Lumet) USA 1975
Shampoo	Shampoo	(D: Robert Towne, Warren Beatty; R: Hal Ashby) USA 1975
Taxi Driver	Taxi Driver	(D: Paul Schrader; R: Martin Scorsese) USA 1976
Butch Cassidy and the Sundance Kid	Zwei Banditen	(D: William Goldman; R: George Roy Hill) USA 1969
All the President's Men	Die Unbestechlichen	(D: William Goldman; R: Alan J. Pakula) USA 1976
Obsession	Schwarzer Engel	(D: Paul Schrader; R: Brian de Palma) USA 1976
Harold and Maude	Harold and Maude	(D: Colin Higgins; R: Hal Ashby) USA 1971
Silver Streak	Trans-Amerika Express	(D: Colin Higgins; R: Arthur Hiller) USA 1976
Bite the Bullet	700 Meilen westwärts	(D/R: Richard Brooks) USA 1975
The Professionals	Die Gefürchteten Vier	(D/R: Richard Brooks) USA 1966

In Cold Blood	Kaltblütig	(D/R: Richard Brooks; Roman: Truman Capote) USA 1967
Coming Home	Coming Home	(D: Waldo Salt, Robert C. Jones; Story: Nancy Dowd; R: Hal Ashby) USA 1978
Bullitt	Bullitt	(D: Harry Kleiner, Alan R. Trustman; R: Peter Yates) USA 1968
The French Connection	French Connection	(D: Ernest Tidyman; R: William Friedkin) USA 1971
Rollerball	Rollerball	(D: William Harrison; R: Norman Jewison) USA 1975
Love Story	Love Story	(D: Erich Segal; R: Arthur Hiller) USA 1970
Alice doesn't Live Here Anymore	Alice lebt hier nicht mehr	(D: Robert Getchell; R: Martin Scorsese) USA 1975
La Notte	Die Nacht	(D: Michelangelo Antonioni, Ennio Flaiano, Antonio Guerra; R: M. Antonioni) Italien/Frankreich 1960
The Last Tycoon	Der letzte Tycoon	(D: Harold Pinter; Roman: F. Scott Fitzgerald; R: Elia Kazan) USA 1976
Close Encounters of the Third Kind	Unheimliche Begegnung der 3. Art	(D/R: Steven Spielberg) USA 1977
Rocky	Rocky	(D: Sylvester Stallone; R. John G. Avildsen) USA 1976
The Hustler	Haie der Großstadt	(D: Robert Rossen, Sidney Carroll; R: Robert Rossen) USA 1961
The Wild Bunch	The Wild Bunch-Sie kannten kein Gesetz	(D: Walon Green, Sam Peckinpah; R: Sam Peckinpah) USA 1969
Julia	Julia	(D: Alvin Sargent nach »Pentimento« von Lilian Hellmann; R: Fred Zinnemann) USA 1977
A Streetcar Named Desire	Endstation Sehnsucht	(D: Tennessee Williams; R: Elia Kazan) USA 1951
The Godfather	Der Pate	(D: Francis F. Coppola, Mario Puzo; R: Francis Ford Coppola) USA 1971
Three Days of the Condor	Drei Tage des Condors	(D: Lorenzo Semple jr., David Rayfiel; R: Sydney Pollack) USA 1975
Star Wars	Krieg der Sterne-Star Wars	(D/R: George Lucas) USA 1977

Heaven Can Wait	Ein himmlischer Sünder	(D: Samson Raphaelson; R: Ernst Lubitsch) USA 1943
An Unmarried Women	Die entheiratete Frau	(D/R: Paul Mazursky) USA 1977
Red River	Red River	(D: Borden Chase, Charles Schnee; R: Howard Hawks) USA 1948
Looking for Mr. Goodbar	Auf der Suche nach Mr. Goodbar	(D/R: Richard Brooks) USA 1977
Saturday Night Fever	Nur Samstag Nacht	(D: Norman Wexler; Story Nik Cohn; R: John Badham) USA 1978
The Treasure of the Sierra Madre	Der Schatz der Sierra Madre	(D/R: John Huston; Roman: B. Traven) USA 1948
Casablanca	Casablanca	(D: Julius J. und Philip G. Epstein, Howard Koch; R: Michael Curtiz) USA 1942
The Sugarland Express	Sugarland Express	(D: Hal Barwood, Matthew Robbins, R: Steven Spielberg) USA 1974
Raiders of the Lost Ark	Jäger des verlorenen Schatzes	(D: Lawrence Kasdan; R: Steven Spielberg) USA 1981
Carrie	Carrie, des Satans jüngste Tochter	(D: Lawrence D. Cohen nach Stephen King; R: Brian de Palma) USA 1976
M*A*S*H	M*A*S*H	(D: Ring Lardner jr.; R: Robert Altman) USA 1970
Dillinger	Dillinger	(D/R: John Milius) USA 1973
Barry Lyndon	Barry Lyndon	(D/R: Stanley Kubrick; Roman: W.M. Thackeray) GB 1975
Nashville	Nashville	(D: Joan Tewkesbury; R: Robert Altman) USA 1975
Network	Network	(D: Paddy Chayevsky; R: Sidney Lumet) USA 1976
Psycho	Psycho	(D: Joseph Stefano; Roman: Robert Bloch; R: Alfred Hitchcock u. Saul Bass) USA 1960
The Lady from Shanghai		(D/R: Orson Welles) USA 1948
Divorzio all Italiana	Scheidung auf italienisch	(D: Ennio de Concini, Alfredo Giannetti, P. Germi; R: Pietro Germi) Italien 1961

The Maltese Falcon	Der Malteserfalke	(D/R: John Huston; Roman: Dashiell Hammett) USA 1941
High Sierra	High Sierra Entscheidung in der Sierra (Fernsehtitel)	(D: John Huston, W. R. Burnett; R: Raoul Walsh) USA 1941
The Towering Inferno	Flammendes Inferno	(D: Stirling Silliphant; R: John Guillermin, Irwin Allen) USA 1974

Autoren

MARGARETE DEISEROTH-GORES *(Geld und Recht),* Rechtsanwältin, vorwiegend im Urheberrechtsbereich (Schwerpunkt: Film und Fernsehen), Justitiarin des Bundesverbandes der Film- und Fernsehregisseure in Deutschland e. V., stellv. Verwaltungsrat in der Verwertungsgesellschaft Bild/Kunst und deren Vertreterin in der AIDAA (Association Internationale des Auteurs de l'Audiovisuel).

MICHAEL W. ESSER *(Die Daily Soap),* studierte Montage und Dramaturgie, arbeitete als Cutter, drehte und schrieb mehrere Dokumentarfilme und war mit der Leitung des Script Dept. und als Story Editor für die »Verbotene Liebe« betraut. Seit drei Jahren arbeitet er als Producer und Autor bei der Regina Ziegler Filmproduktion für Serien, TV-Movies und Kinofilme. Z. Zt. schreibt Michael W. Esser u. a. an seiner Dissertation, die sich mit der Entwicklung dramaturgischer Theorien befaßt.

SYD FIELD *(Das Drehbuch),* ist Produzent, Drehbuchautor, international gefragter Dozent und Autor mehrerer Standardwerke über das Drehbuchschreiben. Begann seine Karriere als Schreiber/Produzent bei David L. Wolper Productions. War einige Zeit freier Drehbuchautor, dann Cheflektor bei Cinemobile Systems und Cine Arts. Danach Arbeit als kreativer Berater der Regierungen von Mexiko, Argentinien, Brasilien, Österreich und Südafrika. Drehbuchberatung unter anderem auch für Tristar Pictures. Lebt in Beverly Hills, Kalifornien. Veröffentlichungen, u. a.: »The Screenwriter's Workbook«, »Seeling a Screenplay« und »Four Screenplays«.

ANDREA HANKE *(Der Lektor, Aus- und Fortbildung für Drehbuchautoren, Drehbuchförderung),* geb. 1965. Studium der Theater-, Film- und Fernsehwissenschaft in Köln. Magisterabschluß 1993. Arbeit an einer Dissertation über Vampirfilme. Lehraufträge am Institut für Theater-, Film- und Fernsehwissenschaft in Köln sowie an der Bauhaus-Universität Weimar, freie Lektorin für den WDR, Mitherausgeberin der Filmzeitschrift »Gaffer«. Seit Frühjahr 1999 Redakteurin in der Redaktion Fernsehfilm des WDR.

GEBHARD HENKE (Mitherausgeber und *Schreiben für die Öffentlich-Rechtlichen)*, geb. 1955, seit 1998 Fernsehfilmchef im WDR. Studium der Germanistik und Geschichte an der FU Berlin. Danach freier Journalist und Literaturkritiker. Hörfunkredakteur beim WDR, seit 1987 Dramaturg in der WDR-Fernsehspielredaktion. Verantwortlich für die Reihen »Avanti Debütanti«, »Wilde Herzen« und u. a. die »Lindenstraße«, »Kleine Haie«, »Der Totmacher«, »Todesspiel« und »Lola rennt«.

WERNER KLIESS *(Die Fernsehserie)*, geb. 1939, seit 1999 Autor in Berlin. 1970 Produzent der Bavaria (15 »Tatorte«) 1980 Redaktionsleiter beim ZDF, 1985 Produzent »Monaco-Film«, »Nostro-Film« u. a. ca. 35 Drehbücher für Serien, u. a. »Ein Fall für zwei«, »Wolffs Revier«. Veröffentlichungen: »Sturm und Drang« (1966), »Genet« (1967), »Wie schreibt man einen Fernsehkrimi?« (1987) u. a.

SYTZE VAN DER LAAN *(Tips für Anfänger)*, Produzent der filmpool Film- und Fernsehproduktion GmbH, Köln (»Schande«, »Das Delphinwunder«, »Eine ungehorsame Frau«). Studium der Politikwissenschaften und Geschichte (Amsterdam, 1978), Drehbuch und Produktion (Los Angeles, 1993). Drehbuchautor (»Lily was here«, »Mayday«), unterrichtet in Ludwigsburg, Berlin und Amsterdam.

WOLFGANG LÄNGSFELD *(Übungen für Anfänger)*, geb. 1937, Professor an der Hochschule für Fernsehen und Film München (HFF) im Bereich Film- und Fernsehspiel. Studium der Germanistik, Theaterwissenschaft; Journalist, Film- und Kunstkritiker; div. Dokumentarfilme.

ANDREAS MEYER (Mitherausgeber und *Der Autor am Computer)*, geb. 1948. TV-Produzent, Programmentwickler und Drehbuchautor. Sozialwissenschaftliches und philosophisches Studium. Zahlreiche Veröffentlichungen zur Theorie und Praxis der Massenmedien; div. Lehr- und Forschungsaufträge.

CARL LUDWIG REICHERT (Übersetzer, *Filmregister)*, geb. 1946. Schriftsteller und Publizist. Studium der Literaturwissenschaft und Altphilologie. Seit 1970 Autor, seit 1975 Moderator beim BR.

Hörspiele und Drehbücher; Mundartlyrik; Rockmusik; Sachbücher und Beiträge zur populären Kultur.

ALICIA REMIREZ *(Schreiben für die Privaten)*, geb. 1965 in Madrid. Umzug nach Bonn, dort 1985 Abitur. Einjähriger Aufenthalt in New York, Kurse an der N.Y.U. in »Cinema Studies« und »Comparative Literature«. Anschließend Studium der »Allgemeinen und Vergleichenden Literaturwissenschaft« an der Freien Universität Berlin. Studienabschluss in Brighton. Während des Studiums Arbeit für das spanische Fernsehen T.V.E. Seit 1995 Redakteurin bei SAT.1 (TV-Movie) und ab 1998 Leiterin der Abteilung Eigenproduktion/TV-Movie.

GUNTHER WITTE (Mitherausgeber und *Das deutsche Kino*), geb. 1935. Studium der Germanistik und Theaterwissenschaft in Berlin, von 1957 bis 1961 Dramaturg an den Städtischen Theatern Karl-Marx-Stadt (Chemnitz), von 1963 bis 1972 Dramaturg im Fernsehspiel des WDR, von 1972 bis 1979 Leiter der Redaktionsgruppe I im Fernsehspiel des WDR, von 1979 bis 1998 Leiter der Programmgruppe Fernsehspiel des WDR, seit 1. Oktober 1998 pensioniert.

Sachregister

List Journalistische Praxis

Gerhard Schult/Axel Buchholz (Hrsg.)

Fernseh-Journalismus

Ein Handbuch für Ausbildung und Praxis
487 Seiten, Paperback

. . . .

In Bildern erzählen –
Bild, Ton Text: u. a. Bildsprache,
Bildaufbau, Bildschnitt, Die Kamera kennenlernen,
Die Bilder mit der Kamera einfangen, Übungsplan Bild-
gestaltung, Der Beitrag des Tons zur Information,
Der Beitrag des Textes zur Information –
Darstellungs- und Sendeformen:
u. a. Nachrichtenfilm, Bericht/Reporterbericht,
Moderationstips, Videotext/Online
Einen Fernsehbeitrag planen: u. a. Exposé/Ideenskizze,
Treatment, Filmplan, Storyboard, Drehbuch, Produktionsplan –
Einen Fernsehbeitrag realisieren: Elektronischer Schnitt,
Ton-Bearbeitung, Wirtschaftlich produzieren – Ausrüstung –
Studioproduktion und Außenübertragung –
Beim Fernsehen arbeiten – Aus- und Fortbildung – Anschriften

List Journalistische Praxis

Ele Schöfthaler

Recherche praktisch

Ein Handbuch für Ausbildung und Praxis
203 Seiten, Paperback

. . . .

Themen finden und bearbeiten –
Grundregeln der Recherche:
Bedeutsamkeit prüfen, Quellen prüfen, Hypothesen entwickeln
und verwerfen, Rechercheplan aufstellen, Gegenseite zu Wort
kommen lassen, Informantennetz aufbauen und schützen –
Die Rechte der anderen – Die eigenen Rechte –
Fragetechniken –
Von der Recherche zum Text –
Recherche für die Reportage –
Recherche für das Porträt –
Verdeckte Recherche –
Scheckbuch-Recherche –
Recherche und die Folgen

List Journalistische Praxis

Walther von La Roche

Einführung in den praktischen Journalismus

Mit genauer Beschreibung aller Ausbildungswege
Deutschland, Österreich, Schweiz
268 Seiten, Paperback

....

Die Tätigkeiten des Journalisten – Die Arbeitsfelder des
Journalisten – Wie der Journalist zu seiner Story kommt –
Informierende Darstellungsformen: Nachricht, Bericht,
Reportage, Feature, Interview und Umfrage, Korrespondenten-
bericht und analysierender Beitrag – Meinungsäußernde
Darstellungsformen: Kommentar, Glosse, Rezension –
Rechtsfragen der journalistischen Praxis – Pressekodex.
Das Volontariat – Kurse für Volontäre – Studienbegleitende
Journalistenausbildung – Journalistik als Nebenfach – Aufbau-
studiengänge – Studiengänge Journalistik – Film- und Fernseh-
akademien – Publizistik- und Kommunikationswissenschaft –
Sonstige Ausbildungsstätten – Journalistenausbildung,
do it yourself – Österreich – Deutschsprachige Schweiz

List Journalistische Praxis

Norbert Linke

Radio-Lexikon

1200 Stichwörter von A-cappella-Jingle bis Zwischenband
166 Seiten, Paperback

· ·

Das Radio-Lexikon schafft Durchblick im Begriffs-
Kauderwelsch. Es erklärt die Stichwörter knapp und präzise
und bietet durch Querverweise vertiefende Information.
Die Begriffe stammen aus allen Bereichen der Radioarbeit:
Programm, Redaktion, Moderation und Sprechlehre, Technik
und Produktion, Marketing, Recht und Rundfunkpolitik.
Praktiker aus allen Sparten finden Antwort – alte Radio-Hasen
ebenso wie Radio-Novizen.

List Journalistische Praxis

Walther von La Roche/Axel Buchholz (Hrsg.)

Radio-Journalismus

Ein Handbuch für Ausbildung und Praxis im Hörfunk
435 Seiten, Paperback

. . . .

Radio-Journalist werden
Die Radio-Landschaft
Darstellungs- und Sendeformen: u. a. Magazin und Moderation –
Fürs Hören schreiben – Nachrichten-Präsentation –
Bericht mit O-Ton – Interview, Reportage, Umfrage –
Diskussion – Feature – Jingle, Trailer, Collage
Ideen für hörernahes Radio
Hörer am Studio-Telefon
Das Selbstfahrer-Sendestudio
Digital schneiden
Fachsprache im Studio
Medienrecht für Radioleute
Honorare
Ausbildung in Deutschland, Österreich und der Schweiz

List Journalistische Praxis

Horsch/Ohler/Schwiesau (Hrsg.)

Radio-Nachrichten

Ein Handbuch für Ausbildung und Praxis
161 Seiten. Paperback

· ·

Nachrichtengrundsätze
Die Einzelmeldung
Die Nachrichtensprache
Die Nachrichtensendung
Präsentation der Nachrichten
Nachrichten mit O-Tönen
Spezialnachrichten
Die Nachrichtenquellen
Radionachrichten in Deutschland
Kommentierte Literaturauswahl

List Journalistische Praxis

Michael Rossié

Sprechertraining

Texte präsentieren in Radio, Fernsehen und vor Publikum
269 Seiten, Paperback

. . . .

»Sprechertraining« lautet nicht nur der Buchtitel, es handelt
sich wirklich um ein allgemein verständliches Trainings-
programm zur Präsentation von Texten in den Medien
mit vielen praktischen Beispielen und Übungen.
Ein Buch mit dem Ziel, Schritt für Schritt zu professionellem
Lesen hinzuführen. Vom einfachen Zwei-Wort-Satz bis zu
schwierigen Satzkonstruktionen wird der zukünftige Sprecher
sowohl mit den Grundlagen als auch mit den vielen Problemen
und Sonderfällen von hörerbezogenem Lesen vertraut gemacht.
Das Buch bietet die Möglichkeit, im Eigenstudium
sprecherische Kompetenz zu entwickeln oder zu erweitern
(mit vielen Hörbeispielen auf CD).

Das »Sprechertraining« ist in erster Linie für Anfänger, aber
auch für Sprech-Profis gedacht. Es enthält viele nützliche Tips
und Anregungen für Sprecher und Moderatoren in Radio und
Fernsehen, für Lehrer, Referenten, Manager und Politiker.

List Journalistische Praxis

Wolf Schneider/Detlef Esslinger

Die Überschrift

Sachzwänge – Fallstricke – Versuchungen – Rezepte
150 Seiten, Paperback

. . . .

Die Überschrift ist die Nachricht über der Nachricht.
Nirgendwo sonst im Journalismus drängen sich so viele Fragen
in so wenigen Wörtern zusammen: Was eigentlich ist die
Kernaussage des Beitrags? Wie lässt sie sich in 30 oder
40 Anschläge fassen, sprachlich sauber und bei alldem
auch noch interessant?

Aus dem Inhalt:
Vom Handwerk des Überschreibens
Die Aussage der Überschrift
Die Sprache der Überschrift
Die Einteilung der Überschrift
Die Zukunft der Schlagzeile

List Journalistische Praxis

Michael Meissner

Zeitungsgestaltung

Typografie, Satz und Druck, Layout und Umbruch
277 Seiten, Paperback

· ·

Vom Ereignis zur Rotation
Typografie und Schrift
Satztechniken und -verfahren
Drucktechniken und -verfahren
Die Reprografie
Layout und Umbruch:
Den Leser reizen – Die Umbruchprinzipien – Standards und
Regeln – Die vier Komponenten des Layouts
Von der Planung zur Mettage, Montage oder Platte
Auszeichnen:
Der Artikel und seine Elemente – Die Überschrift – Der Anlauf –
Der Vorspann – Der Fließtext
Fotos und Illustrationen
Gestaltungselemente
Die Seite:
Der Kopf – Der Umbruchraster – Der Blockumbruch – Der
Treppenumbruch – Der Mischumbruch – Der Zifferblatt-Umbruch
Hans Werner Holzwarth: Anmerkungen zur typografischen
Gestaltung
Glossar Englisch-Deutsch/Deutsch-Englisch

List Journalistische Praxis

Projektteam Lokaljournalisten (Hrsg.)

Lokaljournalismus

Themen und Management
347 Seiten, Paperback

. . . .

Themen
- Ausländer
- Europa
- Geschichte
- Gesundheit
- Kommunalpolitik
- Kriminalität
- Kultur
- Parteien und Bürgerinitiativen
- Religion
- Soziales
- Sport
- Umwelt
- Vereine
- Verwaltung
- Wirtschaft und Arbeit

Management
- Die organisierte Redaktion
- Freie Mitarbeiter
- Fortbildung
- Lesergerechte Präsentation
- Lokaljournalisten im Internet
- Qualitäts-Check
- Was wollen die Leser?
- Redaktionelles Marketing
- Service
- Leserbriefe
- Der Umgang mit Public Relations
- Recherche-Recht

List Journalistische Praxis

Dieter Heß (Hrsg.)

Kulturjournalismus

Ein Handbuch für Ausbildung und Praxis
235 Seiten, Paperback

. . . .

Kulturjournalismus heute
Vorbereitung:
Berufsfelder – Ausbildungswege – Arbeitsmittel
Werkstatt:
Literaturkritik; Exkurs: Literaturkritik im Hörfunk –
Theaterkritik; Exkurs: Theaterkritik in der Boulevardzeitung –
Filmkritik; Exkurs: Filmkritik im Fernsehen –
Musikkritik; Exkurs: Popkritik im Feuilleton –
Kunstkritik; Exkurs: Kunstkritik im Hörfunk –
Medienkritik; Exkurs: Zur Wirkung von Medienkritik –
Kritik der politischen Kultur; Exkurs: Das alternative Konzept
tageszeitung – Das Porträt – Der Essay
Berufsalternativen:
Pressearbeit im Verlag – Lektorat – Kommunale Kulturarbeit –
Sponsoring – Schauspieldramaturgie

List Journalistische Praxis

Winfried Göpfert/Stephan Ruß-Mohl (Hrsg.)

Wissenschaftsjournalismus

Ein Handbuch für Ausbildung und Praxis
285 Seiten, Paperback

. . . .

Was ist überhaupt Wissenschaftsjournalismus ? –
Medien und Märkte – Recherche im Wissenschaftsbetrieb –
Die heikle Recherche, eine Fallstudie – Auswahlkriterien
für Wissenschaftsnachrichten – Beispiele, Vergleiche
und Metaphern – Risiken der Statistik – Wissenschaft
im Radio und Fernsehen – Die Wissenschaftsreportage –
Wissenschaft im Lokalen.
Ausbildungswege, Kurse, Studiengänge, Standes- und Fach-
gesellschaften – Stipendien und Preise für Wisssenschafts-
journalisten – Wissenschaftsjournalismus in Österreich
und der Schweiz

List Journalistische Praxis

Beifuß/Evers/Rauch u. a.

Bildjournalismus

Ein Handbuch für Ausbildung und Praxis
Herausgegeben von Rolf Sachsse
253 Seiten, 50 Abbildungen, Paperback

. . . .

Teil 1: Der Beruf
Der Bildjournalist und seine Medien – Aus-, Fort- und Weiter-
bildung – Reden wir vom Geschäft – Fotorecht – Berufsethik –
Presseausweis, Passierschein, Presseschild – Bildjournalist und
Polizei – Berufsorganisationen – Wettbewerbe und Preise

Teil 2: Das Bild
Was macht ein Foto zum Pressefoto? – Bildjournalistische
Darstellungsformen – Tips für die Technik – Von der Grundaus-
stattung zur Komplettausrüstung – Aufträge vorbereiten –
Aufmachung und Layout – Bildauswahl – Bildschnitt – Berech-
nung der Bildgröße – Bildunterschrift

Anhang:
Tarifvertrag – Muster-Ausbildungsplan DJV – Standard-Vertrag
Bild-Agenturen – Allgemeine Geschäftsbedingungen und
Modell-Buchungsreglement des Bundes Freischaffender
Foto-Designer

List Journalistische Praxis

Anton Magnus Dorn/Gerhard Eberts (Hrsg.)

Redaktionshandbuch Katholische Kirche

Zum Nachschlagen und Nachdrucken
235 Seiten, Paperback

. . . .

Dieses Redaktionshandbuch ist Lexikon und Textarchiv in
einem. Es hilft Autoren und Redakteuren, sich rasch
zurechtzufinden, wenn es um das Sachgebiet Katholische
Kirche geht. Die einfach und verständlich geschriebenen
330 Stichwörter eignen sich auch zum (honorarfreien)
Abdruck.
Wie sich der Themenbogen über Grundsätzliches und Gegen-
wärtiges spannt, zeigen die Stichworte mit dem Buchstaben
G : Gebetswoche für die Einheit der Christen – Geburten-
regelung – Geistliche Gemeinschaften – Gelübde – Gemeinde-
referent(in) – Generalvikar – Gerechter Krieg – Gerichtsbarkeit –
Glaubensbekenntnis – Glaubenskongregation – Glocken –
Gründonnerstag.
Ein Kalender »Das Kirchenjahr für Journalisten« notiert
wichtige und auch volkstümliche Stationen des katholischen
Jahreslaufs.

List Journalistische Praxis

Uwe Roth

Redaktionshandbuch Europäische Union

Zum Nachschlagen und Nachdrucken
264 Seiten, Paperback

. . . .

Was in Deutschland Recht ist, stammt immer häufiger
aus Brüssel. Aber die Brüsseler Institutionen und ihre Arbeits-
weise, überhaupt die Begriffe des europäischen Gemein-
schaftsrechts, sind weder den Bürgern noch den Journalisten
hinreichend bekannt.
Das Redaktionshandbuch Europäische Union nähert sich
Europa auf doppelte Weise: Es erklärt, was Alltagsphänomene
wie Autokauf oder Umsatzsteuer mit der Europäischen Union
zu tun haben. Und es erläutert, was hinter scheinbar abstrakten
EU-Begriffen an europäischer Realität steckt.
Hinzu kommen ein umfagreiches Register sowie ein
Wegweiser für die EU-Recherche mit allen einschlägigen
(auch Internet-)Adressen.

List Journalistische Praxis

Stephan Detjen

Redaktionshandbuch Justiz

Gerichte, Verfahren, Anwaltschaft
Zum Nachschlagen und Nachdrucken
248 Seiten, Paperback

. . . .

Für Journalisten in allen Redaktionen ist das Redaktionshandbuch Justiz als Arbeitsmittel und (honorarfreie)
Abdruckquelle gedacht.
Es beschreibt – alphabetisch in rund 400 Stichwörter
geordnet –, wie Gerichte, vom Amtsgericht bis hin zu
europäischen und internationalen Gerichtshöfen, aufgebaut
sind und arbeiten. Es erklärt, welche Regeln für Prozesse
und andere Verfahren gelten, und wer an ihnen
mitwirkt.
Die Stichwörter reichen von »Abänderungsklage« und
»Bundesarbeitsgericht« bis »Wahlverteidiger« und
»Zwangsvollstreckung«.